Regionale Benachteiligungen in der Gesundheitspolitik Deutschlands

AF893429

Irene Köppe

Regionale Benachteiligungen in der Gesundheitspolitik Deutschlands

Eine systematische Analyse am Beispiel der Krankenhausfinanzierung und der ambulanten Bedarfsplanung

Springer VS

Irene Köppe
Universität Potsdam
Potsdam, Deutschland

Dissertation, Universität Potsdam, 2025

ISBN 978-3-658-51038-1 ISBN 978-3-658-51039-8 (eBook)
https://doi.org/10.1007/978-3-658-51039-8

Die Deutsche Nationalbibliothek verzeichnet diese Publikation in der Deutschen Nationalbibliografie; detaillierte bibliografische Daten sind im Internet über https://portal.dnb.de abrufbar.

© Der/die Herausgeber bzw. der/die Autor(en), exklusiv lizenziert an Springer Fachmedien Wiesbaden GmbH, ein Teil von Springer Nature 2026

Das Werk einschließlich aller seiner Teile ist urheberrechtlich geschützt. Jede Verwertung, die nicht ausdrücklich vom Urheberrechtsgesetz zugelassen ist, bedarf der vorherigen Zustimmung des Verlags. Das gilt insbesondere für Vervielfältigungen, Bearbeitungen, Übersetzungen, Mikroverfilmungen und die Einspeicherung und Verarbeitung in elektronischen Systemen.
Die Wiedergabe von allgemein beschreibenden Bezeichnungen, Marken, Unternehmensnamen etc. in diesem Werk bedeutet nicht, dass diese frei durch jede Person benutzt werden dürfen. Die Berechtigung zur Benutzung unterliegt, auch ohne gesonderten Hinweis hierzu, den Regeln des Markenrechts. Die Rechte des/der jeweiligen Zeicheninhaber*in sind zu beachten.
Der Verlag, die Autor*innen und die Herausgeber*innen gehen davon aus, dass die Angaben und Informationen in diesem Werk zum Zeitpunkt der Veröffentlichung vollständig und korrekt sind. Weder der Verlag noch die Autor*innen oder die Herausgeber*innen übernehmen, ausdrücklich oder implizit, Gewähr für den Inhalt des Werkes, etwaige Fehler oder Äußerungen. Der Verlag bleibt im Hinblick auf geografische Zuordnungen und Gebietsbezeichnungen in veröffentlichten Karten und Institutionsadressen neutral.

Planung/Lektorat: Carina Reibold
Springer VS ist ein Imprint der eingetragenen Gesellschaft Springer Fachmedien Wiesbaden GmbH und ist ein Teil von Springer Nature.
Die Anschrift der Gesellschaft ist: Abraham-Lincoln-Str. 46, 65189 Wiesbaden, Germany

Wenn Sie dieses Produkt entsorgen, geben Sie das Papier bitte zum Recycling.

Interessenkonflikt Der/die Autor*in hat keine relevanten Interessenskonflikte im Zusammenhang mit dieser Publikation.

Zusammenfassung

Die vorliegende Arbeit beschäftigt sich primär mit regionalen Benachteiligungen durch die Gesundheitspolitik und im Gesundheitswesen in Deutschland. Dabei wird angestrebt, mithilfe einer strukturierten Analyse die Wirkungsweise der Gesundheitspolitik auf regionale Ungleichheiten zu untersuchen. Als strukturierte Methode wird dazu das Institutional Development Analysis Framework von Elinor Ostrom herangezogen, nachdem ein kurzer Blick auf andere Herangehensweisen aus den Disziplinen der Politikwissenschaften, Wirtschaftswissenschaften und Soziologie an die Fragestellung geworfen wird. Konkrete Punkte für verhältnisbezogene regionale Ungleichheiten im Gesundheitswesen werden gefunden und dargestellt. Inwiefern und an welchen Stellen das deutsche Gesundheitssystem aufgrund von strukturellen und systematischen Benachteiligungen regional ein schlechteres gesundheitliches Ergebnis an einigen Stellen begünstigt, kann anhand dessen herausgearbeitet werden.

Die Arbeit ist wie folgt aufgebaut: Nach einer Einleitung widmet sie sich in Kapitel 2 einem Überblick über den Stand des Gesundheitssystems und den verschiedenen Perspektiven im Hinblick auf Benachteiligungen im Gesundheitswesen. Dabei wird auch kurz auf bereits erkennbare Benachteiligungen verwiesen. Darin wird auch erläutert, inwiefern die Rahmenstruktur der Institutional Development Analysis diese drei Blickwinkel gut aufgreifen kann, um die Fragestellungen dieser Arbeit zu beantworten. Auf diese methodisch-theoretische Hinführung folgt eine konkrete Analyse von zwei Aspekten des deutschen Gesundheitswesens mithilfe der Finanzierung der Krankenhäuser und der ambulanten Bedarfsplanung.

Die Arbeit wird abgeschlossen mit zusammenfassenden Anmerkungen und einem Ausblick auf die Verwendbarkeit der Ergebnisse.

Abstract

This thesis is primarily concerned with regional disadvantages caused by health policy and inside the health care system as such in Germany. Its aim is to use a structured analysis to investigate the impact of health policy on regional inequalities. After a brief look at other approaches from the disciplines of political science, economics and sociology, Elinor Ostrom's Institutional Development Analysis Framework is used as a structured method to do so. Focal points for regional inequalities in health care due to circumstances related to the health system are gathered and presented. To what extent and in where the German health care system might promote a poorer health outcome in some places due to structural and systematic disadvantages can be worked out based on this.

The thesis is structured as follows: After an introduction, Chapter 2 provides an overview of the current state of the healthcare system and the different perspectives on disadvantages in the health care system. In doing so, reference is also made briefly to already identifiable disadvantages. It also explains to what extent the framework structure of Institutional Development Analysis can take up these three perspectives well in order to answer the questions of this work. With the help of the latter this methodological-theoretical introduction is followed by a detailed analysis of two aspects of the German health care system: the financing of hospitals and outpatient demand planning.

The thesis concludes with summary notes and an outlook on the usability of the results.

Inhaltsverzeichnis

Abkürzungsverzeichnis

AEB	Aufstellung der Entgelte und Budgetabrechnung
AOK	Allgemeine Ortskrankenkasse
AOLG	Arbeitsgemeinschaft der Obersten Landesgesundheitsbehörden
Ärzte-ZV	Zulassungsverordnung Ärzte
BÄK	Bundesärztekammer
BÄO	Bundesärzteordnung
BBSR	Bundesinstitut für Bau-, Stadt-, Raumforschung
BDO	BDO Wirtschaftsprüfungsgesellschaft
BGB	Bürgerliches Gesetzbuch
BKK-DV	Dachverband der Betriebskrankenkassen
BMG	Bundesgesundheitsministerium
BMV-Ärzte	Bundesmantelvertrag Ärzte
BPflV	Bundespflegesatzverordnung
BPL-RL	Bedarfsplanungsrichtlinie
BWR	Bewertungsrelation
DKG	Deutsche Krankenhausgesellschaft
FDA	Fixkostendegressionsabschlag
G-BA	Gemeinsamer Bundesausschuss
GBE-Bund	Gesundheitsberichterstattung des Bundes (www.gbe-bund.de)
GG	Grundgesetz
GKV	Gesetzliche Krankenversicherungen
GKV-FQWG	Gesetz zur Weiterentwicklung der Finanzstruktur und der Qualität in der gesetzlichen Krankenversicherung 2014
GKV-SV	GKV-Spitzenverband
GKV-VstG	GKV-Versorgungstrukturgesetz 2011
GKV-WSG	GKV-Wettbewerbsstärkungsgesetz 2007

GMG	GKV-Modernisierungsgesetz 2004
GMK	Gesundheitsministerkonferenz
GOÄ	Gebührenordnung Ärzte
GSG	Gesundheitsstrukturgesetz 1992
HEK	Hanseatische Krankenkasse
HNO	Hals-Nasen-Ohren
HVM	Honorarverteilungsmaßstab
IAD	Institutional Analysis and Development Framework
ICD	Internationale Statistische Klassifikation von Krankheiten und verwandter Gesundheitsprobleme
IDA bzw. IAD	Institutional Analysis and Development Framework
IKK	Innungskrankenkasse
KBV	Kassenärztliche Bundesvereinigung
KHEntgG	Krankenhausentgeltgesetz
KHG	Krankenhausfinanzierungsgesetz
KHSG	Gesetz zur Reform der Strukturen der Krankenhausversorgung 2016/Krankenhausstrukturgesetz
KiGGS	Studie zur Gesundheit von Kindern und Jugendlichen in Deutschland
KInvFG	Gesetz zur Förderung von Investitionen finanzschwacher Kommunen/Kommunalinvestitionsförderungsgesetz
KV	Kassenärztliche Vereinigung (Land)
LBFW	Landesbasisfallwert
MHI-RL	Richtlinie des Gemeinsamen Bundesausschusses über Maßnahmen zur Qualitätssicherung bei der Durchführung von minimalinvasiven Herzklappeninterventionen gemäß § 136 Absatz 1 Satz 1 Nummer 2 für nach § 108 SGB V zugelassene Krankenhäuser/Richtlinie zu minimalinvasiven Herzklappeninterventionen
Morbi-RSA	morbiditätsbedingter Risikostrukturausgleich
MVZ	Medizinisches Versorgungszentrum
NUB	Neue Behandlungs- und Untersuchungsmethoden
OPS	Operationen- und Prozedurenschlüssel
PKV	Private Krankenversicherung
QFR-RL	Qualitätssicherungs-Richtlinie Früh- und Reifgeborene
QZV	Qualitätsorientiertes Zusatzvolumen
RKI	Robert-Koch-Institut
RLV	Regelleistungsvolumen
RSA	Risikostrukturausgleich

RWI	RWI – Leibniz-Institut für Wirtschaftsforschung
SES	sozioökonomischer Status
SGB	Sozialgesetzbuch
SSS	subjektiver sozialer Status
TAVI	kathetergestützte Aortenklappenimplatation
TK	Techniker Krankenkasse
TSVG	Terminservice – und Versorgungsgesetz 2019
vdek	Verband der Ersatzkassen e. V.
WBA	WeiterbildungsassistentInnen
WHO	Weltgesundheitsorganisation
ZE	Zusatzentgelt(e)

Abbildungsverzeichnis

Einleitung 1

Das deutsche Gesundheitswesen ist hochkomplex. Während die gewählte Regierung die rechtliche Aufsicht über ein selbstverwaltetes System aus verschiedensten Akteuren hat, sind es im System der Gesundheitsselbstverwaltung sehr unterschiedliche Strukturen, die als untergesetzlicher Normgeber oder über Vereinbarungen und Handlungsempfehlungen Vorgaben machen, an die sich Leistungserbringer sowie Kostenträger zu halten haben (vgl. u. a. Latal et al. 2017; Knieps/Reiners 2015). Entsprechend unübersichtlich ist die Einschätzung darüber, welche konkreten Auswirkungen gesundheitspolitische Entscheidungen auf die Lebenswirklichkeit im Hinblick auf Gesundheitsversorgung in unterschiedlichen Regionen haben. Wenn von „gleichwertigen Lebensverhältnissen" wie in § 72 Abs. 2 des Grundgesetzes (GG) die Rede ist, betrifft dies ebenso den Bereich der Gesundheits- und Krankenversorgung.[1] Im Sinne des GG sollte es demnach keine systematischen Benachteiligungen von Regionen durch gesundheitspolitische Entscheidungen geben. Diese Arbeit wird allerdings zeigen, dass dies durchaus der Fall ist. Regionen werden begründet und unbegründet durch Mechanismen und Instrumente der Gesundheitspolitik systematischen Vor- und Nachteilen unterworfen.

Kern dieser Arbeit wird es sein, jene Elemente der Gesundheitspolitik zu finden, die zumindest das Potenzial haben, regionale Benachteiligungen positiv zu verändern. Mithin können an diesen Punkten gesetzliche Änderungen

[1] Was „gleichwertig" ist und wie dies bemessen werden kann, ist dabei schwer zu definieren (vgl. Hülz et al. 2024).

Ergänzende Information Die elektronische Version dieses Kapitels enthält Zusatzmaterial, auf das über folgenden Link zugegriffen werden kann https://doi.org/10.1007/978-3-658-51039-8_1.

© Der/die Autor(en), exklusiv lizenziert an Springer Fachmedien Wiesbaden GmbH, ein Teil von Springer Nature 2026

I. Köppe, *Regionale Benachteiligungen in der Gesundheitspolitik Deutschlands*, https://doi.org/10.1007/978-3-658-51039-8_1

dazu beitragen, regionale Benachteiligungen und gegebenenfalls sozioökonomische Nachteile auszugleichen. Diese Arbeit umfasst dabei keine regionale (Mikro)-Analyse, sondern versucht, einen ganzheitlichen Blick auf regionale Benachteiligungen zu werfen. Mithin erfolgt eine Makroanalyse mit einem starken Fokus auf Institutionen. Diese Herangehensweise in der hier vorgelegten Art und Weise gibt es bisher nicht. Eine Forschungslücke deckt auch die umfassende Verwendung des methodischen Rahmens der Institutional Development Analysis (IDA) nach E. Ostrom. In Teilen und Ansätzen wurden das IDA und andere institutionelle Analysen bereits für andere Länder und Fragestellungen verwendet (vgl. u. a. Harris 2023; Paniagua 2022; Sanderson et al. 2020; Abimbola et al. 2017; Abimbola et al. 2014), nicht allerdings mit dem hier vorgelegten ganzheitlichen Ansatz für das deutsche Gesundheitswesen.

Konkrete Gesetzesänderungen können darauf ausgerichtet sein, die gesundheitliche Lage bestimmter Zielgruppen und/oder Regionen zu verbessern. Beispielhaft sei an dieser Stelle die gesetzlich verpflichtete Aufstockung der Mittel für präventive Angebote durch die Krankenkassen mithilfe des Präventionsgesetzes von 2015 genannt (vgl. u. a. Deutscher Bundestag 18/4282). Die vermutete Kausalkette hinter diesem Gesetz lag jedoch in der Verbesserung der *verhaltens*bezogenen Ursachen von gesundheitlichen Schieflagen, insbesondere für bestimmte Zielgruppen. In dieser Arbeit geht es wesentlich um *verhältnis*bezogene gesundheitliche Schieflagen in Regionen, d. h. Änderungen von Rahmenbedingungen aus dem Gesundheitswesen heraus.

Vielfach untersucht wurde der Zusammenhang zwischen dem sozioökonomischen Status und der gesundheitlichen Lage. Lampert et al. stellen im Rahmen der Auswertung der zweiten Welle der Studie zur Gesundheit von Kindern und Jugendlichen in Deutschland (KiGGS) des Robert-Koch-Instituts (RKI) einen erkennbaren Zusammenhang zwischen dem sozioökonomischen Status, in dem Kinder und Jugendliche leben, und deren Gesundheitszustand fest. Dabei untersucht wurden sowohl der subjektive soziale Status (SSS) als auch der sozioökonomische Status (SES). Die Autoren kommen zu dem Schluss, dass ein niedriger SES ein bis zu sechsmal höheres Risiko für einen schlechteren Gesundheitszustand bedeuten kann (S. 122). Ähnliches finden sie für den SSS heraus[2] (Lampert et al. 2018).

[2] Wie die Autoren sagen, ist der Wert des Risikos mit Vorsicht zu verwenden, da er einen statistischen Wert darstellt. Nichtsdestotrotz ist ein klarer Zusammenhang zwischen SES/SSS und dem Gesundheitszustand erkennbar (Lampert et al. 2018).

Im Datenreport des Wissenschaftszentrums Berlin für Sozialforschung (Bundeszentrale für politische Bildung et al. 2018) werden einige dieser Zusammenhänge auch anhand anderer Datenquellen als der KiGGS aufgeführt. So zeigen Daten des Sozioökonomischen Panels ebenso einen deutlichen Zusammenhang zwischen dem SES und der gesundheitlichen Situation (Bundeszentrale für politische Bildung et al. 2018, S. 309).

Aus der empirischen Epidemiologie wird primär deutlich: Ein schlechter (oder geringerer) sozioökonomischer Status führt tendenziell zu einer schlechteren Gesundheit. Dies wird ebenso in Studien auf Basis von Daten anderer Länder sichtbar (vgl. u. a. Beckfield et al. 2013).

In einer systematischen Literaturstudie zum Zusammenhang zwischen Gesundheit und sozialer Ungleichheit kommen allerdings Janßen et al. zu dem Schluss, „... dass die gesundheitlichen Unterschiede zwischen den sozialen Schichten in Deutschland nicht direkt auf eine unterschiedliche Inanspruchnahme von Behandlungen durch das Versorgungssystem zurückgeführt werden können. Dennoch trägt das derzeitige Versorgungssystem auch nicht dazu bei, die sozial bedingte gesundheitliche Ungleichheit zu kompensieren" (Janßen et al. 2009, S. 162).

Zu beachten ist hierbei, dass auf die „Inanspruchnahme" Bezug genommen wird. Der Zusammenhang zwischen Versorgungsangebot und einer damit potenziell veränderten Möglichkeit zur oder Erschwerung bzw. Verteuerung der Inanspruchnahme bleibt in diesem Fazit außen vor. Diese Lücke zu schließen, soll mit der vorliegenden Arbeit versucht werden. Dazu wird mithilfe einer strukturierten Analyse die Wirkungsweise der Gesundheitspolitik auf regionale Ungleichheiten untersucht.

Beim Thema Gesundheitswesen und -versorgung steht zunächst der Begriff der „Krankheit" im Vordergrund, weil ein Gesundheitswesen in erster Linie gedacht wird als ein System, welches sich um die Versorgung von kranken Menschen kümmern soll. Dem Wesen nach geht es also um die Kranken- und weniger um die Gesundheitsversorgung. Dass das Gesundheitswesen heutzutage viel mehr umfasst – wie z. B. die Versorgung von nicht explizit kranken, aber geschwächten Menschen (z. B. in der Rehabilitation und Altenpflege) sowie der Vorsorge vor dem Eintreten von Krankheit (z. B. durch Impfung etc.) – ist dabei jedoch nicht unerheblich. Eine fehlende Vorsorge und das Kümmern um geschwächte Menschen können sinnvoll sein, um die Versorgung akut kranker Menschen zu sichern, indem die Einrichtungen der Krankenversorgung nicht zusätzliche Kapazitäten für vermeidbare Erkrankungen vorhalten müssen. Mithin geht es also nicht nur um die reine Krankenversorgung, sondern implizit insgesamt um die Gesundheitsversorgung. Eine Betrachtung des Gesundheitswesens umfasst demnach eine ganze Reihe von Perspektiven auf Krankheit und Gesundheit, wobei an vielen Stellen des Systems Ungleichheiten auftreten können. Diese können verschiedenste Formen annehmen. So kann es explizit zu einer „Umverteilung" zwischen Personen(-gruppen) kommen oder lediglich „Benachteiligungen" im Sinne von Nachteilen für eine Seite geben, ohne dass die Verteilung insbesondere von finanziellen Mitteln gemeint ist. Diese Arbeit wird eingegrenzt auf Benachteiligungen von Regionen, d. h. strukturelle oder systematische Bestandteile des Gesundheitswesens, die Nachteile für und in einzelnen geografischen Einheiten bewirken könnten.

Zentral ist dabei die These, dass das deutsche Gesundheitssystem aufgrund von strukturellen und systematischen Benachteiligungen das schlechtere regionale Gesundheitsergebnis zwar nicht unbedingt verschärft, aber an einigen Stellen begünstigt. Bisher wurde das in der Forschung nicht in dieser hier vorgelegten systematischen Form aufgearbeitet. Indirekt werden letztlich auch gruppenbezogene Benachteiligungen bestimmt, da die Verteilung von (sozioökonomischen) Gruppen regional nicht gleichmäßig ist.

Wie bereits angedeutet, soll die Arbeit eine strukturierte Analyse zu regionalen Benachteiligungen vorlegen. Dazu gehört zunächst erstens die Frage nach bereits erkennbaren Benachteiligungen im deutschen Gesundheitswesen. Obwohl vielfach vor allem Benachteiligungen entlang sozioökonomischer Gruppen untersucht wurden (vgl. u. a. Lampert et al. 2016), muss das nicht zwangsläufig mit Regionen zusammenhängen. Benachteiligungen implizieren zudem nicht mittelbar Ungleichheiten, regionale Benachteiligungen können aber zu regionalen Ungleichheiten führen und diese wiederum führen zu Ungleichheiten entlang von sozialen Gruppen. Die regionalen Ungleichheiten sind also der Outcome der regionalen Benachteiligungen. Ziel der Arbeit ist es somit die Fokuspunkte (oder Faktoren) im Gesundheitswesen zu finden, die regionale Benachteiligungen befördern können – ein Ansatz, der in der bisherigen Forschung fehlt.

Mithilfe der politikwissenschaftlichen Herangehensweise der Institutional Development Analysis (IDA) soll daher versucht werden, sogenannte Fokuspunkte für regionale Benachteiligungen zu finden. Dabei werden auch die dazugehörigen Akteure sowie politische und ökonomische Mechanismen als Erklärungsgrundlage herangezogen. Die IDA ist für das deutsche Gesundheitswesen bisher nicht als Analysemittel genutzt worden und wurde vorrangig für die Analyse von Umweltfaktoren und Ressourcen – also eher ökologische Fragestellungen – verwendet.

Da eine umfassende Analyse aller Elemente des Gesundheitswesens den Rahmen einer Arbeit sprengen würde, werden exemplarisch zwei wichtige Bestandteile herausgegriffen: die Krankenhausfinanzierung und die ambulante

Bedarfsplanung. Diese Eingrenzung auf zwei große Teilbereiche des deutschen Gesundheitswesens erfolgt auch, um das Forschungsvorhaben nicht mit zu vielen Faktoren, Daten, Details und Einschränkungen zu überladen. Zudem werden zwei große Bestandteile der Gesundheitspolitik – die Finanzierung und die Planung – und somit zwei Seiten politischer Eingriffsmöglichkeiten betrachtet. Um eine Annäherung an regionale Benachteiligungen jenseits einzelner Regionen zu ermöglichen, erfolgt die Betrachtung anhand der drei Ebenen der gesundheitspolitischen Entscheidungen: die Bundesebene, die Landesebene und des konkreten Geschehens vor Ort.

Abschließend wird zusammengefasst, welche Veränderungen verringernde oder verstärkende Auswirkungen auf regionale Benachteiligungen durch das und im Gesundheitswesen haben können. Dies soll vor allem jene Punkte aufzeigen, die nachhaltig angepasst werden sollten, um regionale Benachteiligungen auszugleichen.

Aktuelle Herausforderungen im Gesundheitswesen

2

In der Einleitung wurde postuliert, dass das derzeitige Gesundheitswesen regionale Benachteiligungen hervorruft. In diesem Kapitel soll daher ein Blick auf den aktuellen Stand der Gesundheitspolitik und -versorgung mit einem Fokus auf regionale Ungleichheiten geworfen werden.

2.1 Gesundheitssystem, -wesen und -politik

Wie viele andere politische und gesellschaftliche Bereiche hat auch das deutsche Gesundheitswesen mit Rahmenbedingungen zu kämpfen, die Veränderung notwendig machen. Dabei muss im Gesundheitswesen vor allem das Problem der zunehmenden Alterung als doppelte Herausforderung gesehen werden. Zum einen nimmt der Anteil älterer und damit meist weniger gesunder Menschen zu. Zum anderen fallen mit dem Renteneintritt der sogenannten Babyboomer, also der geburtenstarken Jahrgänge, viele Fachkräfte aus der Versorgung weg. „Ärztemangel" ist eines der Stichwörter, die dabei fallen. Technologische und medizinische Innovationen wie die Telemedizin oder Robotik können Teile dieses Problems auffangen.[1] Auch die sogenannte Ambulantisierung und/oder eine zunehmende Privatisierung von Versorgungsleistungen werden als Lösung gepriesen. Viele dieser Lösungen sind mit neuen und ergänzenden Problemen verbunden, wie z. B. fehlenden Nachsorge- und Transporteinrichtungen nach ambulanten Operationen

[1] Weitere Probleme mit unterschiedlichen Effekten auf Gesundheitspolitik und -versorgung sind: neue Krankheiten, mangelhafte Gesundheitskompetenz in der Bevölkerung und vieles mehr. Hinzu kommt die mangelhafte Gesundheitssystemkompetenz, die es der Bevölkerung erschwert, sich im komplexen System des (deutschen) Gesundheitswesens zurecht zu finden.

© Der/die Autor(en), exklusiv lizenziert an Springer Fachmedien Wiesbaden GmbH, ein Teil von Springer Nature 2026

I. Köppe, *Regionale Benachteiligungen in der Gesundheitspolitik Deutschlands*,
https://doi.org/10.1007/978-3-658-51039-8_2

oder fehlende digitale Netzstrukturen zur flächendeckenden Umsetzbarkeit telemedizinischer Lösungen. Gegebenenfalls können vermeintliche Lösungswege zu zunehmenden regionalen Ungleichheiten führen, indem beispielsweise ländliche Regionen durch längere Versorgungswege im Zuge von geförderten zentralen Krankenhäusern noch weiter benachteiligt werden. Bereits in der bestehenden Versorgung gibt es bekannte und anerkannte Probleme (vgl. Sachverständigenrat 2018 & 2023 u. a.). Die vielfältigen Probleme zu lösen, bedarf ganzheitliche Ansätze, die sich derzeit (noch nicht) in der Gesetzgebung widerspiegeln.

Das Gesundheitssystem wird in Deutschland primär mit gesetzlichen Regelungen, vorrangig in Sozialgesetzbüchern (SGB), reguliert. Das SGB V definiert dabei die Krankenbehandlung wie folgt: „Versicherte haben Anspruch auf Krankenbehandlung, wenn sie notwendig ist, um eine Krankheit zu erkennen, zu heilen, ihre Verschlimmerung zu verhüten oder Krankheitsbeschwerden zu lindern [...]" (§ 27 SGB V). Das ist die vorrangige Grundlage für die Leistungsbeanspruchung von (gesetzlich) Versicherten durch Ärztinnen und Ärzte (§ 27 SGB V Satz 2 Nr. 1) und im Krankenhaus (§ 27 SGB V Satz 2 Nr. 5) – neben den anderen Leistungen für zahnärztliche Behandlung, Rehabilitation u. a. In Deutschland gibt es (mit Ausnahmen) eine Krankenversicherungspflicht (§ § 5 und 6 SGB V). Diese Pflicht ist durch eine Entscheidung der politischen Ebene(n) festgehalten worden. Neben der Pflicht, über eine Versicherung die eigene Krankenversorgung zu finanzieren, umfasst das Gesundheitswesen durch die Entscheidung(en) der Politik und im speziellen aus dem Feld „Gesundheitspolitik" ein System der Gesundheits- und Krankenversorgung. Dieses Gesundheitssystem besteht aus einer Vielzahl von einzelnen und verbundenen Bestandteilen (siehe Grafik in der Anlage). Die Bedeutsamkeit der einzelnen Bestandteile lässt sich am einfachsten auf die Faktoren „Ausgaben" und teilweise auf Basis des „Aktivitätsniveaus" zurückführen.

Die Ausgaben für die Gesundheitsversorgung lassen sich anhand diverser statistischer Kennziffern festmachen. 2022 (1. Quartal) betrug der Anteil der Ausgaben der (gesetzlichen) Krankenversicherungen allein für Krankenhäuser 32 % und für ärztliche Behandlungen 17 % sowie für Arzneimittel 18 % (Bundesgesundheitsministerium (BMG) 2020, Anlage 1). Das Aktivitätsniveau ist nicht einfach zu greifen und eine stark subjektive Komponente, aber allein der G-BA hat 2021 500 Beschlüsse gefasst und 688 Verfahren begonnen bzw. abgeschlossen (vgl. Gemeinsamer Bundesausschuss (G-BA) 2021).[2]

Werden diese beiden als Kriterium genommen, bleiben vor allem die Bundesregierung, der Bundesgesundheitsausschuss sowie die Selbstverwaltungsebenen

[2] Die Zahlen umfassen auch die Nutzenbewertung von Arzneimitteln.

als politische Akteure für die stationäre und ambulante Akutversorgung – inklusive Arzneimittel – übrig. Die Selbstverwaltung umfasst diverse eigene Strukturen. Die schiere Menge an beteiligten Strukturen macht die Gesundheitspolitik in Deutschland schlecht überschaubar (vgl. Knieps/Reiners 2015, S. 42). Es ist nicht auszuschließen, dass die fehlenden Analysen bezüglich regionaler Benachteiligungen mit der Komplexität zu tun haben.[3]

Kritik am Gesundheitssystem gibt es reichlich. Eine der ersten „großen“ Reformen der Gesundheitspolitik stellte 1998 das entsprechend benannte „Gesundheitsreformgesetz“ dar. Mit ihm erfolgte ein Paradigmenwechsel von einem Fokus auf Versorgung und Schutz von bestimmten Bevölkerungsgruppen hin zur Sicht, dass es im Wesentlichen auf die Ressourcenverteilung des Wirtschaftszweiges Gesundheit ankommt (Knieps/Reiners 2015, S. 15). Wettbewerb und ökonomische Steuerung stehen nunmehr im Vordergrund der Gesundheitspolitik, was bis heute beibehalten, aber zunehmend – vor allem mit Blick auf soziale Ungleichheiten und Benachteiligungen – kritisiert wird.

Diese Ressourcen können aus drei Blickwinkeln auf das Gesundheitswesen beleuchtet werden. Erstens müssen dafür die Strukturen der Gesetzgebung unter Einbezug der untergesetzlichen Normgeber der sozialen Selbstverwaltung als Institutionen, zweitens die Finanzierungslogiken des Gesundheitswesens (Einnahmenseite) und drittens die Leistungserbringenden (Ausgabenseite) betrachtet werden, um eine systematische benachteiligende Ressourcenverteilung in Regionen zu erkennen.

Regionen und Ungleichheiten

Unabhängig davon, ob Gesundheitspolitik in Deutschland überhaupt darauf abzielen soll, Ungleichheiten auszugleichen, ist doch die Fragestellung (auch dieser Arbeit), inwiefern nicht Benachteiligungen erst durch die (politische) Gestaltung des Gesundheitswesens hervorgerufen werden.

Wenn rund 13 % des BIP in Ausgaben im Gesundheitswesen fließen (siehe Fußnote 3), könnte angenommen werden, dass die Bedeutung des Gesundheitswesens in Deutschland hoch ist. Ausgaben allein messen jedoch nicht, inwiefern das Geld dort ankommt, wo es benötigt wird. Sie zeigen nur die Kosten an, die dieser Wirtschaftszweig insgesamt verursacht. Dies sieht man auch daran, dass die Gesundheitsausgaben in den USA zum Beispiel deutlich höher sind

[3] Ergänzend sei gesagt, dass 2020 die Ausgaben des Gesundheitswesens bzw. die Gesundheitswirtschaft 13,1 % des Bundesinlandsproduktes ausmachten (vgl. Destatis/gbe-bund 2022).

als in Deutschland, die gesundheitliche Ungleichheit aber auch weitaus größer (MacKinnon et al. 2023; Arentz 2021).[4]

Definiert werden muss zunächst, welche Regionen verglichen werden sollen. Für diese Arbeit reicht – aufgrund der Fragestellung und der gesetzlichen Rahmenbedingungen – die Festlegung auf Deutschland, die Bundesländer und gegebenenfalls die Einzugsbereiche der einzelnen Gesundheitsangebote. Letzteres unterscheidet sich je nach betrachtetem Bereich. Gemessen werden können regionale Benachteiligungen am einfachsten anhand von administrativen Strukturen von Bund und Ländern. Für die untersten Ebenen sind Kreise und Gemeinden als geografische Einheiten als Abgrenzung möglich. Die jeweiligen Regionen können dann z. B. anhand der unterschiedlichen Ausgaben je Versicherten verglichen werden: „Liegen diese in einer Region unter dem Durchschnitt der GKV bzw. den Normkosten des RSA, fließen dadurch indirekt Ressourcen aus Regionen mit einer kostengünstigen bzw. schlechter ausgestatteten Versorgung in Regionen mit einem teureren bzw. dichteren Angebot.“ (Knieps/Reiners 2015, S. 149)

Inwiefern finanzielle Mittel in Regionen fließen, wird zunehmend bei der Diskussion um den Risikostrukturausgleich (RSA) geäußert (Tiesmeyer et al. 2008, S. 15). Dabei darf nicht vergessen werden, dass die absoluten Zahlen von Angeboten nicht entscheidend sein können, da ein Angebot ohne den Bedarf (z. B. Menschen, die Gesundheitsleistungen benötigen) keine Aussagekraft besitzt. Die Menge und Qualität des Angebots an (Gesundheits-)Leistungen bieten aber Vergleichspotenzial, da damit die Chancen, ob Leistungen überhaupt in der Region wahrgenommen werden, gespiegelt werden. Formal gibt es Strukturen und Mechanismen, die eine flächendeckend hochwertige Qualität der Leistungserbringung sichern sollen. Strukturelle Ungleichbehandlung diesbezüglich dürfte daher nicht auftreten, aber erstens gibt es Qualitätsunterschiede und zweitens kann es aufgrund sozioökonomischer Bedingungen einigen Patienten und Patientinnen (un-)möglich sein, auszuweichen bzw. andere Qualität zu „kaufen“ (vgl. Tiesmeyer et al. 2008, S. 16). Vor allem, wenn sich die Inanspruchnahme für einige Gruppen z. B. aufgrund ihrer individuellen Situation

[4] Alternativ werden die Gesundheitsausgaben pro Kopf als Indikator zur Darstellung der Bedeutung des Gesundheitswesens in einer Gesellschaft verwendet (vgl. Wendt 2016, S. 217). Aber auch anhand dieser Darstellung ist es kaum möglich, Benachteiligungen zu zeigen. Sofern sich Benachteiligungen in Form von empirisch-quantitativ belegbaren Ungleichheiten zeigen, können diese mithilfe entsprechender methodischer Ansätze dargestellt werden. Ungleichheit muss aber nicht zwangsläufig eine Benachteiligung darstellen. Nichtsdestotrotz kann Ungleichheit ein (!) Indikator dafür sein, dass Benachteiligungen bereits erfolgt sind. In der deskriptiven Statistik gibt es verschiedene Methoden, Ungleichheit zu messen bzw. darzustellen.

(oder regionalen Verortung) ungleich darstellt, könnte Gesundheitspolitik darauf reagieren, indem, „*ob in besonderen sozialen Brennpunkten die Einrichtungsdichte nicht zugunsten besonders vulnerabler Gruppen erhöht werden müsste*" (Tiesmeyer et al. 2008, S. 16) – um z. B. den höheren Zulauf von Kassenpatientinnen und -patienten zu berücksichtigen. Die Einrichtungsdichte in Brennpunkten insb. im ambulanten Bereich ist derzeit jedoch nicht höher, sondern teilweise niedriger und/oder schlechter. Das wird unter anderem an der aktuellen Diskussion um die sog. „Gesundheitskioske" vermittelt (vgl. Gibis et al. 2022).

Im Folgenden soll ein kleiner, ausgewählter Blick auf bereits existierende regionale Unterschiede in der ambulanten Akutversorgung und Krankenhäusern geworfen werden. Die Darstellung ist dabei nicht umfassend, da es zu verschiedenen Einzelthemen umfassende Analysen und Unmengen an anschaulichen Daten und Darstellungsweisen gibt (vgl. z. B. www.gbe-bund.de oder den Versorgungsatlas des ZI). Vielmehr geht es hier darum, zu zeigen, inwiefern und entlang welcher Strukturen bereits regionale Ungleichheiten erkennbar sind.[5]

2.2 Regionale Unterschiede in der ambulanten Akutversorgung

Bereits 1955 gab es eine Beschränkung für die Anzahl der Kassenärzte pro Kassenmitglied (1:500) (Knieps/Reiners 2015, S. 73). Gegen die Zulassungsbeschränkungen gab es – aufgrund eines Überschusses an Ärzten – Widerstände, die im sogenannten „Kassenarzturteil" vom 23. März 1960 mündeten. Die Niederlassungsfreiheit von Ärzten sei – so die Aussage – auch nicht durch ein wichtiges Interesse der Allgemeinheit rechtfertigbar (Knieps/Reiners 2015, S. 73). De facto wurde damit die Zulassungsbegrenzung aufgehoben. Erst am 19.12.1986 gab es eine Anpassung der Bedarfsplanung, die mit der Option einer regionalen Zulassungsbeschränkung (Knieps/Reiners 2015, S. 85).

Mit der Weiterentwicklung der ärztlichen Zulassung bzw. der Bedarfsplanung an sich wurde Mitte /Ende der 1980er-Jahre begonnen. Mit dem Gesundheitsreformgesetz von 1988 sollte es erstmals eine Regelung zu Unter- und Überversorgung geben (Knieps/Reiners 2015, S. 250). Die Maßstäbe dafür sollten allerdings die Selbstverwaltung festlegen, und zwar so, dass in mindestens 50 % der Planungsbezirke eben keine Überversorgung definiert ist (Knieps/Reiners 2015). Damit wurde schon von vorneherein auf Basis von IST-Daten der

[5] Fokussierte Betrachtungen zu Einzelthemen finden sich auch in den Kapiteln 3 und 4 im Rahmen der strukturierten Analyse.

Niederlassungen und nicht aufgrund von realen Bedarfen nach Ärzten ein Versorgungsgrad bestimmt. Eine weitere Neufassung der Bedarfsplanung kam erst Anfang der 1990er-Jahre zustande. Sogenannte „Verhältniszahlen“ sollten Zulassungen auf Basis historischer Arzt-Einwohner-Relationen fortsetzen (Knieps/Reiners 2015). Gleichzeitig wurden bestimmte Aufgliederungen von Regionen und Arztgruppen festgelegt, sodass ein Anschein einer bedarfsorientierten Entscheidung bei der ärztlichen Bedarfsplanung möglich war (Knieps/Reiners 2015, S. 251). Auch diese Regelung wurde von verschiedenen Seiten kritisiert und bekämpft.[6]

In den Folgejahren dominierten Reformbemühungen die Finanzierungsseite des Gesundheitswesens, und keineswegs Änderungen der (ambulanten) Leistungsstrukturen (Knieps/Reiners 2015, S. 101–122). Selbst beim Gesundheitsstrukturgesetz 1992 (GSG) ging es vorrangig zunächst um die Vergütung der Ärzte und weniger um deren Niederlassung. Allerdings gehen Vergütungsstrukturen einher mit Anreizmechanismen zur Niederlassung (oder Aufgabe der Praxis).

Ein erneuter Vorstoß Ende der 1990er-Jahre wurde mit dem GKV-Reformgesetz angestoßen und auf 2003 verschoben. Auch das 2004 folgende GKV-Modernisierungsgesetz (GMG) ist zu berücksichtigen, welches eine ganze Anzahl Änderungen im ambulanten Sektor, wie z. B. Zuzahlungsregelungen für Patientinnen und Patienten, einführte.

In der Zwischenzeit wurde versucht, mithilfe eines wissenschaftlichen Gutachtens objektive Kriterien für die Bedarfsplanung zu finden. Das Gutachten kam zu dem Schluss, dass es diese Kriterien nicht gebe (Knieps/Reiners 2015, S. 252). Darüber hinaus schien sich in einigen Regionen eher ein Ärztemangel als ein -überfluss abzuzeichnen, was weitere politische Debatten auf den Plan rief, die in weitere kleinere Gesetzesänderungen z. B. hinsichtlich von möglichen Zweigpraxen und Praxiszusammenschlüssen mündeten (Knieps/Reiners 2015., S. 253). 2011 wurde der Gemeinsame Bundesausschuss im Rahmen des GKV- Versorgungsstrukturgesetzes (GKV-VstGS. 2) beauftragt, die Bedarfsplanungsrichtlinie zu überarbeiten, was dieser auch tat. Die Änderungen betrafen vor allem die Einführung eines simplen Demografie-Faktors für größere regionale Spielräume und Änderungen bei der Budgetierung (Knieps/Reiners 2015, 55). Es wurde dadurch zudem möglich, bestimmte ärztliche Tätigkeiten an andere Fachkräfte

[6] In der DDR waren die Strukturen der ambulanten Versorgung völlig anders organisiert. Knieps und Reiner werten dies als sehr eine „moderne Struktur“ (Knieps/Reiners 2015, S. 94). Mit der Auflösung der DDR ging in den ostdeutschen Bundesländern eine massive Umstrukturierung einher, die im Wesentlichen als eine exakte Übernahme der Strukturen der Bundesrepublik erfolgte (Knieps/Reiners 2015, S. 99 f.).

zu delegieren (Knieps/Reiners 2015). Allerdings waren die Ergebnisse dieser Änderungen nicht zufriedenstellend, sodass in den Folgejahren weitere Änderungswünsche artikuliert wurden. 2018 wurde im Auftrag des Gemeinsamen Bundesausschusses ein weiteres Gutachten zur Bedarfsplanung veröffentlicht, welches sich erneut mit möglichen objektiven bedarfsorientierten Kriterien der Bedarfsplanung befasste (G-BA 2018a). Die vollumfängliche Umsetzung ist nicht erfolgt. Mit dem Terminservice- und Versorgungsgesetz (TSVG) kamen weitere kleine Änderungen der Bedarfsplanung hinzu, z. B. die Möglichkeit, mobile Angebote in der Versorgung zu berücksichtigen.

Die aktuelle Bedarfsplanung umfasst eine nach Raumordnungsaspekten spezifizierte Planung von zu versorgenden Regionen. Bei der Raumordnung werden zentrale und umgebende Orte im Vernetzungsraum als eine Region gesehen, die mit einer bestimmten Anzahl Ärztinnen und Ärzten bestimmter Fachrichtungen ausgestattet sein sollen. Vernetzte Räume können gemeinsam versorgt werden, unvernetzte Räume werden separat beplant. Unterteilt werden die Räume in stark mitversorgend, mitversorgend plus mitversorgt, stark mitversorgt, mitversorgt, eigenversorgt und polyzentrischer Verflechtungsraum. Hier ist das Zusammenspiel von Raumordnungspolitik und Gesundheitspolitik vorgesehen (vgl. Kassenärztliche Bundesvereinigung (KBV) 2019a, S. 4 f.).[7]

Grundlage der Bedarfe bleiben weiterhin sogenannte Verhältniszahlen, die aus der Anzahl der zu versorgenden Einwohner und Einwohnerinnen pro Arzt bzw. Ärztin (in der Planungsregion) bestehen. Diese sind größtenteils historisch bedingt als ausreichend festgelegt worden. Teilweise wurden Änderungen vorgenommen, um – so der G-BA – Veränderungen im Leistungsspektrum und Nachfrageverhalten abzubilden. Die Verhältniszahlen werden durch den G-BA alle zwei Jahre mithilfe des Morbiditätsfaktors angepasst, der die Bevölkerung

[7] Die Fachrichtungen werden unterteilt in hausärztliche Versorgung, allgemeine fachärztliche Versorgung, spezialisierte fachärztliche Versorgung und gesonderte fachärztliche Versorgung. Die zu versorgenden Räume steigen in ihrem Umfang mit der Spezialisierung der Ärzte, sodass für die hausärztliche Versorgung die kleinsten Räume (wohnortnahe Versorgung) vorgesehen ist, die gesonderte fachärztliche Versorgung aber auch weiter vom Wohnort erfolgen kann (KBV 2019a, S. 3). Die dahinterstehende Logik ist, dass die Frequenz eines Arztbedarfs mit der Spezialisierung sinkt, d. h. Hausärztinnen und -ärzte wesentlich häufiger besucht werden als z. B. Transfusionsmedizinerinnen und -mediziner. Weitere Wege sind für die spezielle Versorgung also durchaus in Kauf zu nehmen, zumal spezialisierte Medizinerinnen und Mediziner nicht in so großem Umfang verfügbar sind wie Allgemeinmedizinerinnen und -mediziner KBV 2019a, S. 5). Bei einigen Fachärztinnen und -ärzten gibt es zudem Quoten innerhalb der Arztgruppe, sodass innerhalb einer Arztgruppe ein bestimmter Anteil eine bestimmte Spezialisierung (z. B. Internistinnen und Internisten als Diabetologen und Diabetologinnen, Nervenheilkunde mit Neurologinnen und Psychiater) haben muss (Mindestquote) oder nur haben darf (Maximalquote) (KBV 2019a, S. 12).

in vier Altersgruppen und nach Krankheitslast einteilt, sodass regionale Besonderheiten der Bevölkerungsstruktur in diesen Sollzahlen berücksichtigt werden. Theoretisch sollen so Regionen mit besonders viel kranken Einwohnerinnen und Einwohner mehr Ärzte bzw. Ärztinnen pro Einwohnerinnen und Einwohner bekommen. Die Verhältniszahl ist allerdings nur der Wunsch- bzw. Sollwert für die Versorgung einer Region. Tatsächlich sieht der reale Versorgungsgrad – also der Unterschied zwischen Soll- und Ist-Versorgung – oft anders aus.[8] In besonders unterversorgten Regionen, also in Regionen mit sehr geringem Versorgungsgrad, wird mit verschiedensten Mitteln versucht, Ärzte bzw. Ärztinnen zur Niederlassung anzuwerben, um die Versorgung sicherzustellen (KBV 2019a, S. 7). Letzteres wird – obwohl der sogenannte Sicherstellungsauftrag in den meisten Bundesländern bei den Kassenärztlichen Vereinigungen liegt – unterstützt von der regionalen oder Landespolitik, z. B. durch finanzielle Hilfen. In Regionen mit Unterversorgung kann dies zu einer Verpflichtung führen, eine Praxis als Eigenbetrieb der Kassenärztlichen Vereinigung betreiben zu müssen (KBV 2019a, S. 7). Daneben gibt es noch die Option eines Strukturfonds zur finanziellen Unterstützung von unterversorgten Regionen sowie Sicherstellungszuschläge und eine Abmilderung der Budgetierung[9] in einzelnen Praxen (KBV 2019a, S. 13).

Die Bedarfsplanung an sich wird im sogenannten Bedarfsplan auf Landesebene festgehalten. Regionale Abweichungen sowie die Berechnungen der (regionalen) Versorgungsgrade müssen in diesem deutlich und gerichtsfest dargelegt werden (KBV 2019a, S. 9). Letzteres dient vor allem dazu, dass Ärzten bzw. Ärztinnen, die sich niederlassen wollen, es aber aufgrund des Bedarfsplans nicht dürfen, das Einklagen der Niederlassungsfreiheit zu erschweren. Der Bedarfsplan ist Grundlage für den Zulassungsausschuss, die Niederlassung erlaubt oder untersagt, Ermächtigungen (für Krankenhausärzte bzw. -ärztinnen, ambulant zu behandeln und abzurechnen) erteilt, Zulassungen beendet und Sonderbedarfe feststellt (KBV 2019a, S. 10).

Derzeit gelten die Verhältniszahlen laut statistischem Anhang. Interessant sind die Differenzen zwischen Kinderärzten bzw. -ärztinnen und der hausärztlichen

---

[8] Der Versorgungsgrad bestimmt, ob sich in einer Region zusätzliche Ärzte bzw. Ärztinnen niederlassen dürfen. Die Bedarfsplanung unterteilt den Versorgungsgrad in offenen Planungsbereich, Unterversorgung, drohende Unterversorgung und gesperrter Planungsbereich. Ist der Versorgungsgrad zu hoch, werden seitens der Landesausschüsse der Ärzte und Krankenkassen keine Niederlassungen zugelassen (gesperrt). Ist der Versorgungsgrad zu niedrig, können sich Ärzte bzw. Ärztinnen niederlassen, sofern sie dies wünschen (offener Planungsbereich, bestehende/drohende Unterversorgung).

[9] Die Budgetierung begrenzt die Einnahmen der Praxis bzw. die Ausgaben der KV u. a. durch Fallzahlenbegrenzungen im Rahmen der Honorarverteilung.

Versorgung. Kinderärzte bzw. -ärztinnen versorgen je nach Regionstyp 400 bis zu 1.000 Patientinnen und Patienten mehr als Hausärzte bzw. Hausärztinnen, obwohl davon auszugehen wäre, dass Kinder aufgrund ihres noch geringer ausgeprägten Immunsystems häufiger einen Arzt bzw. eine Ärztin aufsuchen (müssten). Bei den Regionstypen werden zumindest bei den Planvorgaben für fast keine (hausärztliche Versorgung) oder nur geringe (Kinder- und Jugendmedizin) Differenzen gemacht. Hier wird eine eher wohnortnahe Versorgung geplant. Bei den anderen Arztgruppen ist erkennbar, dass zwischen den Regionstypen teilweise massiv unterschieden wird und somit regionale Benachteiligungen vorweggenommen werden. In den Regionstypen 3 und 4 (vgl. G-BA 2023b, Abschnitt 4 § 12 Nr. 4) sind in der allgemeinen fachärztlichen Versorgung – mit Ausnahme der Kinder- und Jugendmedizin – immer deutlich mehr Einwohner und Einwohnerinnen durch einen Arzt bzw. eine Ärztin zu versorgen. Begründet wird diese mit der Mitversorgung durch angrenzende Regionen. Die spezialisierte und die gesonderte fachärztliche Versorgung werden ohnehin nur landesweit beplant.

Die Verhältniszahlen haben sich über die Jahre unterschiedlich verändert, obwohl medizinischer und technischer Fortschritt sowie eine veränderte Anforderung an Arbeitszeiten (u. a. hinsichtlich Work-Life-Balance) vermuten lassen, dass größere Anpassungen eigentlich flächendeckend notwendig gewesen wären.

In der folgenden Abbildung (2.1) ist ein zeitlicher Vergleich der Verhältniszahlen für eine Auswahl von Arztgruppen dargestellt.[10] Das arithmetische Mittel über alle Regionen zeigt, dass bei den Kinder- und Jugendärztinnen und -ärzten die Verhältniszahlen – nach einem größeren Anstieg 2004 – erst 2013 etwas nach unten angepasst wurden, sodass in der Planung weniger Einwohner und Einwohnerinnen durch einen Arzt bzw. eine Ärztin versorgt werden sollen. Bei den Hautärzten und -ärztinnen sind die Veränderungen dynamischer und stärker. Eine erste starke Anpassung nach unten gab es bereits 2004, eine weitere 2013 und 2023 wurden die Zahlen wieder angehoben. Bei den HNO-Ärztinnen und -Ärzten ist der Stand von 2004 im Jahr 2023 nach einer Erhöhung 2013 wieder angesetzt. Bei den Frauenärztinnen und -ärzten gab es große Anpassung nach unten erst 2023. Augenärztinnen und -ärzte verweilen seit 2004 auf einem relativ ähnlichen Niveau. Die Verhältniszahlen der Hausärztinnen und -ärzte wurden ähnlich wie in der ambulanten Kinder- und Jugendmedizin seit 1993 nur wenig und erst 2023 etwas stärker nach unten angepasst.

Da das arithmetische Mittel für größere Abweichungen anfällig ist, wurde auch ein Vergleich der Mediane der Verhältniszahlen über die Regionstypen

[10] Die Jahre wurden aus zwei Gründen ausgewählt: Erstens folgen sie dem ca. 10-jährigen Abstand zum Ausgangsjahr 1993 und zweitens gab es in diesen Jahren Anpassungen der Zahlen in der Bedarfsplanungsrichtlinie des G-BA.

vorgenommen. Die Aussagen zu den Ärzten und Ärztinnen der Kinder- und Jugendmedizin sowie der Hausärztinnen und -ärzten ändert sich erwartungsgemäß kaum, da sich die Rohwerte nach Regionstypen wenig voneinander unterscheiden. Anders sieht es bei den Fachärztinnen und -ärzten aus. Bei den Hautärzten und -ärztinnen sind die Veränderungen dynamischer und stärker. Eine erste starke Anpassung nach unten gab es bereits 2004, eine weitere 2013 und 2023 wurden die Zahlen wieder angehoben. Bei den HNO-Ärztinnen und -Ärzten ist im Zweitverlauf insgesamt eine Absenkung zu erkennen. Das weist darauf hin, dass über alle Regionen hinweg eine Verbesserung der Versorgung vorgesehen ist. Bei den Frauenärztinnen und -ärzten verläuft die Anpassung im Median flacher als im arithmetischen Mittel – ein Hinweis, dass es möglicherweise in einzelnen Regionstypen mehr Anpassungen gab als in anderen. Die Augenärztinnen und -ärzte verweilen im Median erst seit 2013 – statt seit 2004 im arithmetischen Mittel – auf einem gleichen Niveau. Das kann ein Hinweis darauf sein, dass 2004 regional unterschiedliche Veränderungen für die Verhältniszahlen vorgenommen wurden (Abbildung 2.1).

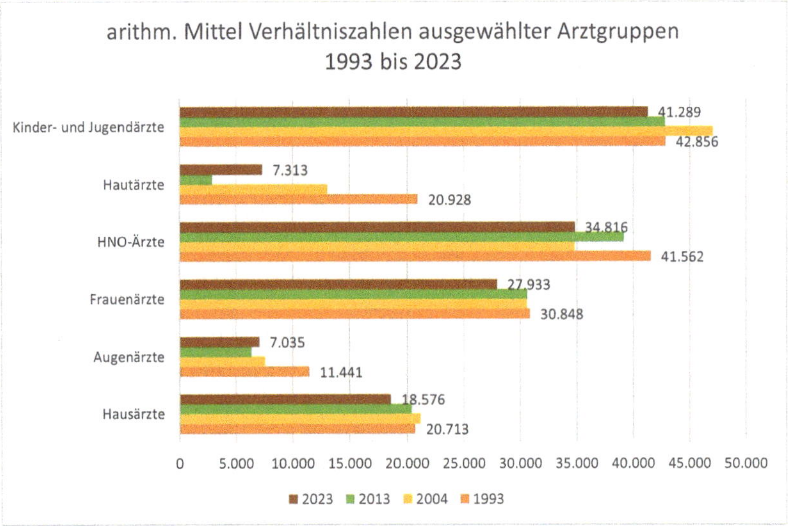

Abbildung 2.1 Mittelwerte der Verhältniszahlen für die Jahre 1933,2004, 2013 und 2023. (Eigene Darstellung auf Basis der jeweils gültigen Bedarfsplanungsrichtlinie)

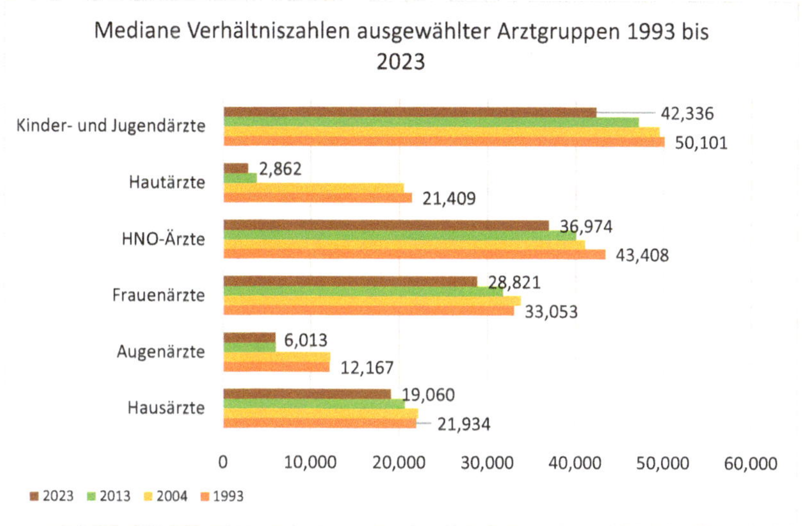

Abbildung 2.1 (Fortsetzung)

Die Betrachtung der Verhältniszahlen sagt allerdings nichts aus über die tatsächliche Verteilung der Ärztinnen und Ärzte in den Regionen aus. Die Datenlage dazu ist bedauerlicherweise nicht besonders gut. Lediglich der sog. Versorgungsatlas des Zentralinstituts der Kassenärztlichen Vereinigung und die Informationen zu Zulassungsmöglichkeiten durch die einzelnen Kassenärztlichen Vereinigungen geben Hinweise auf Fehlversorgungen.

Weitere Auswertungen z. B. nach Ärztinnen und Ärzte je Einwohner und Einwohnerinnen in den Ländern zeigen deutliche Unterschiede zwischen diesen. So musste 2020 eine Allgemeinmedizinerin bzw. Allgemeinmediziner in Rheinland-Pfalz im Schnitt 2.448 Einwohner und Einwohnerinnen betreuen, in Berlin mit 3.322 deutlich mehr Personen (siehe Abbildung 2.2). Ähnlich sieht es in der Augenmedizin aus (siehe Abbildung 2.3). In Bremen muss eine Augenärztin bzw. ein Augenarzt 10.769 Einwohner und Einwohnerinnen betreuen, in Rheinland-Pfalz sind es mit 21.346 Einwohner und Einwohnerinnen fast doppelt so viele.[11] Andere Indikatoren für bereits existierende regionale Unterschiede

[11] Die Zahlen zeigen nur exemplarische Unterschiede. Nicht berücksichtigt werden dabei Kompensationen insb. in der Allgemeinmedizin durch andere Arztgruppen, z. B. Internisten, oder Ärztinnen und Ärzte in Krankenhäusern, der Tätigkeitsumfang (Arbeitsstunden) und die

lassen sich im Versorgungsatlas des Zentralinstituts der Kassenärztlichen Vereinigung finden.[12] Das sind möglicherweise Indizien für einen systematischen und strukturellen Fehler in der ambulanten Bedarfsplanung.[13]

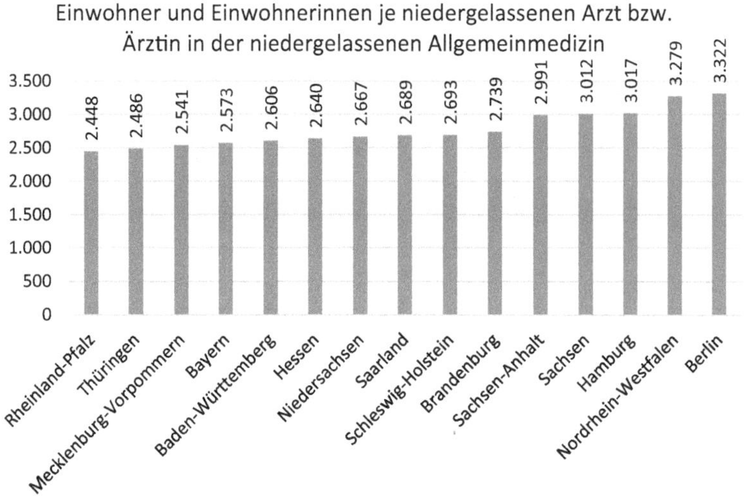

Abbildung 2.2 Einwohner und Einwohnerinnen je Arzt bzw. Ärztin der Allgemeinmedizin 2020. (Eigene Darstellung auf Basis von Daten von gbe-bund.de (Ärztestatistik, Bundesärztekammer (Arbeitsgemeinschaft der deutschen Ärztekammern)))

Mitversorgung in Regionen, z. B. Niedersachsen durch Bremen. Daten zum Zeitverlauf und zu anderen Arztgruppen finden sich im statistischen Anhang.

[12] https://www.versorgungsatlas.de/

[13] Die Verteilung der Ärztinnen und Ärzte hat eine starke historische Komponente. Das Berliner Abkommen vom 23.12.1913 gilt als Grundlage für die heutige Bedarfsplanung. Damals sollten 1350 Einwohnerinnen und Einwohner bzw. Versicherte durch einen Arzt/eine Ärztin versorgt werden (vgl. Knieps/Reiners 2015, S. 63 & S. 248). Die sog. Notverordnung vom 14.01.1932 sah 600 Einwohnerinnen und Einwohner vor, das Kassenarztgesetz sowie Zulassungsverordnung vom 28.08.1957 500 Kassenmitglieder je Arzt, wurde aber vom Bundesverfassungsgericht 1960 kassiert. In der DDR 1960 sollten 1118 Einwohnerinnen und Einwohner pro Arzt bzw. Ärztin versorgt werden (BRD 703; 1970: DDR 626, BRD 612) (Knieps/Reiners 2015, S. 93). Eine Unterscheidung nach ärztlichen Fachrichtungen kam im Wesentlichen erst mit dem GSG 1993.

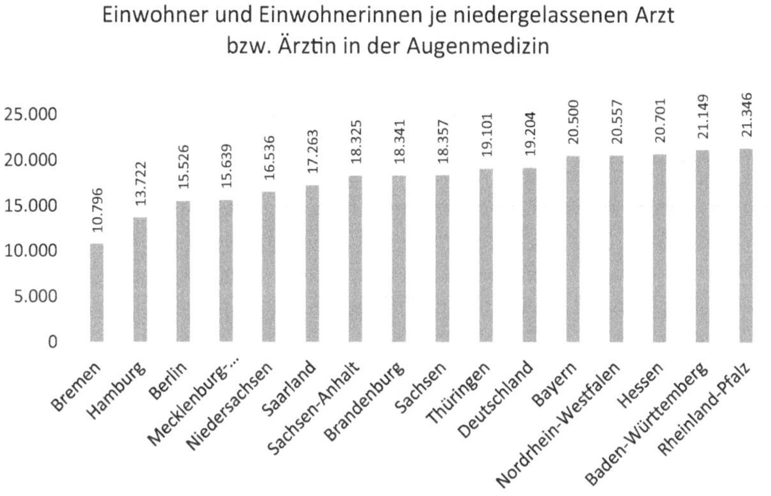

Abbildung 2.3 Einwohner und Einwohnerinnen je Arzt bzw. Ärztin der Augenmedizin 2020. (Eigene Darstellung auf Basis von Daten von gbe-bund.de (Ärztestatistik, Bundesärztekammer (Arbeitsgemeinschaft der deutschen Ärztekammern))

Neben nur wenigen Veränderungen seit 1993 hinsichtlich der festgelegten Verhältniszahlen ist eine dynamische Entwicklung von Arztdichten nicht vorgesehen. Niederlassungen wurden erst nach einer Verzögerung von mehreren Jahrzehnten verändert, wenn eine Praxis altersbedingt schließt. Das kann ein Teil des Problems sein, wenn die Übergänge nicht fließend, sondern durch die altersbedingte Schließung von Praxen abrupt erfolgen. Die Alterung der sog. Babyboomer kann dann zu lokalen Unterversorgungen führen. Hinzu kommen die allgemeinen Veränderungen der Ansprüche an Work-Life-Balance, die auch durch Ärztinnen und Ärzte der jüngeren Generation eingefordert werden (vgl. Miksch 2012; Steckdaub-Muller 2015).

2.3 Regionale Unterschiede in der Krankenhausversorgung

Auch Krankenhäuser sind regional ungleich verteilt. Das hat – ähnlich wie bei der ambulanten Akutversorgung – historische Gründe, ebenso wie die regionalen Bedarfe unterschiedlich sind. Teilweise lassen sich in der Finanzierung von Krankenhäusern Gründe dafür finden.

Einer liegt im Konzept des sogenannten Landesbasisfallwerts, der eine unterschiedliche Basis für die Bezahlung eines Krankenhausfalls je Bundesland vorgibt. Im Ergebnis unterscheiden sich die damit angenommenen[14] mittleren Kosten der Krankenhausbehandlung 2020 zwischen den Ländern immer noch um bis zu rund 4 % (bzw. 134 Euro).[15]

Das Gutachten des RWI hatte bereits 2013 festgestellt, dass die Unterschiede in den LBFW nur zu einem geringen Anteil reale Kosten als Ursache haben (vgl. RWI 2013, S. 7). Davon ausgehend sind also schon allein aufgrund unterschiedlicher Landesbasisfallwerte regionale Unterschiede in der materiellen Ausstattung erkennbar.

Im Zeitverlauf zeigt sich dabei eine deutliche Annäherung der LBFW – auch bedingt durch die Korridorvorgaben –, sodass der Abstand zwischen den LBFW der Länder mittlerweile deutlich geringer ist. Abbildungen 2.4 bzw. 2.5 zeigen in den Boxplots die jeweiligen Minimal- und Maximalwerte, Quartile und Mittelwerte. Die Box ist 2013 noch sichtbar größer als 2020. In Standardabweichungen ausgedrückt: Der Abstand zwischen dem maximalen und dem minimalen LBFW betrug 2013 noch 238,66 Euro und 2020 nur noch 134 Euro, die Standardabweichungen betrugen 65,57 (2013) und 32,12 (2020).[16]

---

[14] Die angenommenen Kosten können ggf. als „fiktiv" bezeichnet werden, weil weder dem Bundes- noch dem Landesbasisfallwert eine echte Kostenerhebung zugrunde liegt. Vielmehr wird auf Basis historischer Werte um Veränderungstatbestände korrigiert und ein „Preis" verhandelt. Selbst der Orientierungswert, der vom Statistischen Bundesamt auf Grundlage gemeldeter Kostendaten errechnet wird, ist methodisch umstritten (Vgl. KHSG, GKV-SV 2023; Statistisches Bundesamt 2012). Hinzu kommt die zeitliche Verzögerung der Datengrundlage (Böhm et al. 2012, S. 786).

[15] Für die Jahre 2017 bis 2020 zeigt die Tabelle im statistischen Anhang exemplarisch die Unterschiede in den Höhen der Landesbasisfallwerte. Während Rheinland-Pfalz dauerhaft den höchsten LBFW hat, schwanken die anderen Länder allerdings in einem sich annähernden Korridor.

[16] Die zweite Darstellung ist absichtlich stilisiert mit einem Start der Koordinatenachse bei 2.500 Euro.

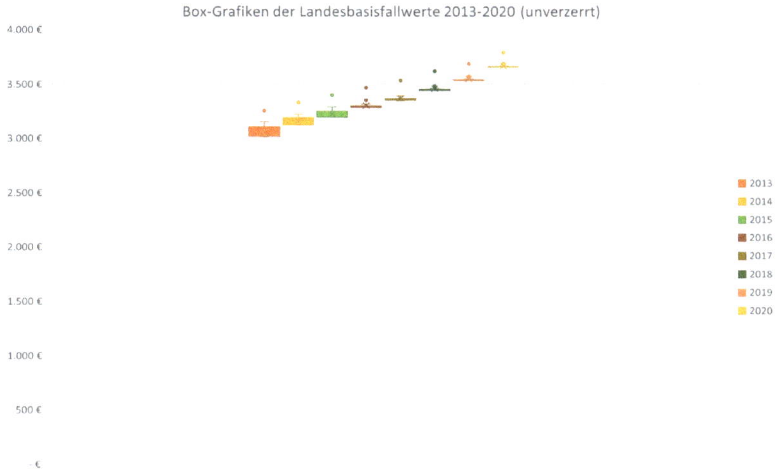

Abbildung 2.4 Box-Grafiken der LBFW 2013–2020. (Eigene Darstellung auf Basis von Daten des GKV-SV (GKV-SV 2023))

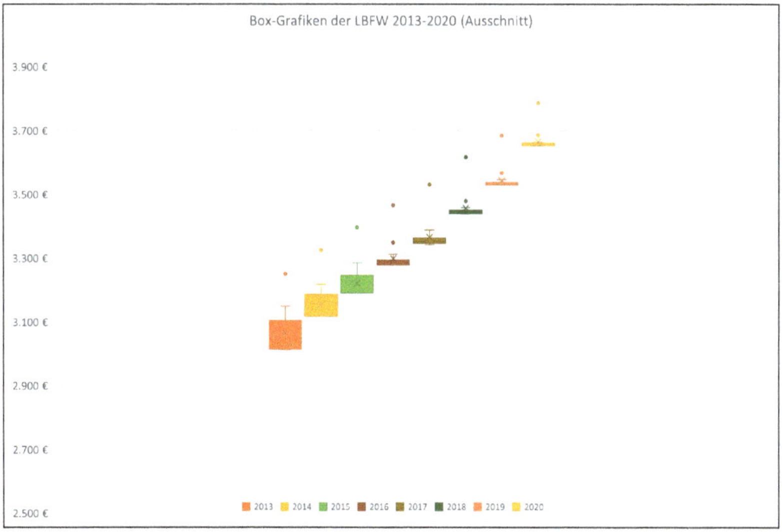

Abbildung 2.5 Box-Grafiken der LBFW 2013–2020. (Eigene Darstellung auf Basis von Daten des GKV-SV (GKV-SV 2023) – Ausschnitt)

Auch das Konzept des Sicherstellungszuschlags[17] (siehe auch Abschnitt4.3) weist auf Unterschiede hin. Die regionale Verteilung der Krankenhäuser mit einem pauschalen Sicherstellungszuschlag zeigt einen deutlich höheren Anteil Häuser mit Sicherstellungszuschlag in Flächenländern und in den ehemaligen ostdeutschen Bundesländern (Abbildung 2.6). In den Stadtstaaten erhält kein einziges Krankenhaus einen pauschalen Sicherstellungszuschlag, wohingegen in Brandenburg und Mecklenburg-Vorpommern jeweils mehr als 50 % der Häuser einen pauschalen Zuschlag erhalten.

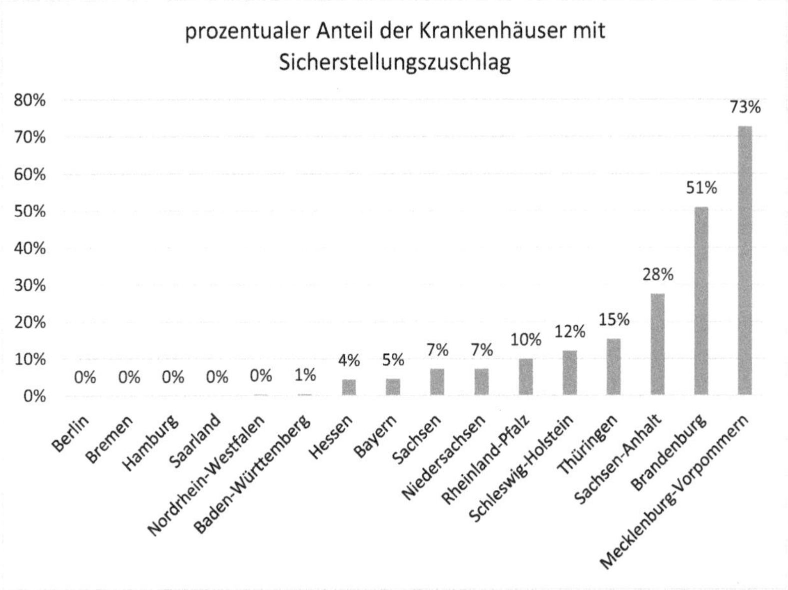

Abbildung 2.6 Anteil Sicherstellungszuschlag 2019 an allen Krankenhäusern 2017. (Eigene Berechnung und Darstellung auf Basis der Grunddaten der Krankenhäuser 2017 und GKV-SV 2019)

[17] Näheres zum Sicherstellungszuschlag in Kapitel 4.

Die Krankenhausdichte ist regional ebenso sehr divers. Gemessen an der reinen Bettenzahl ist die Krankenversorgung in Baden-Württemberg mit 413 Krankenhausbetten je 100.000 Einwohnerinnen und Einwohner fast 40 % geringer als in Hamburg mit 682 Krankenhausbetten je 100.000 Einwohnerinnen und Einwohner.[18] Die durchschnittliche Krankenhausdichte beträgt 517 Betten je 100.000 Einwohnerinnen und Einwohner, sodass im standardisierten Mittel 80 Betten Unterschied auf 100.000 Einwohnerinnen und Einwohner kommen (Abbildung 2.7).[19]

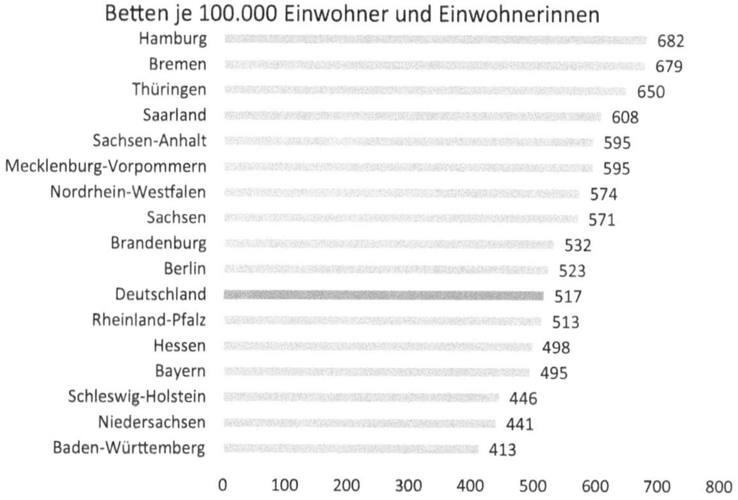

Abbildung 2.7 Bettendichte; Quelle: Krankenhausstatistik – Grunddaten der Krankenhäuser und Vorsorge- oder Rehabilitationseinrichtungen 2019, Statistisches Bundesamt, Zweigstelle Bonn. (Eigene Darstellung)

Die Unterschiede der Krankenhausversorgung in den Ländern lassen sich nicht nur anhand der hier exemplarisch aufgezeigten Daten darstellen. Nicht

[18] Das berücksichtigt allerdings nicht, wie diese Betten belegt werden, sondern nur, dass Betten da sind.

[19] Ob das viel oder wenig ist, lässt sich allerdings nicht pauschal sagen. Mitversorgungen, Spezialisierungen und Ähnliches bleiben unberücksichtigt, ebenso wie die Auslastung der Betten.

berücksichtigt wurden unterschiedliche Fachabteilungsstrukturen und Spezialisierungen, die Bedeutung von Universitätskliniken, das Leistungsgeschehen und viel mehr. Im Kontext von Ungleichheiten muss auch die Interdependenz der (akuten) ambulanten mit der Krankenhausversorgung mitgedacht werden. Fehlende (Fach-)Ärztinnen und Ärzte können das Angebotsgeschehen bzw. die Nachfrage in Krankenhäusern vergrößern. Tendenziell sind politische und (gesundheits-)wirtschaftliche Tendenzen zu mehr ambulanten Behandlungen bzw. Abrechnungen z. B. in Form von ambulanten Leistungen im Krankenhaus (AOP, Hybrid-DRG, ASV u. a.) erkennbar. Diese Ambulantisierung kann in den Ländern unterschiedlich schnell verlaufen, sodass in den entsprechenden Daten Unterschiede sichtbar werden.

Bei den anderen o. g. strukturellen Merkmalen der Krankenhäuser ist ein weiteres verwendetes Merkmal die Bettengrößenklasse. Das Statistische Bundesamt weist zehn Bettenklassen für allgemeine Krankenhäuser[20] aus, die von 1–49 Betten bis 1000 und mehr Betten gehen. 2017 betrug der Anteil der kleinsten Krankenhäuser 18 %, allerdings gab es auch in den mittelgroßen Segmenten einen großen Anteil an Krankenhäusern. Sehr große Krankenhäuser sind eher seltener (vgl. statistischen Anhang).

Die Bettengrößenklassen sind regional unterschiedlich gestreut. Während es in Thüringen viele Krankenhäuser mit 50 bis 99 Betten gibt (21 %), beträgt deren Anteil in Sachsen nur 6 %. Bremen hingegen hat dafür 25 % der Krankenhäuser mit 400 bis 499 Betten und in Nordrhein-Westfalen haben 18 % der Krankenhäuser zwischen 200 und 299 Betten und in Hamburg sind vorrangig (50 %) kleine Häuser mit bis zu 49 Betten zu finden (vgl. Abbildung 2.8: Die gleichfarbigen Balken sind deutlich unterschiedlich groß).

[20] Allgemeine Krankenhäuser sind Krankenhäuser, die gemäß Krankenhausplan einen Versorgungsvertrag mit den Krankenkassen haben. Davon abzugrenzen sind Bundeswehrkrankenhäuser, Tages- und Nachtkliniken sowie psychiatrische Kliniken (Statistisches Bundesamt 2020).

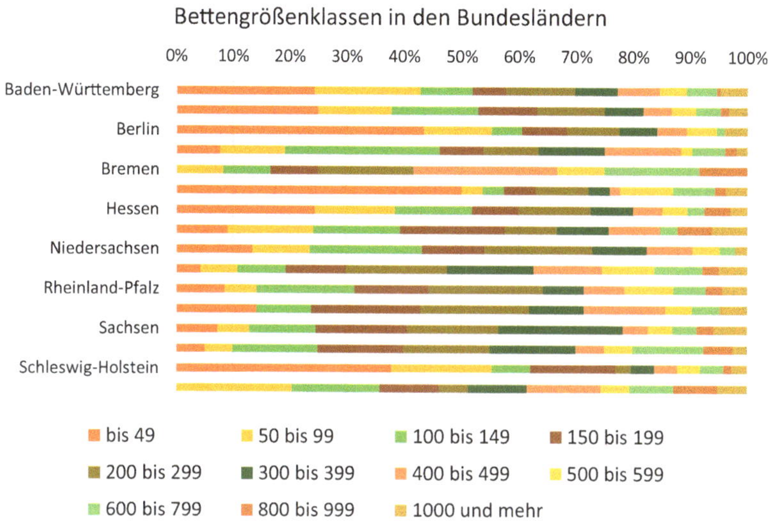

Abbildung 2.8 Krankenhäuser nach Bettenklassen in den Bundesländern 2019. (Eigene Darstellung mit Daten Gesundheitsberichterstattung der Länder/des Statistischen Bundesamtes)

Ein weiteres Charakteristikum von Krankenhäusern ist die Trägerschaft. Die meisten Krankenhäuser wurden in der Anfangszeit vom Staat und den Kommunen getragen und dienten der Armenpflege (vgl. Hübner et al. 2007, S. 38; Murken 1995, S. 46). Heute sind deutschlandweit nur noch 29 % aller Krankenhäuser in öffentlich-rechtlicher Trägerschaft. Allerdings befinden sich 47 % der Betten in eben jenen Einrichtungen. Die Differenz zwischen Anzahl der Betten und Einrichtungen kann u. a. damit begründet werden, dass – bis auf das Universitätsklinikum Gießen-Marburg – alle Universitätskliniken[21] und damit eine Mehrheit der sehr großen Kliniken in öffentlicher Hand sind. 34 % der Betten und Einrichtungen sind in freigemeinnützigen Einrichtungen. In privater Hand sind 37 % der Häuser und damit 18 % der Betten.

Die Relationen der Trägerschaften unterscheiden sich von Bundesland zu Bundesland. So sind zum Beispiel in Baden-Württemberg 36 % der Häuser

[21] Universitätskliniken haben teilweise einen anderen rechtlichen Status bei Finanzierungsregelungen, insb. in der Investitionsfinanzierung. Allerdings sind sie Teil der verwendeten Krankenhausstatistik (Allgemeinkrankenhäuser).

in öffentlicher Trägerschaft, 24 % in freigemeinnütziger und 40 % in privater Trägerschaft. In Hamburg hingegen sind nur 6 % in öffentlicher Trägerschaft (22 % freigemeinnützig, 72 % privat). Kein Bundesland spiegelt den Bundesdurchschnitt wider (vgl. Abbildung 2.9: Die gleichfarbigen Balken sind deutlich unterschiedlich groß).

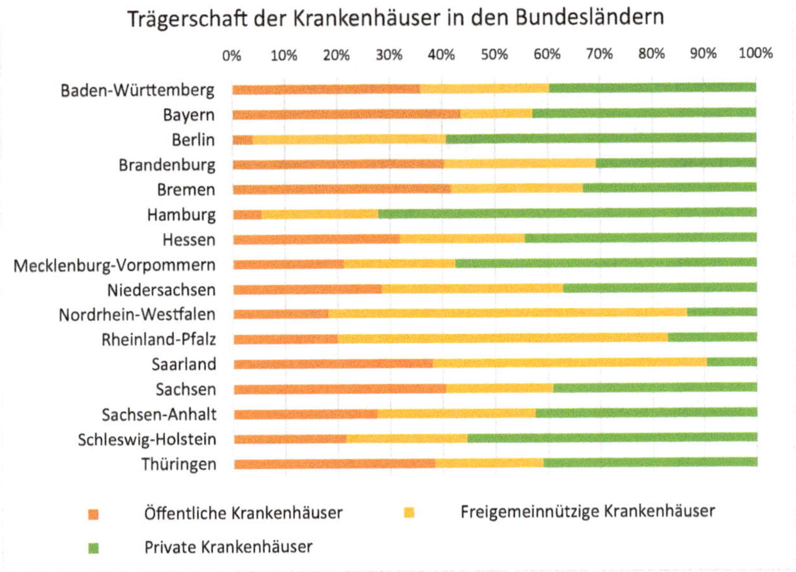

Abbildung 2.9 Krankenhäuser nach Trägerschaft in den Bundesländern 2019. (Eigene Darstellung auf Basis von Daten des Statistischen Bundesamts)

Somit zeigen sich bereits in den grundlegenden Ausgangsbedingungen im Sinne der physischen und betriebswirtschaftlichen Ausstattung der Krankenhäuser deutliche regionale Unterschiede. Die Bedeutung dessen wird in Kapitel 4 aufgegriffen.[22]

---

[22] Dort wird auch das Thema der unterschiedlichen Investitionsgrundlagen in den Ländern aufgegriffen.

2.4 Eine systematische Analyse für das deutsche Gesundheitswesen

Die im vorhergehenden Abschnitt genannten, bereits existierenden regionalen Unterschiede beleuchten nur einen Teil der Ergebnisse der Gesundheitspolitik in Deutschland.[23] Nicht gezeigt wird damit, woher diese Unterschiede kommen. Dies soll mithilfe einer systematischen Herangehensweise im Folgenden untersucht werden.

Das Gesundheitswesen wird durch Gesundheitspolitik strukturiert und vor allem reguliert. Gesundheitspolitik ist eines von vielen Politikfeldern. Sie ist wie das so entstandene Gesundheitswesen komplex. Daher erscheint es sinnvoll, sich vom Blickwinkel der Methoden der Politikfeldanalyse der Forschungsfrage an das Gesundheitswesen zu nähern. Die Politikfeldanalyse kann als Teilgebiet der politischen Soziologie und der vergleichenden Politikwissenschaften gesehen werden. Ihr Forschungsfokus liegt auf einzelnen Teilbereichen von Politik (Blum/Schubert 2018, S. 10).

2.4.1 Theorien, Methoden und analytischer Rahmen

Nach Schubert/Bandelow befasst sich die Analyse eines Politikfeldes „mit den konkreten Inhalten, Determinanten und Wirkungen politischen Handelns“[24] (Schubert/Bandelow 2014, S. 3). Sie ist damit der anwendungsorientierte Teil der Politikwissenschaften, dessen Zweck es ist, ein politisches Problem (auf Basis einer wissenschaftlichen Analyse) zu bearbeiten (vgl. Schubert/Bandelow 2014, S. 3. & Reiter/Töller 2014, S. 33).

Im englischen Sprachraum wird die Politikfeldanalyse durch den Begriff der „policy“ erfasst. Dieser ist zu unterscheiden von den Begriffen „politics“ und „polity“. „Polity“ macht den gesamten Raum der Institutionen aus politischen

[23] Sie zeigen zudem lediglich, dass die Zugänge zur Versorgung nicht gleichmäßig verteilt sind. Das bedeutet nicht zwangsläufig eine Ungleichheit in der Versorgung, insbesondere weil Mortalität und Morbidität nicht gleichmäßig verteilt sind.

[24] Interessanterweise vergleichen sie die Politikfeldanalyse mit der Betriebswirtschaftslehre, die ja – anders als die Volkswirtschaftslehre – nur einen Teil der Wirtschaft – eben nur ein Unternehmen – betrachtet: „Sie entspricht daher einerseits der Rolle der Betriebswirtschaftslehre in den deutschen Wirtschaftswissenschaften. Andererseits unterscheidet sich die Politikfeldanalyse von der Betriebswirtschaftslehre dadurch, dass politische Entscheidungen in einem anderen institutionellen und normativen Rahmen getroffen werden als Unternehmensentscheidungen“ (Schubert/Bandelow 2014).

Ideen, Ideologien und formalen Regeln sowie Normen aus. „Politics“ bezieht sich eher auf die strategisch-ideologische Herangehensweise in politischen Prozessen. „Policy“ ist der inhaltliche Teil der Ausgestaltung von Politik. Er ist somit der auf Gesetze, Programm und mithin einzelne Entscheidungen begrenzte Aspekt von Politik. In der deutschen Sprache gibt es diese Differenzierung nicht. Der deutsche Begriff „Politik“ umfasst alle drei Elemente (vgl. Blum/Schubert 2018, S. 12, Schubert/Bandelow 2014, S. 5).

Da es der in dieser Arbeit um relativ konkrete Ergebnisse und vor allem gesetzliche Vorgaben des Gesundheitswesens und deren (möglichen) Einfluss auf unterschiedliche gesellschaftliche Gruppen geht, muss eine Begrenzung auf „policy“ erfolgen. Dass gegebenenfalls „policies“ sich auf „polity“ und „politics“ stützen bzw. basieren, soll dabei immer mitgedacht werden. Vom Ergebnis der erkennbaren Ungleichheiten in der Gesundheit bestimmter Bevölkerungsgruppen her betrachtet, ist der Blick auf die inhaltliche Ausgestaltung der Gesundheitspolitik nur ein Ansatz. Er grenzt allerdings die Analyse so ein, dass eine systematische Betrachtung möglich ist.

Abzugrenzen ist die Politikfeldanalyse auch von den Verwaltungswissenschaften. Innerhalb der Politikfeldanalyse wird Verwaltung lediglich als ein (!) – wenn auch sehr großer – Akteur der politischen Steuerung und Gestaltung begriffen (vgl. Döhler 2014, S. 86 f.). Gleiches gilt von der Abgrenzung zum „New Public Management“, dessen Bedeutung sowohl in der sozialen bzw. Gesundheitsselbstverwaltung und der öffentlichen Verwaltung zunimmt.

Knoepfel et al. (2007) definieren als Ziel der Politikfeldanalyse: „to provide an understanding of, or response to, these basic questions concerning the legitimacy, efficacy and durability of public action“ (Knoepfel et al. 2007, S. ix). Drei abgegrenzte Gebiete für die Analyse werden vorgeschlagen: die Interaktion zwischen öffentlichen und privaten Akteuren, die Betrachtung öffentlicher Probleme und als drittes Vergleichsanalysen (Knoepfel et al. 2007, S. x). Vor allem die erste strukturierte Herangehensweise soll vor allem Praktizierenden in der Politik helfen, eine politische Analyse durchzuführen, die unabhängig von gängigen theoretischen Erklärungsmustern, Politik zu betrachten sucht (Knoepfel et al. 2007, S. 273 f.). Dazu vorgeschlagen wird eine Betrachtung anhand von politischen Zyklen („Policy Cycles“). Dieser vereinfachte Ansatz kann durchaus helfen, das Politikfeld Gesundheitspolitik zu analysieren (Knoepfel et al. 200., S. 37)[25], eignet sich allerdings weniger für eine systematische Analyse von Strukturen.

---

[25] Der Policy Cycle besteht aus: (Re-)Emergence of a problem, perception of private and public problems, agenda setting, formulation of alternatives, adoption of a legislative program, implementation of action plans, evaluation of policy effects (Knoepfel et al. 2007,

Die Politikfeldanalyse betrachtet nach Schneider/Janning (2006) „politische Entscheidungen und deren Umsetzung in konkreten Handlungszusammenhängen (S. 11)". Dabei betrachtet werden Situationen oder Strukturen (Schneider/Janning 2006). Die Zielstellung ist die „Analyse von Politiken, Politikfeldern sowie Strukturen generalisierter Politikproduktion" (Schneider/Janning 2006, S. 13).[26] Ähnliches wird auch bei Spicker formuliert (Spicker 2006, S. 1). Nach diesen Definitionen erscheint es sinnvoll, aus dem Politikbereich „Gesundheitspolitik" einzelne Aspekte oder Strukturen herauszulösen und mit Methoden der Politikfeldanalyse zu untersuchen – auch das erscheint angesichts des Ziels einer Gesamtbetrachtung unzureichend.

Das Gesundheitswesen ist er sehr komplexes Forschungsfeld. Insgesamt reicht eine reine Fokussierung auf „Policies" im engeren Sinne nicht aus und der Blickwinkel sollte weiter geöffnet werden, um alle relevanten Aspekte des Gesundheitswesens ausreichend zu erfassen. Dieser polyzentristische oder mehrdimensionale Ansatz findet sich in bestimmten Methoden der Politikfeldanalyse wieder, auf den weiter unten im Text eingegangen wird.

In der Politikfeldanalyse gibt es aber auch eine Reihe von Ansätzen, um ein bestimmtes Feld der Politik systematisch zu beschreiben und zu analysieren. Diesen zugrunde liegen unterschiedliche Theorien, die unterschiedliche Tiefe und Erklärungswirksamkeit besitzen. Welche Theorie, Modell oder analytischer Rahmen für diese Forschungsprozesse hier sinnvoll erscheint, soll im Folgenden beschrieben werden.

Reiter 2017 betrachtet Gesundheitspolitik als Bestandteil von Sozialpolitik, welche ein Gegenstand verschiedener Ansätze der Politikfeldanalyse ist. Sie verweist in der Einleitung zum Sammelband selbst explizit auf die für die deutsche Gesundheitspolitik relevante Vetospieler-Theorie von George Tsebelis

---

S. 32). Er ist eventuell sinnvoll zur Analyse von Einzelmaßnahmen in der Gesundheitspolitik, z. B. einzelnen Gesetzesvorhaben. Mithilfe des Zirkels könnten so die einzelnen Phasen der Politik systematisiert (analysiert) werden.

[26] Grundsätzlich definieren Schneider/Janning (2006) die Policy folgendermaßen: „Eine Policy umfasst die verbindliche Festlegung bewerteter Handlungsoptionen oder Strategien, um bestimmte Ziele zu erreichen oder zu lösen. Aus dieser Sicht wird sich eine öffentliche Politik unter bestimmten Umständen nicht nur auf Staatshandeln beschränken, sondern auch Strategien privater Akteure einschließen, wenn sie auf die Erfüllung öffentlicher Aufgaben, der Produktion öffentlicher Güter bzw. die Lösung allgemeiner gesellschaftlicher Probleme zielen" (Schneider/Janning 2006, S. 18). Damit wird klar, dass es nicht allein um gesetzliche Grundlagen geht, sondern auch deren konkrete Umsetzung. Für das Gesundheitswesen in Deutschland ist das insoweit relevant, als dass eine Vielzahl umsetzender Akteure und Strukturen für die Erfüllung einer (staatlichen) Zielsetzung „Gesundheitsversorgung der Bevölkerung" zuständig ist.

(Reiter 2017, S. 20). Weiter werden unter anderem die Parteiendifferenzhypothese, politisch-institutionellen Ansätze (wozu die Vetospielertheorie gehört) und der Machtressourcenansatz als Ansätze zur Untersuchung des Feldes aufgeführt (Reiter 2017, S. 41). Zusammen mit Thomas Gerlinger betrachtet sie – hier mit explizitem Fokus auf „Krankenversorgung" (S. 222) – das Feld deutsche Gesundheitspolitik mit Mitteln der Politikfeldanalyse. Sie blickt dabei auf die drei Dimensionen „Regulierungsstruktur", „Finanzierungsstruktur" und „Versorgungsstruktur". Anhand dieser Dimensionen untersucht sie den Wandel in der deutschen Gesundheitspolitik seit 1975. Sie referenziert bei dieser Untersuchung von Veränderungen auf P. Hall (1993) (Ansatz des politischen Lernens) und Streeck/Thelen. (2005) (Pfadabhängigkeiten).

Der Ansatz von Hall wurde an anderer Stelle zur Covid-19-Pandemie verwendet, um zu untersuchen, ob die Pandemie im Sinne dieser Theorie einen Wandel der deutschen Gesundheitspolitik bewirken kann (Köppe 2022). Für die Untersuchung von systematischen und strukturellen Benachteiligungen in der deutschen Gesundheitspolitik erscheint dieser Ansatz jedoch nicht zielführend, eben weil es dabei weniger um bestehende Strukturen und Systematiken, sondern um Momente des Wandels geht. Hall hat sich allerdings in einem anderen Werk mit der Bedeutung von Institutionen im Kontext von Gesundheit beschäftigt. Im Sammelband „Successful Societies – How Institutions and Culture Affect Health" geht es um Strukturen im Sinne von Institutionen und Kultur und deren Wirkung auf die Gesundheit der Bevölkerung. Hall/Lamont (2009) definieren Gesellschaften als „patterns of social relations structured by institutional practices and cultural repertoires" (S. 1). Institutionen werden dabei definiert als ein „set of regularized practices, whether formal or informal, with rule-like quality"(Hall/Lamont 2009, S. 4, Fußnote 7). Das Ziel dabei ist, zu verstehen, inwiefern diese auf die Gesundheit wirken. Dafür wird eine sehr eindringliche Begrifflichkeit verwendet: „work their way into health". Sie drücken damit aus, dass individuelle Ausgangsbedingungen vielfältiger Art (sozioökonomischer Status, physischer Merkmale u. a.) durch institutionelle Bedingungen und den kulturellen Rahmen unterschiedliche Auswirkungen auf die Gesundheit bzw. die gesundheitliche Ungleichheit haben können. Allerdings liegt der Fokus der Betrachtung weniger auf politischen Institutionen und Regularien wie z. B. Finanzierungsstruktur als vielmehr auf den soziologischen Bedingungen wie z. B. die sozialen Beziehungen untereinander sowie Netzwerke (Hall/Lamont 2009, S. 8).[27] Ohne Frage ist dieser

[27] Die drei Dimensionen von Kultur, die Hall et al. hier aufmachen, sind: die symbolischen Grenzen (symbolic boundaries), die Statushierarchien (status hierarchies) und die kollektiven Vorstellungen (collective imagnaries). Erste definiert die Abgrenzung zwischen Zentrum

Ansatz durchaus relevant für die Frage nach Benachteiligungen in der Gesundheitsversorgung. Die politische Fragestellung wird damit aber nicht eingebunden. Dazu wird ein umfassenderer Ansatz benötigt.

Nach Reiter/Töller et al. ist ein analytischer Rahmen „abstrakter und konkreter als eine Theorie" (2014, S. 28). Damit ist er hilfreich, komplexe Situationen auch ohne Festhalten an bestimmten Modellen und Theorien zu untersuchen. Vorgeschlagen wird dabei – vor allem, wenn Unschlüssigkeit über die Ursachen von Phänomen besteht – ein analytischer Rahmen wie das Institutional Analysis und Development Framework (Reiter/Töller et al. 2014) Die Ursachen von beobachtbarer Ungleichheit im deutschen Gesundheitsbereich sind vielfältig und möglicherweise diffus. Daher ist der Einsatz eines analytischen Rahmens zielführend. Verwendbar sind dabei bereits erwähnte Elemente aus oben erwähnten Theorien, sodass keine Festlegung allein auf eine Theorie (und Methode) erfolgen muss. Diese Herangehensweise wird auch als Meso-Level-Ansatz beschrieben, in dem ein Teilbereich eines politischen Systems die Untersuchungseinheit ausmacht (Reiter/Töller et al. 2014, S. 34).

Ein insbesondere in der Ressourcen- und Klimapolitik viel verwendeter Ansatz ist eben jener Institutional Analysis und Development Framework (IDA) von Elinor Ostrom, der multifunktional einsetzbar ist: „Economic theory, game theory, transaction cost theory, social choice theory, and theories of public goods and common-pool resources are all compatible with the IAD"(Ostrom 2007, S. 26).

Dabei handelt es sich um eine Herangehensweise in der Politikfeldanalyse, die mithilfe verschiedener Erklärungsvariablen „beobachtbare Ergebnisse (Output) und Wirkungen (Outcome) kollektiven Handels auf einer metatheoretischen Ebene zu einem einheitlichen und disziplinären Sprachgrenzen übergreifenden Analyserahmen verbindet" (Reiter/Töller 2014, S. 68). Da das Gesundheitswesen durch seine Verknüpfung von medizinisch-biologischen Fragen, ökonomischen Fragestellung wie auch soziologischen (und politischen) Aspekten und entsprechend handelnden Akteuren (Ärztinnen und Ärzte, Ökonominnen und Ökonomen, Politikerinnen und Politiker u. a.) ein interdisziplinäres Feld ist, erscheint es aus dieser Begründung heraus völlig sinnvoll, eine solche interdisziplinär angelegte Methode zu nutzen.

---

und Rand einer Gesellschaft. Zweiteres unterscheidet zwischen einem Oben und Unten in einer Gesellschaft, wobei der individuelle Status durch Einkommen und Vermögen oder aber durch andere Statusmerkmale hergestellt werden kann. Letzteres umfasst eine Reihe von symbolischen Werten wie Narrative, Mythen etc., die die Abgrenzung von anderen Gemeinschaften ermöglichen. Diese kulturellen Grenzen bestimmen die individuelle Gesundheit mit und auch deren Verteilung über die Gesellschaft an sich (Hall/Lamont 2009, S. 11 f.).

Das IDA hat seine Ursprünge in der Institutionenökonomik und ist ein Ansatz mit vielen Facetten. Institutionelle Ansätze im politischen Kontext grenzen sich von den weit verbreiteten und zunehmend umstrittenen Ansätzen der heutigen Volkswirtschaftslehre – der Mainstream-Ökonomik – ab, insofern, als sie den Blickwinkel der reinen Gleichgewichtsbetrachtung verlassen und einen weiteren Blickwinkel auf ökonomische Prozesse zulassen. Während die reine Marktgleichgewichtsanalyse vom Preis als singulären Koordinierungsmechanismus ökonomischer Prozesse ausgeht, nimmt die Institutionenökonomik andere zusätzliche Mechanismen in den Blick. Gerade vor dem Hintergrund, dass im Bereich Krankheit und Gesundheit elementarere Überlegungen für die individuellen Entscheidungen eine Rolle spielen – schließlich geht es oft um die Entscheidung zwischen Leben und Tod –, erscheint es ratsam, einen Ansatz zur Analyse zu wählen, der über Preisanreize hinausgeht.

Wichtig in diesem Zusammenhang ist die Unterscheidung zwischen den Begriffen „Organisation" und „Institution". Organisationen sind die zusammengesetzten institutionellen Regeln und Personen, während Institutionen die Gesamtheit der (verschiedenen) Regeln darstellen (vgl. Wall 2017, S. 53, Cole et al. 2017, S. 14). Ostrom erweitert damit den reinen organisationsbezogenen Blick auf Strukturen um deren internes und externes Regelwerk. „Polyzentrismus" ist das von ihr verwendete Schlagwort. Es beschreibt die Idee, dass nicht ein einzelner Faktor für eine Folge ausschlaggebend ist, sondern vielmehr eine Myriade an Faktoren ein Resultat ergeben. Diese Myriade von gleichzeitigen und/oder aufeinander aufbauenden Faktoren sei systematisch zu untersuchen, um Folgeabschätzungen bei Veränderung von einzelnen Faktoren zu ermöglichen (vgl. Wall 2017, S. 53). Wall beschreibt das durch das IDA-systematisierte Vorgehen als „Grammatik" (Wall 2017, S. 59).

Der Reiz des IDA besteht darin, dass diese Methode sich zudem nicht mit den rein ökonomischen Prozessen und (am Markt teilnehmenden) Institutionen beschäftigt, sondern durch eine festgelegte methodische Struktur versucht, alle beteiligten Bereiche abzudecken und Mechanismen aufzuspüren, die letztlich zu einem beobachtbaren Ergebnis führen. E. Ostrom geht davon aus, dass, um die beobachtbaren Ergebnisse zu ändern, die Entscheidungspunkte aufgespürt werden müssen, die diese Ergebnisse relevant beeinflussen.

In ihrer Nobelpreisrede definiert sie: „The IAD framework is intended to contain the most general set of variables that an institutional analyst may want to use to examine a diversity of institutional settings including human interactions within markets, private firms, families, community organizations, legislatures, and government agencies. It provides a metatheoretical language to enable scholars to discuss any particular theory or to compare theories" (Ostrom 2009, S. 414).

Ziel der Analyse ist es, vor allem zur Problemlösung beizutragen, indem strukturiert die auslösenden Momente erkennbar gemacht werden (vgl. Wall 2017, S. 60). Im Sinne dieser Arbeit kann das IDA somit helfen, jene Knotenpunkte und Wege herauszuarbeiten, die das Ergebnis – z. B. eine Benachteiligung von Regionen und mithin den dort wohnenden Personen – prägen. Im deutschen Gesundheitswesen sollten diese Knotenpunkte und Wege reformiert werden, mit dem Ziel, diese Ergebnisse zu verändern.

Immergut spricht im Zusammenhang von Gesundheitspolitik (anhand des Beispiels Schweden) von Veto-Punkten (Immergut 1992, S. 8).[28]

Im Grunde ist das Grundgerüst des IDA lediglich eine Methode, mithilfe derer eine Strukturierung von Politikfeldern erfolgen kann. Für das deutsche Gesundheitswesen birgt eine solche Methode zwar die Gefahr, dass das Modell dem komplexen System eine weitere Komplexität überstülpt. Andererseits kann es ein bereits gut strukturiertes Modell, wie es das IDA ist, helfen, die Komplexität des deutschen Gesundheitssystems zu simplifizieren. Darüber hinaus sind im IDA aus den erwähnten Theorien z. B. die Dimensionen von Kultur nach Hall und die verschiedenen Politiktypen bzw. -arenen von Lowis integrierbar.

2.4.2 Die Institutional Development Analysis

Das IDA ist weniger eine Theorie als vielmehr ein strukturiertes Werkzeug, um einzelne Politiken systematisch zu analysieren und darauf aufbauend bessere Regulierungsprozesse für eine konkrete politische Fragestellung zu entwickeln. Sie dient als analytischer Rahmen der Politik(feld)analyse (vgl. Reiter/Töller 2014, S. 28). Die Idee hinter dieser Methode ist, alle relevanten Knackpunkte einer Regulierung herauszuarbeiten. Dabei wird beim IDA sehr schematisch vorgegangen, um keine relevanten Elemente zu vernachlässigen.

Der theoretische Ausgangspunkt des IDA wird der Institutionsökonomie zugeschrieben und/oder den Struktur-Akteur-bezogenen Ansätzen der Politikfeldforschung (vgl. u. a. Reiter/Töller 2014, S. 36). Verschiedene Strukturierungen zur Arbeit mit dem IDA sind möglich. Vier Elemente liegen dahinter: Individuen, Anreize, Institutionen und (permanente) Erforschung (Polski/Ostrom 2017, S. 4).

---

[28] „Thus, this book argues that power is not an essential or invariant characteristic of particular interest groups. Rather, the political impact of a particular group is contingent on strategic opportunities stemming from the logic of political decision processes. In sum, we could say that we do not have veto groups within societies, but rather veto points within political systems. "(Immergut 1992, S. 8).

Das Grundmodell der systematisierten Analyse mit dem IDA umfasst folgende Elemente:

- die physischen und materiellen Bedingungen
- die Charakteristika („attributes") der Gemeinschaft
- die gebräuchlichen Regeln („Rules-in-Use")

Diese drei Elemente beeinflussen den Handlungsraum („Action arena"), der wiederum die Interaktionsschemata und dann das Ergebnis beeinflusst. Interaktionsmuster und Ergebnis lassen sich als Evaluierungskriterien begreifen. D. h., Ergebnis und Interaktionsmuster sind als finales Kriterium auswertbar und können bewertet werden, während die anderen Elemente lediglich beschrieben und ihre Wirkung auf die letzten beiden Bestandteile des Schemas betrachtet und beschrieben werden. Grafisch lässt sich das wie in Abbildung 2.10 darstellen.

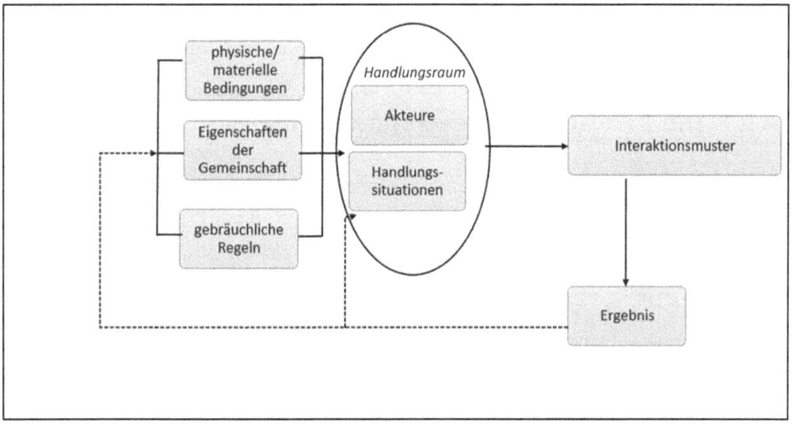

Abbildung 2.10 IDA nach Polski/Ostrom. 2017, S. 17

Bei der Politikfeldforschung mithilfe des IDA kann die Analyse entweder vorwärts oder rückwärts entlang der einzelnen Bestandteile des Flussdiagramms erfolgen. Für bereits gut etablierte politische Situationen wird eine Analyse rückwärts durch das Schema empfohlen. Für neue politische Initiativen oder den Vergleich von alternativen Politikdesigns wird eine Vorwärtsanalyse vorgeschlagen (Polski/ Ostrom 2017, S. 17/18). Jeder Teil des IDA unterliegt umfassend definierten Fragestellungen. Diese werden je Politikfeld in einzelnen Schritten analysiert.

Die physikalischen und materiellen Bedingungen umfassen Fragen zu den physischen und menschlichen Ressourcen sowie dem Leistungsvermögen. Hierbei werden typisch wirtschaftswissenschaftliche Fragestellungen aufgegriffen, wie z. B. Produktionsprozesse und Technologieeinsatz. Das IDA geht allerdings über klassische ökonomische Fragen hinaus und fragt auch nach der Art der produzierten Güter. Für die Politikfeldanalyse ist die Betrachtung der ökonomischen Rahmenbedingungen („economic nature", Polski/Ostrom2017, S. 21) insofern relevant, als damit Ressourcen, Leistungsvermögen und vor allem Koordinierungsmechanismen aufgedeckt werden können, die entscheidend zum Erfolg einer politischen Maßnahme beitragen können (Polski/Ostrom 2017, S. 24).

Interessant ist dabei aber auch der interdisziplinäre Ansatz, der im Gegensatz zur klassischen ökonomischen Analyse nicht allein auf Nutzenanalysen (Wirtschaftswissenschaften) oder Machtgefüge (Politikwissenschaften) fokussiert. Vielmehr wird eine – im Weiteren auch andere – ökonomische Theorie in ein Analysemuster integriert, ohne andere Erklärungsmuster und mögliche Bestandteile eines zu betrachtenden Politikfeldes außen vorzulassen.

Die Charakteristika bzw. Eigenschaften der Gemeinschaft, die im IDA betrachtet werden sollen, sind vor allem die Merkmale, die eine Gemeinschaft entscheidend ausmachen – teilweise auch in Abgrenzung zu anderen Gemeinschaften. Das können gemeinschaftlich akzeptierte Normen, kulturelle Muster und das allgemeine Verständnis politischer Prozesse sein. Die Charakteristika der Gemeinschaft sind die anthropologischen und sozial-psychologischen Komponenten der zu betrachtenden Gesellschaft. Polski und Ostrom geben zu, dass dieser Teil der Analyse schwierig ist („notoriously difficult", Polski/Ostrom 2017, 22). Gleichwohl empfehlen sie, es dennoch zu versuchen, um Störfaktoren politischer Prozesse aufzudecken (Polski/Ostrom 2017).

Das dritte Element des IDA sind die gebräuchlichen Regeln. Das sind jene Regeln, die im operativen Umgang eingesetzt werden (Polski/Ostrom 2017, S. 23). Ostrom unterscheidet gebräuchliche Regeln („*rules-in-use*") von formalen Regeln („*rules-in-form*") (Ostrom 2007, S. 23). Dabei sind Regeln im Allgemeinen: Zugang, Austritt, Standort, Gültigkeitsbereich, Vollmacht/Wahl, Aggregation, Information, Auszahlungs-Regel[29] (Ostrom 2007, S. 38). Im IDA sollen nur jene Regeln herausgearbeitet werden, die „*minimal but necessary*" sind,

[29] Im Englischen: entry, exit, position, scope, authority/choice, aggregation, information, payoff rules. Wobei die Auszahlungsregel der Allokation im ökonomischen Sinne entspricht. Damit wird auch hier wieder der ökonomische Aspekt der Analyse mit einbezogen.

d. h. nur die absolut notwendigen, am häufigsten verwendeten Regeln. Auch die Ursprünge der Regeln sind relevant (Polski/Ostrom 2017, S. 23–24). Die verschiedenen o. g. Arten von Regeln werden so stark differenziert, um möglichst keine relevante Regel, die in einer Gesellschaft vorhanden sein kann, zu übersehen.

Der Vorteil dieser Herangehensweise im IDA zeigt sich hier deutlich: Sie umfasst sowohl ökonomische als auch eher soziologisch orientierte Aspekte von Regelwerken. Damit lassen sich die verschiedensten Aspekte des Gesundheitswesens aufgreifen. Ein Verbleib nur bei soziologischen oder rein ökonomischen Blickwinkeln wird vermieden. Mithin ist dieser Ansatz umfassend interdisziplinär angelegt, zumal auch juristische Aspekte durch die Unterscheidung der gebräuchlichen von den formalen Regeln aufgegriffen werden.

Für die Betrachtung eines (umfassenderen) Politikfeldsystems differenziert das IDA darüber hinaus weitere Regeln: konstitutionelle, kollektive Wahl, Wahlregeln (vgl. Ostrom 2007, S. 185 & Polski/Ostrom 2017, S. 26–27). Diese Regeln zu betrachten, ist vor allem dann bedeutsam, wenn eine Analyse überlappender Handlungsfelder (Handlungsrahmen) und/oder verschiedene Ebenen von Regeln zu berücksichtigen sind. Die verschiedenen Ebenen von Regeln untergliedert das IDA in: operative Ebene, kollektive Wahl-Ebene und die konstitutionelle Ebene von Regeln. Um das relevante Handlungsfeld herauszuarbeiten, kann es sinnvoll sein, aus einem Gesamtsystem mithilfe unter anderem der Regeleingrenzung und -zuordnung im IDA eine sukzessive Verengung des Handlungsfeldes zu erarbeiten (vgl. Polski/Ostrom 2017). Diese Herangehensweise wird hier nicht verwendet, da sie den Umfang der Arbeit sprengen würde.

Das Kerngebiet der IDA ist die Analyse des Handlungsfeldes („*Action Area*"): „*... the action area is the focus of policy analysis and design – it is where the policy action is!*" (Polski/Ostrom 2017, S. 28). Im Handlungsfeld werden die handelnden Personen (Akteure) und deren Handlungssituationen umfassend ausgearbeitet. Dabei kann das Handlungsfeld als Filter für die „Vorgaben" der physikalischen und materiellen Bedingungen in Kombination mit den Charakteristiken der Gemeinschaft zusammen mit den gebräuchlichen Regeln gesehen werden, die gewissermaßen die Bedingungen für die Akteure und damit deren Handlungssituationen bestimmen (Polski/Ostrom 2017, S. 29). Die Akteure müssen auf rigorose[30] Art hinsichtlich deren individueller Möglichkeiten hin untersucht werden. Genannt werden deren Ressourcen, Bewertung bzw. Werte(muster)

[30] Im Original wird der Begriff „*rigorously*" an vielen Stellen verwendet. Er beschreibt eine Kernbotschaft des IDA, nämlich eine sehr intensive und ausführliche Analyse im Sinne eines „Auseinandernehmens" des Forschungsobjektes mithilfe der beschriebenen Elemente des IDA.

(„*Valuation*") sowie deren Informationsverarbeitung und Auswahlprozesse (Polski/Ostrom 2017, S. 30). Die Analyse der Handlungssituationen umfasst Fragen nach der Verortung der Akteure, den Teilnehmenden, den möglichen Handlungen an sich und deren Verknüpfungen untereinander, die Kontrollmöglichkeiten einzelner Akteure hinsichtlich der Handlungsoptionen, den möglichen Ergebnissen der Handlungen, den verfügbaren Informationen und den Kosten und Nutzen für die Teilnehmenden (vgl. Polski/Ostrom 2017, S. 29; Wall 2017, S. 60).

Aus den vorher genannten Elementen heraus ergibt sich ein Interaktionsmuster („*Pattern of Interaction*"). Dieses zu bestimmen, kann in einfachen, einzelnen Politikfeldern sehr zuverlässig sein. Je komplexer die vorhergehenden Bestandteile der Analyse sind, desto schwieriger ist die konkrete Ausgestaltung des Interaktionsmusters zu bestimmen. Allerdings können so auch unmögliche Interaktionsschemata herausgearbeitet werden, die wiederum hilfreich als Information aus der Analyse für das Politikfeld bzw. mögliche Designs einer Politik sein können (Polski/Ostrom 2017, S. 32).[31]

Im letzten Element wird das Ergebnis („Outcome") einer Politik untersucht. Hier geht es um das Leistungsvermögen einer Politik. Dafür müssen Evaluationskriterien festgelegt werden. Polski/Ostrom schlagen folgende allgemeine Kriterien vor: ökonomische Effizienz, fiskalische Äquivalenz[32], Verteilungsgerechtigkeit, Zurechnungsfähigkeit/Verantwortlichkeit („accountability"), Übereinstimmung mit allgemeinen Normen und Anpassungsfähigkeit (Polski/Ostrom 2017, S. 33).

Die Analyse des Gesundheitswesens erfolgt mithilfe des IDA in den Kapiteln 3 und 4. Diese Kapitel mögen mitunter sehr technisch wirken. Das liegt in der Natur der strukturierten Herangehensweise des IDA. An der ein oder anderen Stelle werden konkrete regionale Beispiele eingefügt, um die Sinnhaftigkeit des IDA-Rahmens zu verdeutlichen.

---

[31] Zur Analyse dieser Situationen werden vor allem spieltheoretische Modelle, aber auch andere Modelle vorgeschlagen, z. B. agentenbasierte Modelle, experimentelle Methoden, Fallbeispiele, Large-N-Modelle u. a. (vgl. Wall 2017, S. 67–76).

[32] Fiskalische Äquivalenz ist ein wirtschaftswissenschaftlicher Begriff aus der Fiskalökonomie. Er beschreibt im Wesentlichen die Ausgewogenheit zwischen Leistungsfähigkeit und wirtschaftlicher (Um-)Verteilung von Steuern.

2.5 Andere Blickwinkel

Bevor die eher politikwissenschaftlich geprägte Herangehensweise eingesetzt wird, um die wesentlichen Punkte möglicher regionaler Benachteiligungen im deutschen Gesundheitswesen zu filtern, wird kursorisch beschrieben, welche Rolle ökonomische sowie soziologische Theorien und Ansätze für die Fragestellung der Arbeit spielen könnten. Dies erfolgt vor dem Hintergrund, dass es im Rahmen des IDA sinnvoll ist, bestimmte Aspekte aus anderen Blickwinkeln als politikwissenschaftliche zu beleuchten.

2.5.1 Ökonomische Betrachtungen

Das Gesundheitswesen in Deutschland wird gern als „Gesundheitswirtschaft" bezeichnet und in vielerlei Hinsicht auch als Teil der „Wirtschaft" behandelt. Im folgenden Abschnitt wird daher ein kurzer (und auf keinen Fall umfassender) Blick auf die ökonomische Theorie hinter oder mit dem Gesundheitswesen geworfen. Der ökonomische Blickwinkel ist dabei oft der des sogenannten „Public Health"-Konzeptes. Jener Begriff umfasst kein einheitliches Gedankenkonzept, zielt aber im Wesentlichen auf verhaltenstheoretische Zusammenhänge. Im Fokus der Betrachtung von Gesundheit und Krankheit liegt die Eigenverantwortung der Individuen und Stützung einer gesundheitsorientierten Lebensweise durch die Öffentlichkeit respektive den Staat (Bittlingmayer/Ziegler 2012, S. 34).

Der Public-Health-Ansatz im Gesundheitswesen ist normativ orientiert und ebendiese Normen befinden sich in einem Spannungsverhältnis zwischen Gleichheit und Freiheit, also eines gleichen Nutzens von Gesundheitspotenzialen und der freien Selbstbestimmung der (angebotenen) Lebensoptionen (vgl. Bittlingmayer/Ziegler 2012, S. 1–3). Vor diesem Hintergrund wird im (deutschen) Gesundheitswesen zwischen Staat und freier Marktwirtschaft durch den Staat eine Gesundheitswirtschaft ermöglicht, die die Möglichkeiten für eine gesundheitsfördernde Lebensweise bietet. Mithin wirkt der Staat per Regulierung auf das Gesundheitswesen ein und der Markt schafft durch Effizienz und wettbewerbliche Wahlmöglichkeiten Angebote. In der Gesundheitswirtschaft in Deutschland spielt dieser Dreiklang zwischen Markt, Staat und Individuum an verschiedensten Stellen eine Rolle.

Diese Perspektive entspricht weniger der in dieser Arbeit angedachten Fragestellung einer verhältnisorientierten Sichtweise auf das Gesundheitswesen. Da Verhalten und Verhältnisse aber mitunter zwei Seiten der gleichen Medaille sind – also interdependent sind –, lohnt es sich, diese Seite dennoch kurz zu beleuchten.

Daher werden die Schlagworte „Regulierung“, „Wettbewerb“, „Markt“ sowie „Effizienz“ in Kontext mit den Besonderheiten des Gesundheitswesens aufgegriffen und hinsichtlich ihrer Rolle für Benachteiligungen betrachtet.

2.5.1.1 Regulierungstheorie als staatlicher Eingriff

Knieps/Reiners (2015) erklären, dass es „keine ökonomisch rationale Alternative zu einer politischen Steuerung des Gesundheitswesens“ gibt (S. 14). Politische Steuerung kann aus ökonomischer Sicht mit dem Begriff der Regulierung von wirtschaftlichen Prozessen verstanden werden. Diese politische Steuerung bzw. Regulierung ist im deutschen Gesundheitswesen rechtlich sehr komplex und Rechtsprobleme sind an der Tagesordnung. Genaugenommen kann das deutsche Gesundheitswesen als ein stark regulierter Wirtschaftsbereich betrachtet werden. Das hat Gründe. Umfassend erklären lässt sich das mit sogenannten Regulierungstheorien, u. a. jener von Jean Tirole.

2014 erhielt der französische Ökonom Jean Tirole den sogenannten Nobelpreis der Wirtschaftswissenschaften für seine Analyse zur Marktmacht und Regulierung. Tirole, der aus der Industrieökonomik bekannt ist und diese in Toulouse lehrt, beschäftigt sich in seinem Buch „*Économie du bien commun*“ unter anderem mit dem Thema Gesundheit: „*Dies ist im Gesundheitswesen nicht der Fall, wo es sehr starke Ungleichheiten zwischen den Individuen gibt, sodass die Solidarität beim Fehlen einer Regulierung nur minimal funktioniert hat.*“[33] *(Tirole 2016, S. 540–541)*

Dieser Aussage voran stellt Tirole einige Überlegungen zu den Begründungen für die Notwendigkeit von Regulation und zu einer Ökonomie des Gemeinwohls. Gemäß Tirole ist Marktversagen die elementare Begründung für den Bedarf nach Regulierung. Dieses Marktversagen begründet er auf einer Reihe von Sachverhalten, die unter anderem am Markt selbst, aber auch an der Art des Gutes („Gesundheit“) liegen (vgl. Tirole 2014, S. 210–214).

Den Begriff des Marktversagens verwendet auch Menzel 2008 für das Gesundheitssystem und ergänzt ihn um die Begriffe „*Anti-Free-Riding*“-Prinzip und „*Equal Opportunity for Welfare*“ sowie am Rande „*Medical Egalitarism*“. Während Marktversagen bei ihm unvermeidbar zu einer freiwilligen Versicherung gehört, geben die anderen Begriffe die Begründung für eine allgemeine, verpflichtende Basisversicherung (Menzel 2012, S. 36).

---

[33] Eigene Übersetzung.

Nach der sogenannten „*Public Interest Theory of Regulation*“ geht es bei Maßnahmen der Regulierung um das Erreichen von kollektiven Zielen. Bei der „*Private Interest Theory of Regulation*“ hingegen geht es um die Sicherung von eigenen Leistungen (Gewinnen) aus der regulativen Maßnahme durch Interessengruppen. In beiden Konzepten geht es um eine ökonomische Betrachtungsweise (Ogus 1996, S. 3–4). Ogus zieht hierbei eine Verbindung zwischen Marktversagen, dem Versagen von Privatrecht und regulativem Versagen (Ogus 1996, S. 30). Als Begründung für die Notwendigkeit von Regulierung werden neben Gründen ökonomischer Art auch nicht-ökonomische aufgeführt (Ogus 1996, S. 30–46). Nicht-ökonomische Gründe sind Verteilungsgerechtigkeit, Paternalismus und eine Wertegemeinschaft (Ogus 1996, S. 46–54).

Ähnlich argumentieren andere Autoren. Reiners (2011) macht unter der Überschrift „Marktversagen als Prinzip“ folgende Aussage: „*Das Gesundheitswesen ist ein von den Anbietern dominierter Wirtschaftszweig*“ (S. 13). Für diese These führt er zwei Begründungen an: das Uno-Actu-Prinzip und das Informationsgefälle zwischen Anbietenden und Patientinnen bzw. Patient. Er beschreibt das Uno-Actu-Prinzip im Gesundheitswesen als ein zeitliches und räumliches Zusammenfallen von Produktion des Angebots und Nutzung des Angebots. Die Behandlung des Patienten durch den Leistungsanbieter findet gleichzeitig im Akt der Inanspruchnahme statt. Das ist – wie er zugibt – keine Einzigartigkeit des Gesundheitswesens, sondern auch in anderen Dienstleistungsbereichen zu finden. Wie auch die o. g. Regulationstheoretiker feststellen, ist vielmehr die Diskrepanz in der Informationsfülle und -tiefe ursächlich für das Versagen des Marktes im Gesundheitswesen und mithin die Dominanz des Angebots über die Nachfrage. Auch hier schränkt Reiners ein, dass diese Informationsdiskrepanz in anderen Marktsituationen, z. B. beim Gebrauchtwagenkauf, zu finden ist. Entscheidend aber seien die Auswirkungen – er nennt es „Dimension“ – aufgrund seines unmittelbaren Bezugs zur „menschlichen Existenz“ (Reiners 2011, S. 13–14). Um es schärfer zu formulieren: Auf dem Gesundheitsmarkt geht es um Leben und Tod.

Immer wieder taucht in diesem Kontext der Begriff des *Moral Hazard* auf. Dieser beschreibt, dass aufgrund von Kostenübernahmen im Versicherungswesen (und hier insbesondere des Sachleistungsprinzips der Krankenkassen) mehr Leistungen als notwendig in Anspruch genommen werden, weil die Inanspruchnahme für das Individuum kostenlos erscheint (Reiners 2011, S. 20). Reiners verweist hier auch auf den in der gesundheitsökonomischen Theorie verwendeten Begriff der Rationalitätsfalle, der ebenso wie der Moral Hazard laut seinen Ausführungen aber jedweder empirischen Grundlage entbehre (Reiners 2011, S. 21). Vielmehr sei schon die Theorie auf das Gesundheitswesen nicht anwendbar, da spezifische Grundvoraussetzungen für das Eintreten von Moral Hazard – hier am Beispiel der Zuzahlungen zur Inanspruchnahme von Leistungen – hier fehlten: Preiselastizität der Nachfrage und eine gleiche Wirkung von Selbstbeteiligungen bei allen Patientengruppen. Letzteres ist aus der Betrachtung von Benachteiligungen im Gesundheitswesen interessant, und auch andere – im Folgenden erläuterte – Aspekte machen deutlich, dass der „Gesundheitsmarkt" eben kein Markt wie der für Gebrauchtwagen ist.

Zusammenfassend werden folgende Aspekte des Marktversagens aufgegriffen: Betroffenheit Dritter, Informationsdefizite, persönliche Beurteilung, Geschäftsfähigkeit und Marktmacht. Diese erschweren eine reine Marktförmigkeit von Leistungen im Krankheitsfall und begründen die Notwendigkeit von Regulierung.

Insbesondere das deutsche Gesundheitswesen bzw. die deutsche Gesundheitspolitik ist oft geprägt von Ad-hoc-Entscheidungen und Verhandlungsprozessen, denen eine Fiktion ökonomischer Rationalität zugrunde gelegt wird. Der Regulierung liegt keine definitive Maßgabe zugrunde. Regulierung ist dabei oft kein strukturierter Prozess, sondern erfolgt trotz oder gerade aufgrund der bereits genannten vielfältigen Argumente für Regulierung ökonomischer Prozesse eher zufällig (Gunningham et al. 1998, S. 13). Gunningham kritisiert vor allem das Fehlen von Kriterien innerhalb von regulatorischen Entscheidungen, mit der Folge, dass Regulierung stark wertbasierend erfolgt.[34]

2.5.1.2 Yardstick-Wettbewerb als Einführung von Wettbewerb, Markt und Effizienz im Gesundheitswesen

Das Problem des Marktversagens wird beispielsweise im deutschen Markt für die stationäre Krankenversorgung mithilfe des sogenannten Yardstick-Wettbewerbs reguliert.

---

[34] Eine andere Philosophie vertritt Prosser, indem er Regulierung weniger als eigenständigen polit-ökonomischen Mechanismus sieht, sondern vielmehr als Management-Methode (Prosser 2010; S. 1). Aus dieser Perspektive kann Regulierung verstanden werden als Übergriff auf die private Autonomie oder als gemeinschaftliche Unternehmung („collaborative enterprise") (Prosser 2010, S. 4). Aus diesem Sichtwinkel liegen die Begründungen für Regulierung in folgenden Aspekten: ökonomische Effizienz und Konsumentenwahl, dem Schutz von Rechten, gesellschaftliche Solidarität sowie Deliberation (Prosser 2010, S. 18). Viele dieser Begründungen finden sich in gesundheitspolitischen Regulationsprozessen. Auch dieser Ansatz kann zur Bewertung von Benachteiligungen im deutschen Gesundheitswesen hilfreich sein, indem die „Regulatory Imapct Analysis" (Prosser 2010, S 379) verwendet wird.

Weitere Theorien der Regulierung finden sich bei Peltzmann, Stigler und Baldwin et al. (Peltzmann 1976; Stigler 1975; Baldwin et al. 2011). Darin lassen sich eine ganze Reihe Aspekte finden, die auf das Gesundheitswesen zu übertragen sind.

Laffont und Tirole schlagen in ihren Vorlesungsskripten eine Form der Regulierung vor allem für regionale Monopole vor: den Yardstick-Wettbewerb (Laffont/Tirole 1993). Grob gesagt ist der Yardstick-Wettbewerb die Fiktion eines Wettbewerbs über Preise, die auf Kosten von Vergleichsfirmen bemessen werden. Yardstick kann übersetzt werden als Zollstock oder Maßstab. Der Wettbewerb erfolgt damit sozusagen über eine Art Benchmarking. Preise werden in der kurzen Frist also nicht über einen Marktpreis festgelegt, sondern eine regulierende Partei setzt diese anhand eines Vergleichs fest, der auf den Kosten anderer Firmen beruht. Ziel ist es, eine Kostenreduktion zu stimulieren und dennoch ein durchgehendes Angebot zu erhalten.

Die theoretischen Ursprünge dieser Form der Regulierung basieren auf einem Artikel aus dem Jahre 1985, in dem A. Shleifer eben diese im Kontext des US-amerikanischen Gesundheitssystems untersucht (Shleifer 1985). Schleifer geht davon aus, dass Monopole einen Anreiz zur Mengenreduktion haben – um den Monopolpreis zu erhalten – und Regulierer oft Selbstkostenpreise vorgeben, um den Monopolpreis zu senken und die Mengenreduktion zu verhindern. Dabei entstehe der Fehlanreiz, dass der Monopolist Kostensteigerungen ignorieren werde, da er mit dem Selbstkostenpreis die vollen Kosten erstattet bekommt. Um die Kostensteigerungen zu verhindern, schlägt er den Yardstick-Wettbewerb vor. Das Modell bzw. die Modelle, die er beschreibt, werde(n) das soziale Optimum aus Kosten und Angebotsmenge erreichen. Das Yardstick-Modell ist Grundlage der Berechnung der Fallpauschalen als Teil der Krankenhausfinanzierung (siehe Kapitel 4).

Auch in neueren Artikeln wird die Idee dieser Art der Regulierung wieder aufgegriffen. Tangerås (2002) erweitert das ursprüngliche Yardstick-Modell um die Regulierung der Qualität in Krankenhäusern. Das Modell geht von einer simultanen Regulierbarkeit von Kosten und Qualität aus, wobei Qualität nicht nachweisbar sein muss. Zur Funktionsweise des Modells wird allerdings konstatiert: „*The implication for the health industry is that average quality of treatment be allowed to vary across hospitals as a function of their relative productivity*"(Tangerås 2002, S. 35). D. h., dass Qualität und Produktivität im Krankenhaus unmittelbar voneinander abhängen. Ob das der Effizienz willen gewünscht sein sollte, ist zu hinterfragen.

Savva und Tezcan schauen sich ein erweitertes Yardstick-Modell an und prüfen, ob diese Art des Wettbewerbs Wartezeiten in Krankenhäusern verringern kann (Savva et al. 2018). Ihr Modell geht von einem Großteil der oben genannten Grundannahmen des Grundmodells von Shleifer aus, ergänzt aber die Kostenreduktion um Investitionen zur Verringerung der Wartezeiten. Weiterhin sind die Konsumentenpräferenzen heterogen abhängig von den Kosten und den Wartezeiten. Dem Regulator sind sowohl die Investitionskosten wie auch die Nachfragefunktionen unbekannt. Mithilfe dieses Modells zeigen sie, dass ein Yardstick-Wettbewerb im ursprünglichen Sinne bei Dienstleistern zu Ineffizienzen führt. Diese kommen auf zwei Arten zustande: eine Zunahme der Inanspruchnahme durch die Konsumenten und eine verringerte Anpassung der Kapazitäten der Anbieter. Als Lösung bieten Savva et al. eine Erweiterung der Yardstick-Analyse für den Regulator an, indem zum einen eine Zugangsgebühr für die Konsumenten festgelegt und zum anderen die Kostenerstattung für die Dienstleister abhängig gemacht wird von den Anstrengungen selbiger, die Wartezeiten zu verringern. Letzteres soll anhand von Benchmark-Wartezeiten erfolgen.

Dazu gibt es mehrere Kritikpunkte. Erstens werden die Grundannahmen im Wesentlichen nicht angetastet. Zweitens treten bei einem Benchmark-Ansatz die gleichen Probleme aus dem Ein-Phasen-Modell von Shleifer wieder auf. Abgesehen davon, dass die Wartezeiten irgendwann bei null ankommen müssten, wenn ein Race-to-the-bottom erfolgt, ist fraglich, wie stark der Einfluss der Dienstleister auf die Wartezeiten ist, wenn z. B. aufgrund einer Grippewelle die Kapazitäten aufseiten des Personals reduziert und gleichzeitig der Ansturm hoch ist. Gleiches gilt, wenn die Patientinnen und Patienten keine Alternativen zur Versorgung haben und allein deshalb zu Stoßzeiten den Dienstleister aufsuchen müssen. Drittens – und das ist für diese Analyse besonders interessant – impliziert die Erweiterung des Modells um Gebühren für das Aufsuchen des Dienstleisters, dass finanzielle Gründe eine „Über-Inanspruchnahme“ verringern würden. Präferenzen hinsichtlich der Inanspruchnahme von Leistungen nur auf Basis von potenziellen Gebühren und den Transaktionskosten, die Wartezeiten darstellen können, zu definieren, ist in vielerlei Hinsicht fragwürdig. Leidensdruck, finanzielle Möglichkeiten und andere Faktoren sind mindestens ebenso relevant für die Entscheidung eines Individuums, einen Gesundheitsdienstleister aufzusuchen.

Ohnehin ist die Gebührensetzung über Marktmechanismen im Bereich Gesundheit sehr umstritten und kann Ungleichheiten hervorrufen, da Benachteiligungen durch die fehlende Zahlungsfähigkeit bestimmter Personen(-gruppen) erfolgen (vgl. Smith 2012, S. 257).

2.5.1.3 Eine Frage der Effizienz

Begrenzte Mittel sind auch im Gesundheitswesen vorhanden und es gibt verschiedene Strategien zum Umgang mit Knappheit: mehr Finanzmittel, mehr Effizienz, weniger Leistungen (laut Marckmann 2016, S. 142).

Oftmals – und auch beim Yardstick-Wettbewerb sowie den Fallpauschalen – wird argumentiert, dass bestimmte Regularien im Gesundheitswesen aus Gründen der Effizienz existieren. Der Effizienzbegriff wird dabei verortet in der ökonomischen Theorie und soll die möglichst beste, d. h. (kosten-)optimierte Verwendung knapper Ressourcen begründen. Dass Effizienz gleichzeitig in Zusammenhang mit Wirtschaftlichkeit und „Ökonomisierung“ gesetzt wird, hat vor allem damit zu tun, dass Effizienz ein zentraler Bestandteil betriebswirtschaftlichen Denkens und Handelns ist. Vor allem das Begriffspaar „Rationalisierung“ und „Kommerzialisierung“ findet dabei Anwendung. Reiners verweist allerdings darauf, dass Ökonomie als Umgang mit Knappheit nicht gleich Kommerzialisierung bedeutet (Reiners 2011). Deppe (2000) widmet der „Ökonomisierung“ des Gesundheitswesens ein kurzes Kapitel und schreibt: *„Mit betriebswirtschaftlichen Verfahren läßt sich in der Beziehung zwischen sozialer Arbeit und ihrer Adressaten allenfalls messen, ob etwas richtig getan wird, nicht aber, ob auch das Richtige getan wird“* (Deppe 2000, S. 215). Dieser Satz fasst das Spannungsverhältnis zwischen Effizienz („etwas richtig tun“) und Effektivität („das Richtige tun“) gut zusammen.

Die Mittelknappheit im Gesundheitswesen entsteht auf verschiedenen Wegen: Fachkräftemangel, medizinischer Fortschritt und Einnahmenveränderungen der Krankenkassen, aber auch durch Mehrbedarf durch demografische Veränderungen, veränderte allgemeine Rahmenbedingungen (Klimawandel, neue Krankheiten etc.). D. h., Mängel sowohl auf der Angebots- als auch der Nachfrageseite können bewirken, dass die Differenz zwischen Angebot und Nachfrage nicht mit den bestehenden Ressourcen überbrückt werden kann.

Gerade beim Spannungsverhältnis zwischen einer Konkurrenz von einsetzbaren Mitteln (= Ressourcen) und „moralisch relevanten Gütern“, welche Gesundheitsleistungen sind, sei eine normative Abwägung unumgänglich (Deppe 2000, S. 143 f.). Eine Möglichkeit sei das Ausschöpfen von Wirtschaftlichkeitsreserven im Sinne einer effizienten Mittelverwendung. Das heißt, weise Entscheidungen zu treffen und optimale Strukturen zu schaffen, sei wichtig (Deppe 2000, S. 143 & Klein et al. 2016a, S. 348).

Interessant für die Diskussion über Benachteiligungen können sowohl explizite als auch implizite Leistungsbegrenzungen sein, wenn sie bestimme Regionen direkt oder indirekt treffen. Der Zugang zu Leistungen wird in Deutschland mit dem Hinweis des „medizinisch Notwendigen“ begrenzt. Dieser Begriff wird nur vage definiert. An dieser Stelle sollte angemerkt werden, dass die deutsche Gesundheitspolitik jedoch immer wieder versucht, die Nachfrageseite zu steuern (z. B. durch Zuzahlungen etc.), wodurch explizit Benachteiligungen hervorgerufen werden können.[35]

Knieps/Reiners widersprechen der Auffassung, dass Wettbewerb per se eine effiziente Steuerung der Ressourcenverteilung ermöglicht, und daher eine wettbewerbliche Steuerung des Gesundheitswesens nicht sinnvoll sei (Knieps/Reiners 2015, S. 123).[36]

Effizienz als alleiniges Kriterium zur optimalen Gesundheitsversorgung reicht dementsprechend nicht mehr aus. Vielmehr müssen weitere Ansätze jenseits ökonomischer Begriffe betrachtet werden.

[35] Wie bereits erwähnt, spielt für die Inanspruchnahme von Gesundheitsleistungen nicht allein die eigentliche Nachfrage eine Rolle, sondern auch das potenzielle Angebot. Dazu kann auch auf die Problematik verwiesen werden, „dass es zu unterscheiden gilt zwischen einer Ungleichheit als Ausdruck unterschiedlicher Präferenzen und einer Ungleichheit als Ausdruck unterschiedlicher Möglichkeiten“ (Klein et al. 2016a, S. 348). Dieser Hinweis verweist auf die Schwierigkeit, zu unterscheiden, ob eine Leistung aufgrund von Nachfrage im Sinne des Bedarfs oder weil ein Angebot besteht in Anspruch genommen wird. Sundmacher (2016, S. 202–203) bezeichnet eine Versorgung als „angebotssensitiv“, wenn eine Abhängigkeit der Leistung von der Dichte der lokalen Versorgungsstruktur besteht. Sie verweist auf das Roemer's Law (vgl. Ginsburg et al. 1983), wonach die Inanspruchnahme gesundheitlicher (Dienst-)Leistungen mit der Höhe des relativen Versorgungsgrades steigt. Hier und bei Reiners (2011) erfolgt der Verweis auf Informationsasymmetrien im Moral Hazard bzw. in der Prinzipal-Agent-Theorie.

[36] Mithin werde der Solidaritätsgedanke, der das System der gesetzlichen Krankenversicherungen – als ein Hauptbestandteil des deutschen Gesundheitswesens – durch Wettbewerb zerstört (Knieps/Reiners 2015 mit Verweis auf Deppe 2000). Hinsichtlich der Vergütung von medizinischen Leistungen macht Reiners 2011 darauf aufmerksam, dass, egal welches System der allgemeinen Vergütung ausgeklügelt wird, es immer Anreize gäbe, „die über dem Kostendurchschnitt liegenden Fälle möglichst zu vermeiden bzw. die Fallzahlen zu erhöhen, um so die Fixkosten besser verteilen und den Durchschnittskosten bleiben zu können“ (Knieps/Reiners 2015, S. 91).

Die Möglichkeiten des Marktes, vor diesem Hintergrund über den Preismechanismus die Kosten der Leistung abzubilden, sind damit deutlich eingeschränkt (Knieps/Reiners 2015, S. 230). An einer Stelle konstatiert Deppe, dass dieser Marktmechanismus zulasten der Schwachen einer Gesellschaft wirkt: „Wettbewerb korrespondiert generell […] mit der Metapher vom ‚Rosinenpicken‘ oder ‚Absahnen‘. Als Steuerungsinstrument wirkt Wettbewerb deshalb sozial selektiv und polarisierend. Er ist damit gegen Solidarität gerichtet. Das Resultat von Konkurrenz ist immer: Gewinner und Verlierer. Und Verlierer sind die Schwachen.“ (Knieps/Reiners 2015, S. 231).

2.5.2 Soziologische Betrachtungen

Benachteiligungen können auf vielfältige Weise betrachtet werden. Neben der politischen und ökonomischen Perspektive sollten die soziologischen Betrachtungsweisen nicht vergessen werden. Dieses Kapitel soll daher einen kurzen Überblick über soziologische Theorien und Modelle zur potenziellen Untersuchung von systematischen und strukturellen Benachteiligungen in Gesundheitswesen geben.

Aus der soziologischen Theorie kommend, gibt es verschiedenste Ansätze einer Betrachtung von Krankheit und Gesundheit sowie dem gesellschaftlichen Umgang damit. Richter et al. abstrahieren dabei von einer rein biologischen Betrachtung und verweisen auf die „politischen, wirtschaftlichen, finanziellen, kulturellen, technischen und ökologischen Determinanten" (Richter et al. 2016, S. 3 f.) von Gesundheit und Krankheit. All diese Faktoren in einer systematischen und strukturierten Betrachtung in Gänze zu berücksichtigen, sprengt allerdings den Rahmen dieser Arbeit. Darüber hinaus verengen sie im Wesentlichen ihren Ansatz auf die Determination des Gesundheits*verhaltens* und weniger auf Strukturen im Gesundheits*wesen*, obwohl auch sie davon ausgehen, dass es mehr als den biologischen Mechanismus gibt, der Auswirkungen auf die Gesundheit der Menschen hat.

Germov bildet eine soziologische Differenzierung von Gesundheit entlang eines Antagonismus zwischen dem biomedizinischen und dem sozialen Modell (Germov 2009, nach Richter et al. 2016, S. 13). Er vergleicht die Modelle anhand deren Fokus, den zugrundeliegenden Annahmen und den Schlüsselindikatoren. Die Annahmen des biomedizinischen Modells sind im biologischen Zustand des Individuums und in dessen eigener, persönlicher Verantwortung für Gesundheit zu finden. Im sozialen Modell wird Gesundheit bzw. Krankheit als gesellschaftliches Konstrukt gesehen und der Gesellschaft die Verantwortung dafür zugeschrieben. Indikatoren des sozialen Modells sind daher soziale Ungleichheit, soziale Gruppen und risiko-induzierte Faktoren. Schlüsselindikatoren des biomedizinischen Modells sind hingegen die individuelle Pathologie, biologische Merkmale wie Alter, Genetik und biologisches Geschlecht bzw. (andere biologische) Risikofaktoren.

Auf andere Methoden verweist u. a. Deppe. Die Strukturanalyse ist nach Deppe (2000, S. 19) eine soziologische Methode, die das „historisch ‚gewachsene' Geflecht durchschaubar" macht. Er bezieht dies direkt auf das Gesundheitswesen und behauptet: „*Die Organisation und Planung des Gesundheitswesens sind also auf Strukturanalysen angewiesen, wenn sie mehr sein wollen als die tagespolitische Reaktion auf gruppenegoistische Forderungen von Akteuren*" (Deppe 2000)

Wichtig sei die Strukturanalyse vor allem bei der „Suche nach wissenschaftlichen Instrumenten zur Steuerung und Regulierung des Gesundheitswesens“ (Deppe 2000).

Ausgehend davon, dass Soziologie als eine Analyse von sozialen Strukturen zu verstehen ist (Bauer et al. 2008, S. 23), muss eine soziologische Perspektive auf die Fragestellung zur systematischen und strukturellen Benachteiligung im Gesundheitswesen die sozialen Strukturen betrachten. Eine Strukturanalyse geht dabei davon aus, dass weniger das Individuum als vielmehr über-individuelle Strukturen entscheidend für das Gesundheitsergebnis in der Bevölkerung seien – ein Zusammenhang, der sich im Begriff „Sozialmedizin“ widerspiegelt (Bauer et al. 2008). Die Strukturanalyse schaut somit auf Rahmenbedingungen und bestimmende Faktoren der Gesellschaft (bzw. deren Strukturen), die unterschiedlichster Art sein können, etwa das (soziale oder biologische) Geschlecht, die Milieuzugehörigkeit, Ethnizität, sozioökonomischen Klassen, Sprachraum usw. Wichtig ist, dass diese Strukturen in irgendeiner Form einen bestimmenden Charakter auf Gesundheit bzw. Krankheit haben.

Eine andere Herangehensweise soziologischer Differenzierung ist die Gegenüberstellung von Strukturtheorie und Sozialisationsmodellen. Demnach bestimmen Strukturen das Gesundheitsverhalten wie z. B. die Gesundheitsversorgung einer Gesellschaft (Strukturtheorie) oder die eigene Sozialisation, deren Ausprägung durch unterschiedliche Modelle soziologischer Handlungstheorien erklärt werden (Bauer et al. 2008, S. 42).

Keines dieser Modelle begibt sich auf die Ebene dessen, was durch Änderungen, die das Gesundheitswesen an sich betreffen, zu beeinflussen ist. Vielmehr bilden diese Blickwinkel entweder das individuell änderbare Verhalten ab oder begründen den „Health in all Politics“-Ansatz der WHO. Weitere Herangehensweisen versuchen, die Ebenen Verhalten und Verhältnisse zu verbinden. Ein solches Modell findet sich bei Mielck et al. (2008, S. 128), das die mögliche (aber nicht zwingende) Wirkung von Unterschieden in der gesundheitlichen Versorgung auf Unterschiede im Gesundheitsverhalten aufzeigt. Anders betrachtet, wirken in einem ähnlichen Ansatz die intermediären Mechanismen (die sich auch gegenseitig beeinflussen) vom sozialen Status auf den gesundheitlichen Status, und zwar entlang von materiellen, psychosozialen, verhaltensbezogenen Faktoren und Einflusspfaden – und damit gegebenenfalls entlang regionaler Faktoren. Anderen Beschreibungen nach prägen materielle, psychosoziale, verhaltensbezogene Faktoren plus der individuelle Lebensverlauf und sozialer Wandel (also auch zeitliche Dimensionen auf individueller und gesellschaftlicher Ebene) ebenso wie gesellschaftliche Rahmenbedingungen sowie wohlfahrtsstaatliche Institutionen auf das

Ausmaß gesundheitlicher Ungleichheit (vgl. u. a. Hurrelmann 2016). Marmot et al. (2008) gliedern diese einzelnen Elemente detailliert auf.

Auf eine übergeordnete Ebene hebt Wendt (2016) die Analyse. Makrostrukturen wie Gesundheitsausgaben, Gesundheitspersonal, Gesundheitsversorgung, mit Wirkung auf Gesundheit werden allgemein als Einflussfaktoren gesundheitlicher Ungleichheit dargestellt (Wendt 2016, S. 212). Gemeint sind wirtschaftliche Situationen, politische und gesellschaftliche Institutionen. Mithin könnte von der ursprünglichen Zweckbestimmung des Gesundheitswesens – nämlich Krankheit zu versorgen – eine Verschiebung im Fokus hin zur Behebung von Ungleichheit passiert sein (Wendt 2016, S. 214). Die Frage, die an dieser Stelle aufkommen könnte, ist, ob diese Zweckbestimmung die Ursache für die Fehlentwicklung hin zu strukturellen und systematischen Benachteiligungen sein könnte. Der Verweis auf die Makrostrukturen und Institutionen als mögliche Verursacher von gesundheitlicher Ungleichheit ist dann weniger eine rein soziologische Perspektive, sondern scheint nach interdisziplinären Ansätzen einer Erklärung oder zumindest Untersuchung von möglichen Benachteiligungen durch das Gesundheitswesen als Makrostruktur und den einzelnen Bestandteilen des Gesundheitswesens als Institution zu fragen.

Ein Bezug zum Gesundheitswesen bei der Beschreibung von drei Formen der Steuerung des Gesundheitswesens mit entsprechender Einordnung in die Ebenen des Gesundheitswesens bzw. dessen Regulierung findet sich bei Pfaff (2010, S. 1). Er unterscheidet die Formen Gesundheitssystemgestaltung, Versorgungsgestaltung und Versorgungsentwicklung. Alle drei Ebenen könnten bei einer Analyse des deutschen Gesundheitswesens betrachtet werden, sind aber erneut eher interdisziplinär angelegt, da vor allem der Begriff „Gestaltung“ in einem sehr engen Zusammenhang mit Politik(-gestaltung) verwendet wird.

Weitere Modelle zur soziologischen Analyse der Versorgung und sozialer Einflüsse werden bei Klein et al. (2016, S. 341 ff.) genannt: das systemtheoretische Throughput-Modell (bestehend aus „Input“, „Throughput“, „Output“ und „Outcome“), verschiedene Dimensionen von Versorgung (Zugang, Inanspruchnahme, Qualität) und das Verhaltensmodell zur Inanspruchnahme von Gesundheitsleistungen nach Andersen. Letzteres erfasst prädisponierende und ermöglichende Faktoren, subjektiv und objektiv erhobene Bedarfsfaktoren sowie kontextuelle Faktoren wie Umwelt, Krankenhausdichte und soziale Deprivation (siehe auch Borgetto 2016, S. 374).

Eine andere Perspektive auf das Gesundheitssystem findet sich unter anderem bei Scambler G./Scambler S. (2013). Hier werden die systemimmanenten Widersprüche des vorherrschenden Gesellschaftssystems im Hinblick auf ihre Bedeutung für die Gesundheit beleuchtet. Die Widerspruchsdialektik, die aufgemacht wird, lässt sich anhand von internen Ursachen für die Instabilität des (kapitalistischen) Systems durchdeklinieren. Diese Widersprüche können den Autoren zufolge als Ursache für die Ungleichheit im Gesundheitswesen herangezogen werden. Ob damit die systemische und strukturelle Benachteiligung im existierenden System deutlicher wird, ist nicht klar zu beantworten, da die Rückführung der Widersprüche hier nur auf die Dichotomie von Arbeit und Kapital möglich ist. Die Aussage ist dann lediglich: Die Grundstrukturen des kapitalistischen Systems werden im System Gesundheitswesen repetiert. Wie genau, bleibt unbeantwortet, zumal das Gesundheitswesen durch eine Vielzahl von teilkapitalistischen, gemeinnützigen und außerhalb jeder kapitalistischen Struktur stehenden Systemen gekennzeichnet ist. Ein Blick in die Strukturen zeigt z. B. bereits bei den kommunalen Krankenhäusern, wo zumindest Rudimente sozialer Verantwortung noch deutlich erkennbar sind, dass ein reiner Widerspruch zwischen Kapital und Arbeit nicht ausreicht. Eine Logik, die sich nur und ganz allein auf das gesellschaftliche Umfeld bzw. das politische System als solches bezieht, greift zu kurz und ist für diese Analyse nicht zielführend.[37]

Eine weitere Herangehensweise zu den gesundheitlichen Ungleichheiten ist zu finden bei Olafsdottir (2013). Sie fragt nach den kulturellen Bedeutungen von Krankheit, der Unterscheidung zwischen normal und abnormal, der Antwort der (jeweiligen) Gesellschaft auf Krankheit und dem Einfluss der sozialen Faktoren auf medizinisches Wissen. Aus dieser Perspektive auf soziale Konstrukte und Gesundheit ergeben sich politische Implikationen. Interessant ist, dass dieser Ansatz durchaus Möglichkeiten eröffnet, Benachteiligungen nachzuzeichnen, die gesellschaftlich induziert sind. Allerdings ist zu unklar, ob diese mit dem Gesundheitswesen in Verbindung gebracht werden können. Dazu findet sich keine methodische Erläuterung in diesem Ansatz.

[37] Wenn auch nicht falsch.

Tabelle 2.1 Übersicht über soziologische Ansätze; eigene Darstellung

	Ansatz	Bedeutung
Germov 2009	biomedizinisches und soziales Modell	nur Abgrenzung zwischen Medizin und Politik
Deppe 2000	Strukturanalyse/Analyse von sozialen Strukturen	Strukturierung der (analytischen) Vorgehensweise nicht erkennbar
Mielck et al. 2008	Übertragungsmechanismus von sozialer Ungleichheit in gesundheitliche Ungleichheit	Verbindung Verhalten und Verhältnisse
Wendt 2016	Makrostrukturen wie Gesundheitsausgaben, Gesundheitspersonal, Gesundheitsversorgung, mit Wirkung auf Gesundheit	eher institutioneller Ansatz (vgl. Abschnitt 2.4)
Pfaff 2010	Gesundheitssystemgestaltung, Versorgungsgestaltung und Versorgungsentwicklung	nur Steuerungsebene
Klein et al. 2016	systemtheoretischer Throughput-Ansatz	keine strukturelle Betrachtung
Andersen 2014	kontextuelle Faktoren	
Scrambler et al. 2013	systemimmanente Widersprüche des vorherrschenden Gesellschaftssystems	Opposition zw. Kapital und Arbeit ohne Ebenen dazwischen
Olafsdottir 2013	kulturelle Bedeutung von Krankheit	methodische Übertragung auf Gesundheitswesen unklar

Mithilfe soziologischer Ansätze, wie in Tabelle 2.1 zusammengefasst, lässt sich erkennen, dass zum einen Benachteiligungen entlang sozialer – teilweise sozioökonomischer – Gruppen bestehen und zum anderen auch strukturseitig begründbar sind. Allerdings fehlt im Wesentlichen eine zusammenhängende Vorgehensweise, um die systematischen Strukturen aufzeigen, die dazu führen, dass Benachteiligungen entstehen. Dabei ist nicht auszuschließen, dass es weitere soziologische Blickwinkel gibt, die hier keine Erwähnung gefunden haben.

Letztlich zeigt sich aber, dass eine rein soziologische Betrachtung die gestellte Forschungsfrage nur unzureichend beantworten kann, unter anderem, weil sich Gesundheit in Regionen bzw. gesundheitliche Unterschiede nicht nur entlang gesellschaftlicher Gruppen bewegt, sondern auch entlang von regionalen Zugangsmöglichkeiten, die – gegebenenfalls im Zusammenspiel mit Gruppenspezifika – politisch bestimmt werden.

2.6 Das Gesundheitssystem aus interdisziplinärer Sicht

Wie bereits anfangs erwähnt, liegt die Vermutung nahe, dass ein ganzheitlicher Ansatz notwendig ist, um die vielfältigen Probleme im und um das Gesundheitswesen zu lösen, und zudem regionale Benachteiligungen zu betrachten. Ganzheitliche Ansätze haben allerdings den Nachteil, alle Probleme gleichzeitig und, aufgrund der Komplexität und der schieren Menge zu ändernder Sachverhalte, kein Problem richtig zu lösen. Verschiedene theoretische Ansätze können helfen, die Komplexität auf Wesentliches zu reduzieren. In den vorangegangenen Abschnitten wurden einzelne theoretische Blickwinkel vorgestellt, um dies zu erreichen.

Der politikwissenschaftliche Blickwinkel ist vor allem insofern relevant, weil Politik das Gesundheitswesen reformiert, reguliert und mit strukturiert. Die öffentliche Verwaltung als ausführendes Organ der legislativen Politik ist ein wesentlicher Bestandteil des Gesundheitswesens und dessen Steuerung. Politikwissenschaftliche Methoden der Policy-Forschung sowie – je nach Fragestellung – Policy Cycle-Analysen können sinnvoll sein, um Ergebnisse im Gesundheitswesen zu erklären. Benachteiligungen ergeben sich aber nicht nur durch bestimmte Politiken, sondern auch durch die (ausführenden) Institutionen, die Akteure sowie Handlungssituationen. Hier kommen Methoden der Institutionenforschung infrage. Im Gesundheitswesen gibt es außerdem Handlungssituationen, bei denen es um ökonomische Sachverhalte geht – vor allem in einem marktwirtschaftlich orientieren Umfeld. Daher ist es notwendig, ebenfalls einen ökonomischen Blickwinkel einzunehmen.

Vor dem Hintergrund von Ressourcenknappheit – im Sinne von Personal und Finanzen – können Theorien aus den Wirtschaftswissenschaften helfen, bestimmte (aber nicht alle) Sachverhalte im Gesundheitswesen näher zu beleuchten. Diese Ressourcen können aus drei Blickwinkeln beleuchtet werden. Erstens müssen dafür die Strukturen der Gesetzgebung unter Einbezug der untergesetzlichen Normgeber der sozialen Selbstverwaltung als Institutionen, zweitens die Finanzierungslogiken des Gesundheitswesens (Einnahmenseite) und drittens die Leistungserbringenden (Ausgabenseite) betrachtet werden, um eine systematische benachteiligende Ressourcenverteilung in Regionen zu erkennen. Im

Zusammenhang mit staatlichen Eingriffen in die (und Aufgaben in der) Gesundheitsversorgung sind vor allem Regulierungstheorien interessant. Nachfrage- und Angebotssteuerung sind hier Stichworte, die dabei fallen. Gesundheit ist dabei ein Gut, was Besonderheiten der Daseinsvorsorge und von Dienstleistungen mitbringt, sodass bestimmte Effizienz- und Wettbewerbselemente eines Marktes für eine gute und gleichmäßige Verteilung nicht (ausreichend) funktionieren. Staatliche Instanzen greifen hier als Regulierer ein. Wesentliche Bestandteile des deutschen Gesundheitswesens können durch die Form der Regulierung Benachteiligungen (absichtlich oder unabsichtlich) befördern.

Neben dem politisch regulierten Marktgeschehen ist das Gesundheitswesen ein sehr durch Menschen bestimmtes Feld. Zum einen sind Patientinnen und Patienten sowie deren Angehörige entscheidende Akteure. Nur diese Menschen bestimmen, ob sie Gesundheitsversorgung in Anspruch nehmen wollen oder nicht. Die Gesundheitsversorgung ist ein interaktiver Prozess zwischen Leistungserbringenden und den Beanspruchenden. Die Gesundheitsselbstverwaltung und politisch Verantwortliche greifen mittelbar – über Regulierung – in die Versorgung ein. Das Gesundheitswesen ist damit eingebettet in die Gesellschaft. Sinnvoll ist daher – und das wird mit vielen verschiedenen Fragestellungen getan –, einen soziologischen Blick auf das Gesundheitswesen zu werfen. Bestimmte Handlungsweisen und Entscheidungen von beteiligten Personen(-gruppen) können gesellschaftliche und weniger durch das Gesundheitswesen bedingt Gründe haben und dennoch zu Benachteiligungen führen. Viele soziologische Herangehensweisen nehmen dabei verhaltensbedingte Ursachen gesundheitlicher Benachteiligungen in den Fokus. Die in dieser Arbeit in den Mittelpunkt gestellte Fragestellung nach systematischen und strukturellen Benachteiligungen geht jedoch von verhältnisorientierten Ursachen von existierenden Ungleichheiten entlang regionaler (und damit mittelbarer, gruppenbezogener) Strukturen aus. Menschliches und soziales Verhalten ist dabei niemals ganz abzugrenzen von Verhältnissen. Die Interdependenzen zwischen Verhalten und Verhältnissen dürfen bei einer systematischen Betrachtung daher nicht (völlig) außen vorgelassen werden und bestimmte Akteure und Handlungsweisen im jeweiligen institutionellen Setting bedürfen zusätzlich soziologischer Erklärungsmuster.

In Summe reicht keiner der Blickwinkel allein aus, um die Vielfältigkeit möglicher Benachteiligungen im Gesundheitswesen ausreichend zu beleuchten. Vielmehr scheint es notwendig, diesen Aspekt aus verschiedenen Blickwinkeln zu beleuchten. Das IDA versucht durch eine systematische Herangehensweise genau das, weil es die Möglichkeit eröffnet, innerhalb eines analytischen Rahmens auch ökonomische und soziologische Perspektiven aufzugreifen. Dass es als „politikwissenschaftlicher“ Ansatz verstanden wird, ist lediglich dem geschuldet, dass sich Teilbereiche von Wissenschaft zur einfacheren Verständlichkeit und Einordnung entwickelt haben.

Daher soll in den folgenden zwei Kapiteln die bereits in Abschnitt 2.4 beschriebene semi-disziplinäre Herangehensweise des IDA verwendet werden, um strukturelle und systematische Benachteiligungen im Gesundheitswesen strukturiert und systematisch darzustellen. Dabei wird sich zeigen, dass einzelne Detailbetrachtungen auch genannte ökonomische und soziologische Ansätze sinnvoll sind.

3 Institutional Development Framework für die ambulante, akute Versorgung

Nachdem kurz mögliche andere Blickwinkel auf Benachteiligungen im Gesundheitswesen vorgestellt wurden, sollen nun systematische Benachteiligungen erkennbar gemacht werden. Dazu wird das in Abschnitt 2.4 beschriebene IDA verwendet und mithin die ambulante akute Versorgung gewissermaßen „auseinandergenommen".[1]

Dazu muss vorab eingegrenzt werden, welches Gut bzw. welche Dienstleistung betrachtet werden soll und durch welche Politik (im Sinne einer Policy) dieses Gut bereitgestellt wird. Für die Frage nach regionalen Benachteiligungen in der ambulanten, kurativen Versorgung handelt es sich um das Gut (bzw. in diesem Fall die Dienstleistung) „(fach-)ärztliche Versorgung". Die Bereitstellung erfolgt anhand Politik der „Bedarfsplanung", da diese zwingende Voraussetzung für die Niederlassung von Vertragsärztinnen und -ärzten ist. Eine Niederlassung ohne Zulassung ist nur reinen Privatärztinnen und -ärzten möglich. Eine fehlende oder mangelnde Bereitstellung des Gutes „(fach-)ärztliche Versorgung" kann zu regionalen Benachteiligungen führen.

---

[1] Die Kapitel 3 und 4 sind sehr ausführlich und in Teilen sehr detailreich. Das ist zum einem dem geschuldet, dass das IAD eine detaillierte Vorgehensweise anhand der einzelnen Bestandteile und Fragestellungen vorgibt. Zum anderen ist dies in der Komplexität des deutschen Gesundheitswesens insbesondere mit seinen verschiedenen Handlungsebenen und Sektoren begründet. Eine zu oberflächliche Darstellung würde wesentliche Fokuspunkte übersehen. Die Unterabschnitte 3.4 und 4.4 fassen die Ergebnisse der Detailanalyse zusammen.

Ergänzende Information Die elektronische Version dieses Kapitels enthält Zusatzmaterial, auf das über folgenden Link zugegriffen werden kann https://doi.org/10.1007/978-3-658-51039-8_3.

© Der/die Autor(en), exklusiv lizenziert an Springer Fachmedien Wiesbaden GmbH, ein Teil von Springer Nature 2026

I. Köppe, *Regionale Benachteiligungen in der Gesundheitspolitik Deutschlands*, https://doi.org/10.1007/978-3-658-51039-8_3

Wie im gesamten deutschen Gesundheitswesen gibt es auch in der ambulanten Gesundheitsversorgung und in der Bedarfsplanung drei verschiedene institutionelle Handlungsebenen. Das sind die bundesweite Rahmenplanung, eine detaillierte Rahmenplanung auf den Landesebenen und zuletzt die konkrete Umsetzung in den Regionen bzw. Gemeinden. Eine systematische Erfassung des Politikfeldes Bedarfsplanung muss diese interagierenden Ebenen berücksichtigen, da alle Ebenen zum einen unterschiedlich ausgestaltet sind und zum anderen auf die Ergebnisse des Feldes wirken. Ergänzend muss auf allen Ebenen der Finanzierungsrahmen berücksichtigt werden. Einen ersten Überblick gibt Abbildung 3.1.[2] Dabei wird schon angedeutet, dass die Bedarfsplanung mehr umfasst als lediglich eine einzelne Planungsentscheidung und ärztliche Zulassung bzw. Niederlassungsentscheidung. Auch die Budgetierung auf der Landesebene und die Leistungserbringung auf der Ortsebene sind relevant. Das ergibt sich aus der Interdependenz zwischen Finanzierung, Leistungserbringung und Zulassung, die im Folgenden an diversen Stellen erläutert wird.

Alle drei Ebenen können mithilfe des IDA aufgeschlüsselt werden.

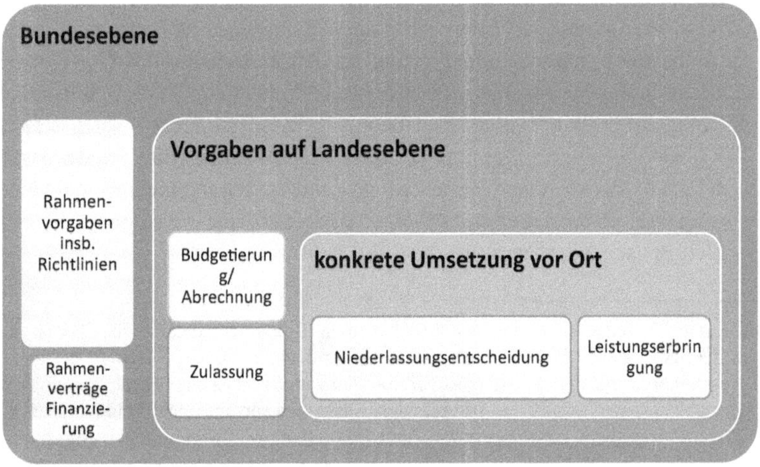

Abbildung 3.1 Ebenen für die ambulante Bedarfsplanung. (Eigene Darstellung)

[2] Einen kleinen, sehr eingegrenzten Überblick über die Ebenen der Bedarfsplanung hat der G-BA auch auf seiner Webseite veröffentlicht (G-BA 2023a).

3.1 Bundesebene: die Richtlinie

Die Bedarfsplanung soll gemäß § 99 SGB V der „Sicherstellung der vertragsärztlichen Versorgung" dienen. Der eigentliche Sicherstellungsauftrag liegt dabei laut § 75 SGB V bei der Kassenärztlichen Bundesvereinigung (Bundesebene) und den Kassenärztlichen Vereinigungen („Landesebene").[3]

Ein Großteil der gesetzlichen Verantwortung und konkreten Umsetzung liegt dabei auf der Landesebene (§ 75 Abs. 1a). Die Bedarfsplanungsrichtlinie an sich wird allerdings auf der Bundesebene beraten und beschlossen. Bedarfsplanung und Finanzierung hängen eng miteinander zusammen. Insgesamt festgelegt ist gem. § 72 SGB V, dass diese Versorgung „angemessen vergütet wird".[4]

So sollte – neben der Versorgung der Patientinnen und Patienten – eine bedarfsorientierte Planung der ärztlichen Niederlassung den einzelnen Praxen trotz begrenzter Mittel seitens der Krankenversicherung ein Auskommen schaffen und die Ausgaben insgesamt bremsen, indem die Planung nicht allen Ärztinnen und Ärzten eine Niederlassung erlaubte (Deutscher Bundestag 12/3608, S. 72).[5] Diese Begründung hat sich im Zeitverlauf je nach Stand der Zulassungen mehrmals verändert. Der heutige Fokus liegt eher auf einer bedarfsorientierten Versorgung mit einer Vermeidung von Unterversorgung (vgl. u. a. Deutscher Bundestag 18/4095, S. 1)[6]. Gleichzeitig fordern Ärztinnen und Ärzte in den Vergütungsverhandlungen jeweils weiterhin eine ausreichende Vergütung (vgl. Tagesschau, 18.08.2023).

---

[3] *„Die Kassenärztlichen Vereinigungen und die Kassenärztlichen Bundesvereinigungen haben die vertragsärztliche Versorgung in dem in § 73 Abs. 2 bezeichneten Umfang sicherzustellen und den Krankenkassen und ihren Verbänden gegenüber die Gewähr dafür zu übernehmen, daß die vertragsärztliche Versorgung den gesetzlichen und vertraglichen Erfordernissen entspricht."* (§ 99 SGB V).

[4] *„Die vertragsärztliche Versorgung ist im Rahmen der gesetzlichen Vorschriften und der Richtlinien des Gemeinsamen Bundesausschusses durch schriftliche Verträge der Kassenärztlichen Vereinigungen mit den Verbänden der Krankenkassen so zu regeln, daß eine ausreichende, zweckmäßige und wirtschaftliche Versorgung der Versicherten unter Berücksichtigung des allgemein anerkannten Standes der medizinischen Erkenntnisse gewährleistet ist und die ärztlichen Leistungen angemessen vergütet werden." (§ 72 SGB V).*

[5] § 102 SGB V „Bedarfszulassung", eingefügt im Gesundheitsstrukturgesetz von 1993 (https://dserver.bundestag.de/btd/12/036/1203608.pdf)

[6] Gesetzentwurf zum GKV-Versorgungsstärkungsgesetz 2015.

Der Finanzierungsrahmen wird über den Bundesmantelvertrag – Ärzte zwischen der KBV und den Krankenkassen verhandelt und vereinbart (§ 82 SGB V) und bestimmt dabei wesentliche Elemente der Verträge auf der Landesebene hinsichtlich der Finanzierung. Noch heute gilt im Rahmen der jeweils landesweiten Budgetierung der Ausgaben im ambulanten Bereich (siehe 3.2), dass die Budgets der einzelnen Praxen von der gesamten Anzahl der Praxen abhängig sind. Die Budgetverhandlungen sind Bestandteil der Landesebene. Auf der Bundesebene werden allerdings die Rahmenvorgaben für diese Anzahl an Praxen entwickelt. Nicht vergessen werden darf auch, dass einige weitere nicht unwesentliche finanzielle Vorgaben auf Bundesebene vereinbart werden, wie z. B. der Leistungskatalog für gesetzlich Versicherte, der die Kosten für die anderen Ebenen ausmacht. In diesem Dreieck aus Bedarfsplanungsrichtlinie, Kostenentwicklung und -begrenzung sowie veränderten gesellschaftlichen Rahmenbedingungen befindet sich die Rahmenplanung auf der Bundesebene.

3.1.1 Bedingungen und Gemeinschaft

Die vorgesehene Kosten- und Ausgabenbegrenzung bestimmt vielfach die Aktivität der Selbstverwaltung und der jeweiligen Bundesregierung und damit wesentlich die materiellen und physischen Bedingungen. Hinzu kommen die gesellschaftlichen Rahmenbedingungen, die zum einen die Einnahmen der Krankenkassen (via Sozialversicherungsbeiträge als Teil der Lohneinkommen) bestimmen. Zum anderen sind verändertes Verhalten bei Krankheit und Gesundheit (z. B. Inanspruchnahmeverhalten bezüglich ärztlicher Leistungen) sowie allgemeine demografische Faktoren (Alterung etc.) relevant. Besonders sichtbar wurde dies bei der Diskussion um die zunehmende Inanspruchnahme von Notaufnahmen durch Patientinnen und Patienten, von denen – aus ärztlicher Sicht – anzunehmen war, dass sie eigentlich in ambulanten Praxen behandelt hätten werden können. Während Krankenkassen zu hohe Ausgaben monierten und Krankenhäuser ihre Kosten nicht gedeckt sahen, monierten Vertretende der niedergelassenen Ärztinnen und Ärzte, dass die Menschen doch bitte in die Praxen kommen sollten (vgl. u. a. BMG 2023a; Tagesschau 2023).[7]

Die Eigenschaften der Gemeinschaft finden sich vorrangig in der Zusammensetzung der entscheidenden Institutionen. Die Bedarfsplanung wird und wurde auf Basis gesetzlicher Vorgaben vom G-BA erstellt und geändert. Da der G-BA

[7] Diese Diskussion zieht sich seit Jahren mit unterschiedlichsten Argumenten seitens aller Beteiligten hin. Eine zukunftsweisende Lösung wurde bisher nicht entwickelt.

ein Organ der Selbstverwaltung ist, werden und wurden Änderungen der Bedarfsplanungsrichtlinie durch die Beteiligten im G-BA beraten und beschlossen. Die Beteiligten im G-BA sind Vertretende des Kassenärztliche Bundesverbandes, des Zahnärztlichen Bundesverbandes sowie der gesetzlichen Kassen, der Patientinnen und Patienten und der Deutschen Krankenhausgesellschaft (DKG). Zuständig im G-BA ist der „Unterausschuss Bedarfsplanung“ (G-BA 2023). In diesem sind neben dem genannten Beteiligten auch zwei Vertretende der Gesundheitsministerkonferenz vorgesehen (G-BA 2022). Die Eigenschaften dieser Gemeinschaften sind somit zum einen geprägt durch diese Selbstverwaltungsstrukturen und ihre einzelnen Bestandteile als auch durch die politischen Rahmenbedingungen. Letztere können sich erstens durch die beschriebenen physischen und materiellen Bedingungen und zweitens durch politische Strukturänderungen ändern. Politische Strukturveränderungen können etwa andere Aufgabenzuweisungen oder auch andere Zusammensetzungsvorgaben seitens der Gesetzgebung bedeuten. Durch Letzteres können andere Mehrheitsverhältnisse neue Eigenschaften prägen.

3.1.2 Regeln

Die gebräuchlichen Regeln auf der Bundesebene werden stark durch die formellen Regeln und das anschließende Verfahren bestimmt, da viele der Regeln direkt aus der Gesetzgebung abgeleitet werden (müssen). Die Vorgabe, dass es eine Bedarfsplanungsrichtlinie gibt, was sie enthalten soll und wer diese vereinbaren soll, wird unmittelbar durch die Legislative (den Bundestag unter Mitbestimmung des Bundesrates) sowie (meist) die Exekutive als Impulsgeber und vorschlagende Instanz bestimmt. Zuletzt war der Ausgangspunkt die Vorgabe an den G-BA, im GKV-Versorgungsstärkungsgesetz die Bedarfsplanung in einigen konkreten Punkten zu aktualisieren.

Hinzu kommen die Regeln aus der Arbeitsweise der beteiligten Institutionen, insbesondere des G-BA. Letzterer hat eine Verfahrens- und Geschäftsordnung als formelles Regelwerk (G-BA 2024a). Jede Ebene des Entscheidungsprozesses hat eigene gebräuchliche Regeln (vgl. Abbildung 3.2).

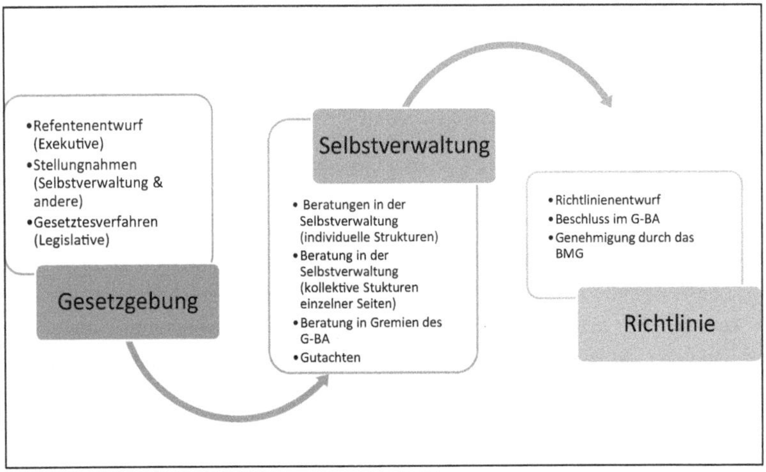

Abbildung 3.2 Verfahren auf Bundesebene. (Eigene Darstellung)

Inwiefern dieses Regelwerk umfassend umgesetzt wird oder ob es zusätzliche informelle bzw. gebräuchliche Regeln in der Arbeit des Unterschusses und des Entscheidungsgremiums Plenum, lässt sich von außen nur schwer feststellen, da ein Großteil der internen Verfahren ohne Beteiligung der allgemeinen Öffentlichkeit stattfinden.[8] Die Vergabe von Gutachten ist ein üblicher Bestandteil der Verfahren des G-BA (vgl. § 9 Geschäftsordnung des G-BA) und seiner Gremien und war im Falle der Erneuerung der Bedarfsplanungsrichtlinie eine Vorgabe seitens des Gesetzgebers. Zu vermuten ist außerdem, dass es ergänzende bilaterale Absprachen zwischen Beteiligten gab sowie interne Analysen erstellt worden sind, ehe die Richtlinie beschlossen werden konnte. Beobachtbar waren zudem öffentliche Meinungsäußerungen und Berichterstattung durch den G-BA (vgl. u. a. G-BA 2018b; Prominski 2019).[9]

Um das Ganze in die IDA-Systematik einzusortieren, werden hier diese skizzierten Regeln folgend auf der Ortsebene in die verschiedenen Arten von Regeln nach Ostrom (vgl. u. a. Polski/Ostrom 2017, S. 71.) eingeordnet.

Die **Positionsregeln** auf der Bundesebene der kurativen ambulanten Versorgung werden durch die Rolle der Akteure im politischen Raum und als Teil

[8] Lediglich im Plenum ist die Öffentlichkeit per se zugelassen (vgl. §§ 9 und 20 Abs. 1 Geschäftsordnung G-BA/ G-BA 2024a).

[9] Eine Überprüfung dessen, was tatsächlich in den Gremien geäußert wird, ist schwierig, da Protokolle nicht frei zugänglich sind. Die Auswertung wäre allerdings ein sehr interessantes, anderweitig gelagertes Forschungsprojekt.

der Selbstverwaltung bestimmt. Ähnlich wie im Krankenhausbereich gilt es, bestimmte Meinungen bzw. Standpunkte zu vertreten, die wesentlich durch die Zugehörigkeit entweder zur Kassenseite oder zur Ärzteseite bestimmt werden. Die Kassenseite sollte dabei die Ausgabenkontrolle vertreten und gleichzeitig zumindest öffentlich für einen gleichwertigen Zugang all ihrer Versicherten stehen. Ob der gleichwertige Zugang auch in geschlossenen Gremien vertreten wird, lässt sich von außen kaum feststellen. Wenn zusätzliche Praxen zu einem Mehr an Ausgaben führen, dann kann die Position „Ausgabenkontrolle" gegebenenfalls zulasten eines gleichwertigen Zugangs vertreten werden. Da die Stakeholder „Versicherte" nur indirekt und ohne Stimmrecht durch die Patientenvertretung an der Arbeit des G-BA beteiligt ist, sind die Kassenvertretende frei in der Gewichtung ihrer Standpunkte. Die Vertretung der Ärzteschaft über die Kassenärztliche Bundesvereinigung hat ebenfalls eine ambivalente Position zu vertreten. Zum einen soll sie die Niederlassungsfreiheit sichern und zum anderen dafür Sorge tragen, dass jede einzelne Praxis ausreichend Einkommen generiert. Letzteres kann in dem Standpunkt münden, dass einzelne Leistungen in den Praxen höher vergütet werden und die Budgetierung insgesamt verringert wird. Aber auch die Einschränkung von zusätzlichen Niederlassungen kann eine Position sein (um die budgetierten Mittel auf weniger Praxen verteilen zu müssen.) Für Ersteres (Niederlassungsfreiheit) kann die Aufweichung der Bedarfsplanung als Zulassungsbegrenzung vertreten werden.

Diese einzelnen Positionen werden von den internen Entscheidungsgremien der Kassen bzw. der KBV vorgegeben, d. h., die jeweiligen Vorgänge innerhalb der einzelnen Institutionen der Selbstverwaltung können Einfluss auf die Position bzw. die Art und Weise, wie diese vertreten werden, haben. Ist der Vorsitzende der KBV (oder andere Vertretende mit Einfluss innerhalb der KBV), z. B. ein Kardiologe in einer wettbewerbsintensiven Region, wird vielleicht die Vorgabe, eine noch engere Zulassungsbegrenzung für kardiologische Facharztpraxen zu verhandeln, gemacht. Weiterhin gibt es die persönlichen Ansichten der Menschen, die in den jeweiligen Gremien sitzen. Wenn z. B. in den Gremien Vertretungen sitzen, die grundsätzlich und überhaupt einen liberaleren, wettbewerbsbestimmten Gesundheitsmarkt bevorzugen, kann es sein, dass diese Position in den Gremien dann so kundgetan wird. Eine Parteizugehörigkeit schließt eine Teilnahme an Gremien nicht aus.[10] Nicht vergessen werden dürfen die weiteren Vertretungen im G-BA, die Position des Vorsitzenden des Unterschusses bzw.

[10] Eine Überprüfung dessen, was tatsächlich in den Gremien geäußert wird, ist schwierig, da Protokolle nicht frei zugänglich sind. Die Auswertung wäre allerdings ein sehr interessantes, anderweitig gelagertes Forschungsprojekt.

des Plenums sowie der Gutachterinnen und Gutachter, alle mit ihren eigenen persönlichen oder seitens der eigenen Struktur direkt oder indirekt vorgegebenen Meinungen und Einflüssen. In den tragenden Gründen lassen sich zumindest die beschlussrelevanten Positionierungen[11] nachlesen (vgl. u. a. G-BA 2019, S. 11).

Grenzregeln auf der Bundesebene haben zwei Richtungen: die Abgrenzung zur Landesebene und die Handlungsfreiheiten, die der Selbstverwaltung und insbesondere dem G-BA in Verhältnis zu Legislative (Bundestag) und Exekutive (Bundesregierung/BMG) zustehen. Der G-BA hat zunächst nur eine grundsätzliche Vorgabe zur Bedarfsplanung vorzulegen. Gemäß § 99 SGB V liegt die eigentliche Erstellung der Bedarfsplanung auf der Landesebene: „*nach Maßgabe der vom Gemeinsamen Bundesausschuss erlassenen Richtlinien*“ (§ 99 SGB V). Auch die maßgeblichen anderen Paragrafen weisen vielfach mehr der Landesebene Aufgaben zu. Allerdings steht es dem G-BA zu, die Tiefe der Richtlinie selbst zu bestimmen, was er mit der Bedarfsplanungsrichtlinie (BPL-RL) getan hat, indem er die einzelnen Bestandteile der Bedarfsplanung gemäß § 99–105 genauer definiert und klargestellt hat (vgl. Bedarfsplanungsrichtlinie). Daher geben die § 99–105 mittlerweile bereits sehr detailreich vor, wie die Bedarfsplanung ausgestaltet werden soll. Das ist bei gesetzlichen Vorgaben nicht immer der Fall (vgl. Abschnitt 4.1). Vor allem bezüglich einer „Überversorgung“ wurde der G-BA detailreich beauftragt, Maßgaben in der Richtlinie vorzunehmen (§ 101). Zudem sind laut § 95 Abs. 3 die Versorgungsaufträge bundesweit einheitlich. Das soll vor allem mit einer einheitlichen Abrechnung der Leistungen gewährleistet werden.[12]

Autoritätsregeln werden festgelegt durch gesetzliche Vorgaben hinsichtlich dessen, welche Akteure was zu entscheiden haben und in welchem Ausmaß. Spielräume bestehen dabei vor allem, wenn diese Vorgaben unspezifisch sind und/oder Akteuren eine Autorität z. B. von anderen Ebenen zu- oder aberkannt wird. Konkrete Festlegungen gibt es für die ambulante, kurative Versorgung insbesondere im SGB V sowie in diversen Verordnungen und Einzelgesetzen. Einzelgesetze sind z. B. das Terminservice- und Versorgungsgesetz (TSVG). Insbesondere im ambulanten Bereich werden mit diesen Gesetzen Änderungen direkt im SGB vorgenommen. Hinzu kommt noch die Bundesärzteordnung (BÄO), die

---

[11] Positionierungen können hier verstanden werden als manifestierte bzw. geäußerte Positionen.

[12] Dies passiert mithilfe des einheitlichen Bewertungsmaßstabes (EBM), der den Katalog der Leistungen, die durch die Praxen je nach Versorgungsauftrag gegenüber den Kassenärztlichen Vereinigungen abgerechnet werden können. Der EBM hat eine Zuordnung von ärztlichen Leistungen anhand der allgemein- oder fachärztlichen Kategorisierung (vgl. KBV 2023).

die Approbation von Ärztinnen und Ärzten regelt und sowohl für niedergelassene Ärztinnen und Ärzte als auch für solche, die in Krankenhäuser oder anderen Einrichtungen arbeiten, gilt. Die BÄO erlaubt der Bundesregierung mit Zustimmung der Länder via den Bundesrat die Festlegung einer Gebührenordnung (§ 11 BÄO). Die Approbation wird nicht auf Bundes-, sondern auf Landesebene erteilt (§ 12 BOÄ) und erlaubt nur die *Betätigung* als Arzt bzw. Ärztin, aber nicht die *Niederlassung zur Abrechnung* ambulanter Leistungen für gesetzlich Versicherte. Letzteres wird über gesetzliche Vorgaben der Zulassungsverordnung für Vertragsärzte (Ärzte-ZV) und mit der Bedarfsplanungsrichtlinie geregelt. Die Ärzte-ZV stammt noch aus der Reichsversicherungsordnung (vgl. Eingangsformel der Ärzte-ZV).[13] Die Ärzte-ZV hat als „Verordnung" einen rechtlich anderen Rang (im Sinne von Autorität) als ein legislativ beschlossenes Gesetz. Die BPL-RL hingegen kann eventuell als untergesetzliche Norm einen höheren Rang annehmen. Da die konkrete Umsetzung auf der Landes- bzw. Ortsebene erfolgt, spielt diese Unterscheidung vermutlich nur dann eine bedeutsame Rolle, wenn der Rechtsweg durchlaufen wird.

Eine spezifische Rahmengesetzgebung zur Finanzierung im kurativen, ambulanten Bereich gibt es anders als mit dem Krankenhausfinanzierungsgesetz (KHG) und dem Krankenhausentgeltgesetz (KHEntgG) bzw. der Bundespflegesatzverordnung (BPflV) im Krankenhausbereich (vgl. Kapitel 4) nicht. Der Unterschied liegt vor allem darin begründet, dass der Arztberuf als sog. „freier Beruf" (vgl. u. a. § 1, Abs. 2 BÄO) gilt. Ein „freier Beruf" bestimmt gemäß § 18 Abs. Einkommenssteuergesetz grundsätzlich die „*selbständige Berufstätigkeit der Ärzte*" (§ 18 Abs. Einkommenssteuergesetz, Abs. 1 Satz 2). Die Schwierigkeit besteht dann eher in der Abgrenzung der selbständigen Berufstätigkeit, wenn Ärztinnen und Ärzte als Angestellte tätig sind – siehe Abschnitt 3.3. Die Autorität auf der Bundesebene ist damit im Wesentlichen durch das SGB V und die BÄO festgelegt. Demnach ist vor allem der G-BA entscheidungsbefugt – je nach Sachverhalt mehr oder weniger. Die Bedarfsplanungsrichtlinie zu beschließen, lag eindeutig in der Autorität des G-BA. Auch die Auswahl des das Gutachten erstellenden Instituts lag in der Macht des G-BA.

[13] Einen Überblick über die historischen Vorläufer und die Entwicklung der ärztlichen Zulassung bieten die Bundesärztekammer auf ihrer Webseite: https://www.bundesaerztekammer.de/baek/ueber-uns/geschichte-der-bundesaerztekammer.

Hinzu kommen die Möglichkeiten der Bundesärztekammer (BÄK), Regelungen herbeizuführen, die die ärztliche Tätigkeit eingrenzen, z. im Rahmen der Weiterbildungsordnung, oder erweitern, z. B. durch ethische Vorgaben in der Berufsordnung. Sie erstellt auch die medizinisch-fachlichen Leitlinien für Behandlungen, auf die sich einige der insbesondere qualitätsbezogenen Richtlinien des G-BA beziehen (vgl. Richtlinie zu minimalinvasiven Herzklappeninterventionen/MHI-RL). Die Kassenärztliche Bundesvereinigung als Körperschaft des öffentlichen Rechts (vgl. KBV 2023, S. 4.) ist die eigentliche Interessenvertretung der Ärzteschaft – zumindest derjenigen, die Patienten und Patientinnen mit gesetzlicher Versicherung in ambulanten Niederlassungen behandeln wollen (sog. „Kassenärzte" oder „Vertragsärzte"). Die BÄK ist auch für die Ärzte in Krankenhäusern sowie reine Privatärzte zuständig. Die BÄK ist anders als die KBV keine Körperschaft des öffentlichen Rechtes, sondern ein nichteingetragener Verein. Allerdings sind die Landesärztekammer Körperschaften des öffentlichen Rechts, die als Arbeitsgemeinschaft die BÄK bilden (vgl. Abschnitt 3.2). Die Satzung der BÄK zählt dazu die einzelnen Landesärztekammern gleich im ersten Paragrafen auf (§ 1 Abs. 1 Satzung der BÄK). Sie verstehen ihren Zweck als Institution des Meinungs- und Erfahrungsaustausches (§ 2). Sie sieht sich im politischen Raum vor allem als Mittlerin zwischen dem Geschehen auf Bundesebene und der Landesebene und als berufspolitische Interessenvertretung (BÄK 2022).[14] Die Nähe zur anderen Vertretung der Ärztinnen und Ärzte drückt sich vor allem dadurch aus, dass sie sich einen Gebäudekomplex mit KBV und DKG in Berlin-Tiergarten teilt. Allein aufgrund der räumlichen Nähe ist davon auszugehen, dass dadurch ein ständiger informeller Austausch mindestens mit der KBV und vermutlich auch mit Vertretenden der DKG auf Bundesebene passiert. Im § 75a SGB V ist bei der Vereinbarung der Weiterbildungsordnung der Ärztinnen und Ärzte zwischen der KBV, der DKG und dem GKV-SV das Benehmen mit der Bundesärztekammer herzustellen (§ 75a Abs. 4 Satz 3). Bei explizit beruflichen Fragen ist die BÄK anzuhören (§ 91 Abs. 5 SGB V) und beim Beschluss von Richtlinien im G-BA gemäß § 92 SGB V zu „beteiligen" (vgl. G-BA 2023a).

[14] Laut Geschichtsdarstellung der BÄK ist diese Abgrenzung zwischen Bundes- und Landesebene durch die föderalistische Struktur in Deutschland begründet worden, weshalb auch nur die Landesebenen der Ärztekammern als Körperschaften des öffentlichen Rechts gegründet werden konnten (BÄK 2022b).

Die Sicherstellung der ambulanten ärztlichen Versorgung von gesetzlich Versicherten liegt (allein) bei der KBV. Dieser Sicherstellungsauftrag ist eine Kernaufgabe der KBV und ihre historische Begründung (vgl. § 75 SGB V, KBV 2023). Die KBV ist eine Körperschaft des öffentlichen Rechts (§ 77 Abs. 5 SGB V). Die Satzung der KBV sieht vor, dass wesentliche Entscheidungsgremien aus Mitgliedern der Kassenärztlichen Vereinigungen (siehe Landesebene) gebildet werden (Nr. 4 der Satzung). Damit ist der Einfluss der Landesebene auf die Entscheidungen bezüglich der Sicherstellung und aller anderen Themen festgelegt. Die operative Arbeit wird durch den Vorstand (Nr. 21) und die Mitarbeitenden der KBV unter Wahrung der Vorgaben der Vertreterversammlung (Nr. 4) erledigt. Hierbei gibt es sicherlich einige Spielräume im Hinblick darauf, was die fachliche Ebene der Mitarbeitenden (Nr. 12) tun kann. Auch der Vorstand hat gemäß Satzung einige Aufgaben, die Spielräume ermöglichen, z. B. im Rahmen der Vertretung im G-BA (Nr. 21.2.15.), wenngleich eine Abberufung durch die Vertreterversammlung möglich ist (Nr. 6.5), zumal er an deren Beschlüsse gebunden ist (Nr. 7.1, Satz 2). Die Mitglieder der Vertreterversammlung sind hingegen nicht weisungsgebunden, d. h. laut Satzung der KBV auch nicht an die Entscheidungen ihrer Kassenärztlichen Vereinigung gebunden (Nr. 7.1 Satz 1). Inwiefern es anderslautende Regelungen dazu auf der jeweiligen Landesebene gibt, geht aus der Bundessatzung nicht hervor. Bei Fragen zur „bedarfsgerechten Sicherstellung" wird der sog. „beratende [...] Ausschuss für die hausärztliche Versorgung" zur schriftlichen Stellungnahme vorgesehen (Nr. 27.3). Damit wird dem Thema Sicherstellung bzw. der Beteiligung der relevanten Versorgenden auf Bundesebene eine zusätzliche Beteiligungsmöglichkeit zugesprochen. Ähnlich lautende Mitsprache wird den Fachärzten und Fachärztinnen bei Fragen zur fachärztlichen Sicherstellung eingeräumt (Nr. 283). Ergänzend gibt es einen eigenen Ausschuss für angestellte Ärztinnen und Ärzte (Nr. 30). Krankenhausärztinnen und -ärzte sowie Belegärztinnen und -ärzte werden im Ausschuss für Fachärzte berücksichtigt. Nicht ausgeschlossen ist die Gleichzeitigkeit einer angestellten ärztlichen Tätigkeit nach Nr. 30 und der Vertretung im jeweiligen anderen Ausschuss nach Nr. 27 oder 28.[15] Das Verhältnis zwischen Kassenärztlichen Vereinigungen und der Bundesvereinigung wird dergestalt festgelegt, dass die Kassenärztlichen Vereinigungen die durch die KBV festgelegten Vorgaben hinsichtlich der ärztlichen Versorgung einzuhalten haben (Nr. 33.2).

[15] Das Verhältnis zwischen Angestellten und freiberuflich arbeitende Ärztinnen und Ärzten kann sich in den Positionen der KBV im G-BA niederschlagen, da diese unterschiedliche Praxisstrukturen und -organisationen haben (siehe „Positionsregeln").

Eine wesentliche „Autorität“ besitzt zudem das BMG als Aufsichtsbehörde auf Bundesebene. Gemäß § 71 Abs. 6 kann es für bestimmte Verträge (z. B. die hausarztzentrierte Versorgung nach § 73b SGB V) Änderungen oder Aufhebung verlangen. Zudem untersteht der G-BA der Rechtsaufsicht des BMG (§ 91a SGB V), sodass auch Richtlinien durch dieses beanstandet werden können.

Aggregationsregeln werden bestimmt durch die Einflussmöglichkeiten der Akteure auf Handlungssituationen. Grundsätzlich gilt dabei, dass die gesetzgeberischen Vorgaben durch den Bundestag erfolgen. Wie und was genau als Gesetzesvorlage in den Bundestag gelangt, bestimmt zwar primär die Regierungskoalition, aber der Einfluss des BMG als fachliche Vorinstanz ist nicht gering. Üblicherweise kommen die konkreten Vorschläge für Gesetze als sog. Referentenentwürfe direkt aus dem BMG. Je nach Themenbereich sind verschiedene Dezernate bzw. Referate für den ambulanten Bereich zuständig. Es gibt derzeit für die rechtlichen Fragen des Vertragsarztrechts ein eigenes Referat, ebenso für Vergütungsfragen und die Gebührenordnung (BMG 2022a). Referentenentwürfe durchlaufen Stellungnahmeverfahren sowie den regulären legislativen Prozess im Bundestag und gegebenenfalls Bundesrat. Beim Stellungnahmeverfahren beteiligen sich BÄK, KBV wie auch Kassen meist umfänglich (vgl. BMG 2019a). Die Einflussmöglichkeiten unterliegen damit dem persönlichen Verhandlungsgeschick der Akteure, teilweise überzeugenden Argumenten und eventuell auch Netzwerkfähigkeiten (Bandelow/Hornung 2019).

Anders sieht es bei Vereinbarungen und anderen gesetzesähnlichen Vorgaben aus, die entweder im Rahmen von Verträgen durch die Selbstverwaltungspartner oder im G-BA verhandelt werden müssen. Bei Verträgen (bzw. Vereinbarungen) der Selbstverwaltungspartner hat jede beteiligte Partei eine Stimme (eine Unterschrift). D. h., die Einflussnahme beschränkt sich auf das Verhandlungsgeschick. Als Ausweichmechanismus ist hier die Ersatzvornahme durch das BMG gegeben, sollte keine Einigung erzielt werden. Das BMG kann diese Ersatzvornahme als Rechtsaufsicht der Selbstverwaltung auch ankündigen. Beim G-BA gelten die Spielregeln desselben. Die Gremien im G-BA sind grundsätzlich paritätisch besetzt, plus Unparteiische und einen Vorsitzenden. Es ist üblich, dass jeweils Unparteiische durch Leistungserbringer und Kostenträger besetzt werden. Wer Vorsitzender insb. in den entscheidungsbefugten Gremien wird, wird verhandelt

(§ 90 Abs. 2 SGB V). Über die entscheidungsbefugten Teilnehmenden des Plenums des G-BA können die einzelnen Akteure Einfluss auf die Entscheidungen zu Richtlinien nehmen.[16]

Ausmaßregeln sind durch die Detailgenauigkeit der gesetzlichen Vorgaben bedingt, aber auch dadurch, wie stark die Bundesebene einzelne Vereinbarungen beeinflussen und mitbestimmen kann. Wie bereits beschrieben, werden im gesetzgeberischen Prozess oftmals die beteiligten Akteure um Stellungnahme gebeten. Eine gesetzliche Grundlage dafür gibt es nicht. Je nach Gegenstand der Gesetzesvorgaben müssen explizit oder implizit zusätzliche Maßnahmen – vor allem Vereinbarungen unter den Partnern der Selbstverwaltung – getroffen werden, ehe die weiteren Ebenen mit der Gesetzesvorgabe arbeiten können. Gelegentlich steht es der Bundesebene frei, Aufgaben auf die andere Ebene zu delegieren. Die Bedarfsplanung wird in § 99–105 SGB V relativ genau vorgegeben. Dort sind die Begriffe Über- und Unterversorgung festgehalten. Der Überversorgung werden allerdings mehr Vorgaben gewidmet als der Unterversorgung, der im Wesentlichen lediglich ein Verweis auf die „Sicherstellung" zugebilligt wird (§ 100 Abs. 2). In der Bedarfsplanung selbst hat der G-BA gleichwohl noch mehr Details festgehalten.

Informationsregeln auf der Bundesebene betreffen zum einen die Transparenz über die Arbeit der Akteure als auch die (finanziellen) Auswirkungen für die unterschiedlichen Selbstverwaltungsparteien. Die Auswirkungen können dabei unterschiedlichster Natur sein. Bei im G-BA und der Öffentlichkeit verbreiteten Informationen geht es auch um die Wahrung betrieblicher Geheimnisse im Verhältnis zur Zweckmäßigkeit einer Öffentlichkeitsarbeit. Bei Verhandlungen auf der Bundesebene ist davon auszugehen, dass im Zuge der Vorbereitungen beide Seiten die Auswirkungen für die eigene Seite überprüfen – so lassen zumindest Presseerklärungen davor und danach vermuten (vgl. u. a. GKV-SV 2018; DGK 2018). So werden die Krankenkassen ausrechnen, wie „teuer" diese oder jene Formulierung einer Vereinbarung sein und welche Bedeutung das möglicherweise für die eigene Klientel haben wird. Bei den Krankenkassen kann es um bestimmte wettbewerbliche Positionen gehen, weil bestimmte Klientel, z. B. gutverdienende gesunde Versicherte, verstärkt erreicht werden sollen oder bestimmte Bevölkerungsgruppen vermehrt bei ihnen versichert sind.[17] So sind bei den Allgemeinen Ortskrankenkassen (AOK) mehr ältere Personen versichert und bei den

[16] Diese Aggregationsregeln auf der Bundesebene scheinen sich kaum zwischen der „Krankenhausfinanzierung" (Abschnitt 4.1) und der ambulanten, kurativen Versorgung zu unterscheiden.

[17] Der Risikostrukturausgleich (RSA) soll diese Unterschiede für die gesetzlichen Krankenversicherungen zumindest finanziell eigentlich ausgleichen.

Ersatzkassen viele junge Gutverdienende (Hoffmann/Icks 2012). Diese Versichertengruppen haben möglicherweise andere Ansprüche an ihre Krankenkassen und die Kassen vertreten in dem Fall andere Positionen z. B. hinsichtlich der Erreichbarkeit von Praxen für Allgemeinmedizin. Es geht bei der Auswirkung dann nicht primär um finanzielle Fragen, sondern um die Stellung im Wettbewerb um Versicherte. Finanzielle Auswirkungen werden sicherlich auch in den Kassen berechnet, aber in den wenigsten Fällen vollständig offengelegt. Die KBV wird bei ihren Kassenärztlichen Vereinigungen um eine Einschätzung bitten, was die Formulierung für die Versorgung in den Kassenarztbezirken bedeuten könnte. Diese Arbeit im Hintergrund erfolgt nicht öffentlich, um z. B. die Wettbewerbs- und Finanzsituation einzelner Kassen zu verbergen.

Die Transparenz der Arbeit des G-BA ist bestimmt durch den Grad der Öffentlichkeit der Gremien des G-BA und durch die Protokollierung von Beschlüssen bzw. deren Beschlussfindung. Gleiches gilt für die KBV und die Kassen. Die konkreten Auswirkungen auf die einzelnen Parteien müssen dabei nicht offengelegt werden, vielmehr lassen sich lediglich Rückschlüsse aus den protokollierten Stellungnahmen ziehen (Bsp. G-BA 2023c, S. 12 ff.).

Auszahlungsregeln beziehen sich auf Kosten und Nutzen von Handlungen. Diese sind nicht immer von vornerein klar, wenngleich Gesetzesänderungen üblicherweise mit finanzieller Auswirkung für verschiedene Akteure belegt werden. Üblicherweise findet sich dazu ein Passus in der Begründung von Gesetzesentwürfen. Aber auch der G-BA macht eine „Bürokratiekosten"-Ermittlung für bestimmte Sachverhalte (Bsp. Deutscher Bundestag 20/11853, S. 6; G-BA 2024, S. 4).

Vorgegeben ist, dass die Kassen sich an den Grundsatz der Beitragsstabilität zu halten haben (§ 71). Prinzipiell sind dabei die Ärztinnen und Ärzte als Leistungserbringer daran gebunden (G-BA 2024.), d. h., dass deren Vertretende auf Bundesebene diese bei ihren Entscheidungen berücksichtigen müssten. Ausgenommen sind jedoch einige Teilbereiche wie *„Ausgabensteigerungen auf Grund von gesetzlich vorgeschriebenen Vorsorge- und Früherkennungsmaßnahmen oder für zusätzliche Leistungen, die im Rahmen zugelassener strukturierter Behandlungsprogramme (§ 137 g) auf Grund der Anforderungen der Richtlinien des Gemeinsamen Bundesausschusses nach § 137f oder der Rechtsverordnung nach § 266 Absatz 8 Satz 1 erbracht werden*" (§ 71 Abs. 1 Satz 2 SGB V). Damit kann (theoretisch) auch durch die Richtlinie zur Bedarfsplanung der sog. „Grundsatz der Beitragsstabilität" ausgehebelt werden.

3.1.3 Handlungsraum und Akteure

Der Handlungsraum auf der Bundesebene besteht aus dem, was der Gesetzgeber den Akteuren als Aufgaben zuteilt, und dem, was diese in Eigeninitiative im Rahmen ihrer Zuständigkeit und Erlaubnis tun, wie z. B. Öffentlichkeitsarbeit. Zu unterscheiden sind hierbei die internen und externen Verhandlungsräume der Akteure. Bei den Aufgaben für die ambulante, akute Versorgung ist der Aufgabenraum auf Bundesebene eingegrenzt auf die Bedarfsplanungsrichtlinie, die Leistungskataloge und Qualitätsvorgaben. Die Bedarfsplanungsrichtlinie ist dabei eine große Komponente, die aber teilweise mit den anderen Aufgabenbereichen zusammenhängt, da die Bedarfsplanung zum Beispiel auch von der Option der Delegation von ärztlichen Leistungen und anderen qualitativen Voraussetzung abhängt und ebenso vom Umfang der Leistungsoptionen der jeweiligen Arztgruppe.

Als wesentlichen Handlungsraum ist daher eigentlich der Bundesmantelvertrag zu sehen, der in seinem Haupttext und seinen umfangreichen Anlagen viele Voraussetzungen für die ambulante, kurative Leistungserbringung festlegt. Die eigentliche Versorgung wird dann von der Landes- und Ortsebene bestimmt.

Die Bedarfsplanungsrichtlinie wird durch den G-BA beschlossen. Dort liegt damit der primäre Handlungsraum für diesen Sachverhalt. Die jeweiligen Beteiligten haben eigene Strukturen und Institutionen, in denen das Thema ergänzend beraten wird. Die Kassen haben ihre Fachebene und ihre Verwaltungsräte (plus alles, was dazwischen liegt). Die KBV hat ihre Kassenärztlichen Vereinigungen, die sich im Rahmen der Satzung der KBV in einzelnen für sie sehr relevanten Sachverhalten außerhalb des formellen Rahmens äußern kann (KBV 2023). Hinzu kommt, dass zur letzten Erneuerung der Bedarfsplanungsrichtlinie externe Gutachten eingeholt wurden, sodass die Kommunikation mit den Gutachtengebenden als eigener Handlungsraum gesehen werden kann (vgl. G-BA 2018a).

In den Handlungsräumen gibt es verschiedene Akteure und Handlungssituationen. Diese sind auf der Bundesebene auf die Entscheidungen zur Erstellung der Richtlinie zur Bedarfsplanung beschränkt. Die eigentliche Bedarfsplanung erfolgt auf der Landesebene. Die Akteure auf der Bundesebene sind im Kern die o. g. Beteiligten im G-BA sowie beratende Personen in den internen Gremien und die beteiligten Institutionen. Die Handlungssituationen lassen sich dabei als ein Prozess von Austausch zwischen den Entscheidungs- und Fachgremien im G-BA sowie die einzelnen Parteien der Selbstverwaltung darstellen (vgl. Abbildung 3.4). Der Austausch erfolgt dabei wechselseitig und gegebenenfalls auch bilateral zwischen den Selbstverwaltungspartnern. Zu den Hauptakteuren kommt weiterhin das Bundesschiedsamt[18] nach § 89 SGB V, welches im Fall von Nichteinigung Entscheidungen vornehmen kann. Dieses wird aus Vertretenden der KVB und des GKV-SV besetzt.

Diese ausgeführten Elemente ergeben zusammen ein Interaktionsmuster, das durch die zu verhandelnden Sachverhalte und damit verbundene Vorschläge bestimmt wird (Abbildung 3.4).[19] Auf der Bundesebene umfassen sie das gesamte Spektrum der politischen Tätigkeiten rund um die Legislative und Exekutive (inklusive der Selbstverwaltung) (Abbildung 3.3).

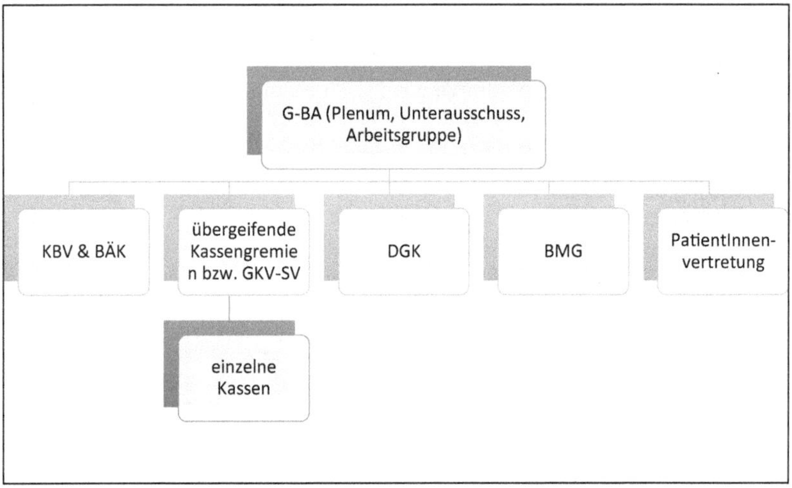

Abbildung 3.3 Akteure der Bedarfsplanung auf der Bundesebene. (Eigene Darstellung)

[18] Nicht im Bild.

[19] Interaktionen sind dabei im weiteren Sinne aufeinander bezogene Tätigkeiten von Akteuren. Der Begriff der Interaktion wird je nach disziplinärem Blickwinkel in Nuancen unterschiedlich definiert. Im Grunde genommen kann so z. B. auch ein Markt als Interaktion bezeichnet werden. Um eine interdisziplinäre Inkohärenz auszuschließen, wird hier die o. g. weitere Definition verwendet, bei der es lediglich darum geht, dass Akteure miteinander agieren.

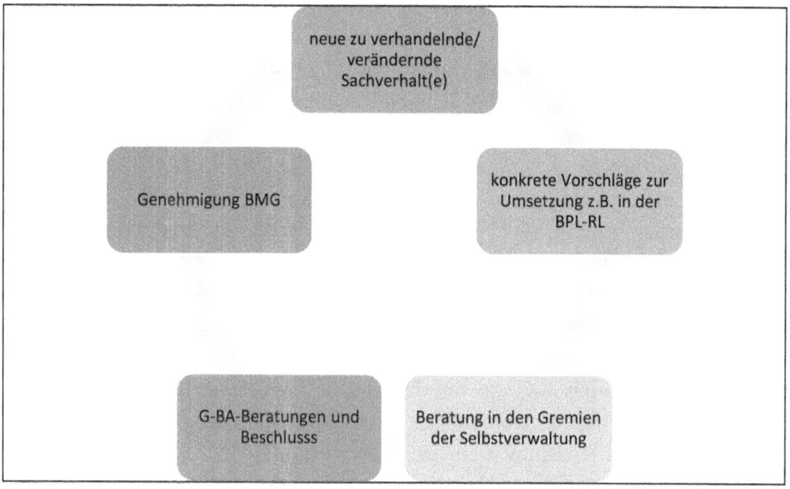

Abbildung 3.4 Interaktionsmuster Bundesebene. (Eigene Darstellung)

3.2 Landesebene: die Bedarfsplanung

Bereits aus dem SGB V geht hervor, dass die wesentlichen Entscheidungen zur Bedarfsplanung auf der Landesebene zu treffen sind. Dabei muss sich die Landesebene allerdings zum einen nach gesetzlichen Vorgaben der Bundesebene – also vor allem nach der dort beschlossenen Bedarfsplanungsrichtlinie – richten. Zum anderen muss sie die Umsetzung vor Ort berücksichtigen (und auch prüfen gem. § 95 Abs. 3 Satz 5 SGB V). Diese Sandwich-Position umfasst einige Elemente, die hier mithilfe des IDA aufgeschlüsselt und hinsichtlich möglicher Punkte für Benachteiligungen untersucht werden sollen.

3.2.1 Bedingungen und Gemeinschaft

Die physischen und materiellen Bedingungen der Länder unterscheiden sich, aber die Grundvorgabe laut § § 99–105 sowie § 72 SGB V für ist für alle Länder gleich: zuständig für die Erstellung des Bedarfsplans ist die jeweilige Kassenärztliche Vereinigung. Dabei muss sie lediglich „Einvernehmen" mit den zuständigen Verbänden der Krankenkassen herstellen und die auf Bundesebene bestimmte Bedarfsplanungsrichtlinie berücksichtigen. Eine direkte Einflussnahme der Landesregierung oder der Landesparlamente ist nicht vorgesehen. Wie die Landesministerin U. Nonnemacher im August 2023 bemerkte: „Als Länder haben wir weder ein Initiativ- noch ein Vetorecht“ (Nonnemacher 2023).[20]

Die Kassenärztlichen Vereinigungen auf der Landesebene sind Körperschaften des öffentlichen Rechts (§ 77 Abs. 6 SGB V). Dabei gibt es die Option mehrerer Kassenärztlicher Vereinigungen (KV) je Bundesland oder einer KV für mehrere Länder. Erstere wurde in NRW gewählt, wo es eine KV Nordrhein und eine KV Westfalen-Lippe gibt. Hinsichtlich der internen Strukturen müssen sich die einzelnen KVen an die Vorgaben des SGB (§ 79) halten. Die Satzungen der einzelnen KVen ähneln sich daher stark. Unterschiede gibt es lediglich z. B. darin, ob es einen Hauptausschuss gibt, der zwischen den Vertreterversammlungen als oberstes Organ der Mitgliedschaft agieren darf, wie die außerordentliche Einberufung einer Vertreterversammlung erfolgt, wie in der Satzung mit digitalen/schriftlichen Abstimmungen und Beratungen umgegangen wird und wie die Mitteilungspflichten der Mitglieder bei anderen Verträgen wie ASV ausgestaltet sind. Bis auf zwei KVen haben alle eine zusätzliche Untergliederung in Bezirksstellen, Kreis oder Ähnliches. Eine Übersicht der Besonderheiten und Unterschiede findet sich in der Anlage. Interessant für die Bedarfsplanung sind vor allem Unterschiede in zusätzlich genannten Aspekten. So begründet die KV Baden-Württemberg eine eigene GmbH für die Sicherstellung (§ 2 Abs. 4 Satz 2 Satzung der KV BW). Die KV Bayern betont die „Erhaltung der Freiberuflichkeit“ (Selbstverständnis der Satzung KV Bayern). Die KV Hamburg nennt den Begriff der „freien Praxis“, ohne diesen zu definieren (vgl. § 20 Abs. 3 Satzung der KV Hamburg). In der Satzung der KV Nordrhein wird der Begriff der „humanen“ Versorgung erwähnt (vgl. § 2 Abs. 1 a). Die KV Rheinland-Pfalz sieht vor, „dass zeitweise Praxisschließungen aus betriebswirtschaftlichen Gründen [...] unzulässig“ sind (§ 5 Abs. 6, Satz 3, zweiter Halbsatz der Satzung der KV Rheinland-Pfalz). Die KV Sachsen-Anhalt legt Wert auf die „integrativen und versorgungsbereichsübergreifenden Versorgungsstrukturen“ (§ 2 Abs. 2 Satz 3 Satzung der KV Sachsen-Anhalt). In Thüringen übernimmt die KV auch den bodengebundenen Rettungsdienst (§ 2 Abs. 1 Nr. d, Satzung der KV Thüringen).

[20] Im Referentenentwurf des Gesundheitsversorgungsstärkungsgesetzes war 2024 noch eine stärkere Beteiligung der Landesregierung bei der Bedarfsplanung bzw. Zulassung vorgesehen. Der Passus wurde jedoch im Kabinettsentwurf (und Gesetz) wieder gestrichen (vgl. BMG 22.05.2024 & 12.04.2024, S. 4).

Weitere Unterschiede bestehen in der personellen Besetzung und der Mitgliederstärke sowie Mitgliederzusammensetzung. Die Mitgliederstärke kann allerdings unmittelbare Auswirkung auf die Arbeit der jeweiligen KV haben, weil sie zum einen die finanziellen Möglichkeiten bestimmt als auch die Ausrichtung der KV-Politik durch individuelle Präferenzen bzw. Schwerpunkte von Mitgliedschaft und Vorständen.

Die jeweilige KV vereinbart mit den zuständigen Landesverbänden der Krankenkassen die Gesamtvergütung (vgl. § 82 & § 87a). Da diese Gesamtvergütung im Rahmen der Honorarverteilung als der Hauptbestandteil der Budgets der einzelnen Praxen vorgesehen ist, ist eine Wirkung auf die konkrete Bedarfsplanung anzunehmen.

Hinzu kommen die allgemeinen physischen und materiellen Unterschiede der Länder untereinander hinsichtlich des Steueraufkommens, Versichertenbeiträge, Zusammensetzung der Bevölkerung, Siedlungsstruktur u. a. Da die Gesamtvergütung nach § 87a SGB V Demografie, Morbidität, „regionale Besonderheiten" u. a. berücksichtigen soll und auch auf eine mögliche Unterversorgung gemäß § 100 verwiesen wird, ist ein mittelbarer Zusammenhang zu diesen Unterschieden der Länder anzunehmen.

Nach § 99 Abs. 1 SGB V sind gesetzlich bestimmende physische und materielle Bedingungen für die Bedarfsplanung die Krankenhausplanung, die Raumordnung, regionale Morbidität und Demografie. Zusätzlich wird die Überversorgung bestimmt durch ASV-Leistungen (§ 100 Abs. 1 Nr. 2a), die in der Richtlinie festgelegten regionalen Planungsbereiche (§ 100 Abs. 2 Satz 6) sowie die Frage danach, ob eine Region „ländlich" und „strukturschwach" gemäß § 103 Abs. 2 Satz 5 ist.

Der Bereich ASV wird an dieser Stelle ausgeklammert, da diese sektorübergreifende Leistungsstruktur derzeit nur ein sehr kleines Volumen der Leistungserbringung ausmacht (vgl. Dengler 2021, S. 16).[21]

Die Bedarfsplanungsrichtlinie sieht unter § 2 zudem detaillierter vor, wie „regionale Besonderheiten" zu berücksichtigen sind, und nennt dabei Beispiele. Eine Zusammenfassung der Elemente aus dem SGB und der Richtlinie findet sich in Abbildung 3.5). Diese unterscheiden sich zwischen den Ländern teilweise sehr stark.

[21] ASV-Teams sind zudem regional ungleichmäßig verteilt (vgl. Deutsches Ärzteblatt 2022).

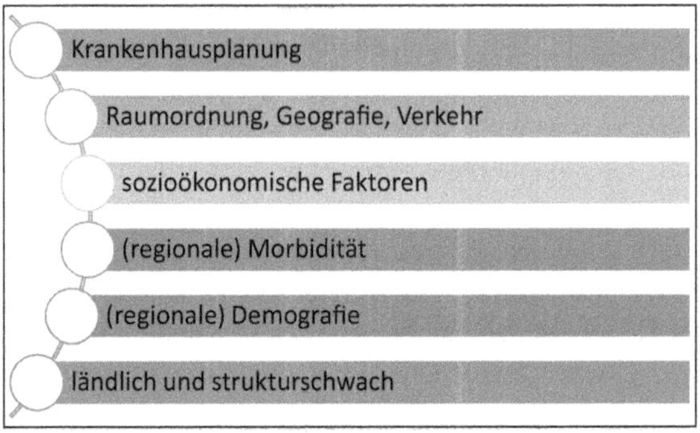

Abbildung 3.5 Physische und materielle Bedingungen der Bedarfsplanung auf Landesebene. (Eigene Darstellung)

Der Bereich der Krankenhausplanung ist – wie in Abschnitt 4.2 dargestellt – aus verschiedenen Gründen sehr unterschiedlich ausgeprägt. Allein durch die sog. „doppelte Facharztschiene" kann es zu regional sehr unterschiedlichen Angeboten bzw. einer Wettbewerbssituation bei der Fachärztlichen Versorgung und den Niederlassungsmöglichkeiten kommen. Die „doppelte Facharztschiene" beschreibt die Möglichkeit von Fachärzten, sowohl im ambulanten als auch im stationären Raum tätig zu sein, und wird dann problematisch, wenn ein grundsätzlicher Mangel an Fachärztinnen und Fachärzten vorliegt und die beiden Sektoren um diese Fachkräfte konkurrieren (und womöglich weder der eine noch der andere Sektor die Fachärztinnen und Fachärzte durch die getrennten Abrechnungssektoren voll auslasten können). Die Anzahl von Haus- und Fachärztinnen und -ärzten im Verhältnis zur Bevölkerungszahl unterscheidet sich zwischen den Ländern teils erheblich (vgl. u. a. Kassenärztliche Bundesvereinigung 2019b)[22].

Die Raumordnung wird festgelegt durch das Bundesinstitut für Bau-, Stadt- und Raumforschung (BBSR). Die Vorgaben kommen damit wieder von der Bundesebene, aber beziehen sich auf die Beobachtungen und Abgrenzungen innerhalb der Länder, die schon allein geografisch unterschiedlich sind, unterscheiden diese sich somit physisch. Zudem steht es den Ländern (theoretisch) frei, welches der Konzepte wie in der Planung zu berücksichtigen ist. Das BBSR unterscheidet

[22] Anschauliche grafische Darstellungen und Tabellen finden sich ebenda bzw. unter www.versorgunsatlas.de/themen/versorgungsstrukturen pro 100.000 Einwohner für verschiedene Arztgruppen.

nach Gemeinden, Kreisen und Regionen. Die BPRL schränkt die Auswahl ein und nennt in Anlage 1 die Planungsbereiche explizit für die einzelnen KVen (vgl. § 7 BPL-RL). Unterschiede zwischen den Ländern entstehen dann lediglich durch die historisch andere räumliche Entwicklung und nicht durch eine Entscheidung der jeweiligen KV.[23]

Regionale und sozioökonomische Faktoren zu berücksichtigen, liegt allein in der Hand der einzelnen KVen im Rahmen der Planung bzw. letztendlich der Zulassungsausschüsse in der Umsetzung. Inwiefern das unterschiedlich gehandhabt wird, lässt sich aus den Landesbedarfsplänen, wenn überhaupt in Ansätzen, z. B. bei Fragen der „Sicherstellung“, erkennen (s. Anlage).

Morbidität und Demografie lassen sich zusammenfassen, da das Auftreten von (bestimmten) Krankheiten oftmals mit dem Alter zusammenhängt. Die Richtlinie sieht hierbei bereits eine dynamisierte, rechnerische Veränderung der Verhältniszahlen in Abhängigkeit von Altersgruppen und der Häufigkeit von bestimmten Krankheiten vor. Damit sollen Angebotsunterschiede zwischen den Ländern und Regionen nivelliert werden, sodass die Versorgung bedarfsgerecht (-er als bisher) erfolgt. Ländliche und strukturschwache Regionen werden formal positiv diskriminiert, indem per § 103 Abs. 2 Satz 5 den einzelnen Ländern die Option gegeben wird, Ausnahmen zu machen: *„Für die Bestimmung der ländlichen und strukturschwachen Teilgebiete stellt der Landesausschuss im Einvernehmen mit der für die Sozialversicherung zuständigen obersten Landesbehörde allgemeingültige Kriterien auf, die den jeweiligen Entscheidungen zugrunde zu legen sind.“*

Insgesamt gibt es diverse Unterschiede zwischen den Bedarfsplänen der Länder (siehe auch Zusammenfassung in der Anlage). Zum einen unterscheiden sich die zugrunde gelegten Daten. Während z. B. Thüringen mit Abrechnungsdaten eine Analyse der Bedarfe vornimmt, werden in vielen anderen Ländern lediglich die Daten des Arztregisters und andere Daten der Statistischen Landesämter verwendet. Einige wenige Länder ergänzen die Basisanalyse durch weitere Analysen, z. B. Hamburg mithilfe des Mobilitätsatlas. Diverse Länder nehmen bewusst größere oder kleinere Abweichungen von Vorgaben des G-BA vor (z. B. Thüringen bei der Kinder- und Jugendversorgung, Nordrhein für Leverkusen). Nicht alle Länder verweisen zudem in der Bedarfsplanung auf die sicherzustellenden Notdienste. Manche Länder nehmen bestimmte Problemlagen in den

[23] Eine Übersicht über die Raumplanung der Länder hält das BBSR bereit: https://www.bbsr.bund.de/BBSR/DE/forschung/fachbeitraege/raumentwicklung/2010-und-aelter/landesplanung/landesplanung.html.

Fokus (z. B. Mecklenburg-Vorpommern zur pädiatrischen Versorgung). Existierende Förderprogramme werden nur erwähnt oder sogar genauer beschrieben. Mitversorgungseffekte werden nicht überall berücksichtigt und die Bedeutung von Job-Sharing-Modellen ist zumindest in den Bedarfsplänen nicht einheitlich geregelt. Die Überarbeitung bzw. Anpassung der Bedarfspläne ist hinsichtlich Rhythmus und Art der Anpassung unterschiedlich. Planungsblätter werden meist ca. halbjährlich, der Plan an sich teilweise jährlich, teilweise nur, wie gesetzlich vorgeschrieben, alle 3–5 Jahre angepasst. Einige Länder passen die gesamten Pläne sogar halbjährlich oder jährlich an. Da die Bedarfspläne unterschiedliche Änderungsrhythmen haben, ist eine länderübergreifende Planung meist nicht gegeben. Eine sektorübergreifende Versorgung wird überhaupt nur am Rande und im Kontext von Ermächtigungen durch Krankenhausärztinnen und -ärzte einbezogen. Besonderheiten gibt es zudem hinsichtlich der Begründungen für die Abweichungen von den bundesweiten Vorgaben der BPL-RL. Manche Länder übernehmen die Vorgaben zu (nahezu) 100 %, andere führen detailliert auf, inwiefern und warum sie von der BPL-RL abweichen (z. B. in Thüringen und Niedersachsen bei den Raumordnungsstrukturen).

Der auf der Landesebene zusammentretende Zulassungsausschuss nach § 96 bestimmt die Zulassung, der Landesausschuss nach § 90 bestimmt über die Bedarfsplanung. Inwiefern es bei der Zusammensetzung und Arbeitsweise (bedeutsame) physische und materielle Unterschiede gibt, lässt sich ohne weitere Untersuchungen nicht sagen. In Bayern trifft diese laut Aussagen der KV Bayern zweimal jährlich Beschlüsse. In Brandenburg gibt es dazu keine öffentlich verfügbaren Informationen, lediglich ein Protokoll der letzten Beschlüsse (z. B. KVBB 2023; KVBAY 2023). In Hessen sind Entscheidungen nur über Pressemeldungen verfügbar (KV Hessen 2023).

Da Honorarverteilung und Bedarfsplanung unmittelbar miteinander zusammenhängen, müssen auch die Unterschiede in den von den Ländern festzulegenden Honorarverteilungsmaßstäben (HVM) betrachtet werden. Bei den Honorarverteilungsmaßstäben gibt es Unterschiede hinsichtlich

- Arztgruppen mit/ohne Regelleistungsvolumen (RLV)
- Ausgestaltung des RLV
- Form des HVM
- Geltungsdauer/Aktualität
- Sicherstellung
- Berücksichtigung von Weiterbildungsassistentinnen und -assistenten (WBA)
- Anmerkung zu Medizinischen Versorgungszentren (MVZ) oder Ähnlichem
- Regelungen zur (Vergütung) von Not- bzw. Bereitschaftsdiensten

- Transparenz und öffentlicher Verfügbarkeit
- Details zu den Berechnungen

Nahezu immer werden die HVM unterteilt in einzelne Budgets, bestehend aus dem Vergütungsvolumen für Arztgruppen und deren Obergrenzen für hausärztliche und fachärztliche Versorgung sowie labormedizinischen und oft laborgenetischen Untersuchungen. Zudem gibt es in den meisten Ländern eine hausärztliche und eine fachärztliche Grundpauschale. Üblicherweise gibt es das sog. Regelleistungsvolumen (RLV) als Obergrenze für eine/n einzelne/n Ärztin/Arzt oder die gesamte Praxis. Auch hier liegen Unterschiede im Detail. Als einziges Bundesland hat Brandenburg per se kein RLV für die Allgemein- sowie Kinder- und Jugendmedizin. Zusätzlich gibt es ein sog. Qualitätsorientiertes Zusatzvolumen (QZV) für die Bereitstellung von bestimmten (besonderen Leistungen). Regelhaft erfolgt die Volumenberechnung zeitversetzt mit mindestens einem Quartal Verzug. Auch die Auszahlung folgt diesem Rhythmus, wobei vorab Abschlagszahlungen auf Basis der Erfahrungswerte von Vor- oder Vorvorquartal oder weiter zurück ausgezahlt werden. Manche Landes-KVen beschließen die HVM jährlich, bei anderen gibt es unterjährige Anpassungen des gesamten Regelwerks. In einigen Ländern gibt es detailliert nachzulesenden Berechnungswege für die Bestandteile der Budgets und Richtwerte, andere veröffentlichen lediglich die Ergebnisse. Die Anstellung von Weiterbildungsassistenten wird entweder gar nicht oder positiv bei der Fallzahlhöhe berücksichtigt. In einigen Ländern erfolgt die Förderung mit pauschalen Wertbeträgen je WBA. MVZ, Kooperationsgemeinschaften oder Ähnliches sowie Praxisnetze werden über prozentuale Budgetaufschläge, besondere Regelungen oder sogar gar nicht begünstigt. Sicherstellung wird in einigen HVM betont und mit bestimmten fördernden Bestimmungen ausgestaltet, einige Ländern erwähnen ihren Sicherstellungsauftrag jedoch nur am Rande. Not- und Bereitschaftsdienste sowie Wegezeiten werden entweder gar nicht oder nur kurz erwähnt oder manchmal sogar mit konkreten Werten im HVM hinterlegt. Erstaunlich sind die Unterschiede in der öffentlichen Verfügbarkeit der HVM und weiteren Details. Während die KV Bayern und Westfalen-Lippe das Thema „Kalkulationssicherheit" explizit erwähnen und Budgetbestandteil und Berechnungsgrundlage im Voraus festhalten sowie veröffentlichen, wird in Mecklenburg-Vorpommern der HVM nur im KVSafenet, dem Intranet der KV und deren zugehörigen Ärzten und Ärztinnen, veröffentlicht.

Die Unterschiede in den HVM können – neben der individuellen Wirkung in den einzelnen Praxen (siehe Abschnitt 3.3) – einschränkend auf die Entscheidungen im Zulassungsausschuss wirken, wenn klar ist, dass zusätzliche Praxen aus dem gleichen begrenzten Topf schöpfen. Aber auch eine Wirkung auf die Erstellung der Bedarfspläne ist möglich, sofern Daten aus der Vergütung im Land als Grundlage Verwendung finden.

Die Eigenschaften der Gemeinschaft werden auf der Landesebene durch die dargestellten „greifbaren“ Faktoren wie Bevölkerungsstruktur und viele weitere materielle/physische Bedingungen geprägt. Hinzu kommen „weichere“ Faktoren, wie z. B. Unterschiede der Bewohnenden hinsichtlich einer Arzt-Patienten-Bindung. In einigen Regionen ist es noch üblich, immer zum gleichen Arzt bzw. zur gleichen Ärztin zu gehen (vgl. Kümpel 2024, Hansen 2020, Höhne 2008). In einigen Regionen (vor allem Großstädten und bei jüngeren Menschen) gibt es gar keine Praxis, zu der „man immer geht“. Das wirkt sich dann gegebenenfalls auch auf Entscheidungen im Zulassungsausschuss aus, wenn mehrere Optionen (hinsichtlich Zulassungsort, -art, Rechtsform etc.) möglich sind. Die Zahlen aus den Bedarfsplänen zeigen unterschiedliche Tendenzen hinsichtlich der Verteilung von MVZ (oder Ähnlichem) im Vergleich zu Einzelpraxen. In Sachsen sind 2021 nur 19,5 % der ambulant zugelassenen Ärztinnen und Ärzte in Anstellung tätig (KV Sachsen, S. 4), in Bayern rund die Hälfte (KV Bayern, S. 15).[24]

3.2.2 Regeln

Die gebräuchlichen Regeln finden sich auf der Landesebene vor allem in der Arbeit der jeweiligen Zulassungsschüsse wieder. Einen häufigeren Sitzungsturnus, die Art der Entscheidungsfindung – manchmal festgelegt in einer Geschäftsordnung – sowie die Verfügbarkeit und Zugänglichkeit der jeweiligen Geschäftsstelle stellen solche gebräuchlichen Regeln dar. Gleiches gilt für die einzuhaltenden Formalia im Sinn von Antragsvorlagen und angeforderten Dokumenten. In den Wirtschaftswissenschaften spricht man hierbei von Markteintrittsbarrieren für neue Wettbewerber. Aber auch bei der Aufstellung der Bedarfspläne innerhalb der jeweiligen KV und in der Arbeit der Landesausschüsse wird es Unterschiede geben.

Wie bereits im vorherigen Abschnitt herausgestellt, können die gebräuchlichen Regeln bestimmte Formen annehmen: Grenzen, Position, Autorität, Aggregation, Ausmaß, Information und Auszahlung.

Die **Grenzregeln** auf der Landesebene werden bestimmt durch die Sandwichposition, die diese zwischen Bundes- und Ortsebene einnimmt. D. h., es

[24] Ob die Zählung auf gleiche Weise (Kopf, KV-Sitz, VZÄ) erfolgt, wurde hier nicht geprüft. Daher sind die Aussagen nur vage vergleichbar.

gibt bestimmte Entscheidungen für die Bedarfsplanung, die auf der Landesebene entschieden werden müssen, und wieder andere, die dort nicht entschieden werden dürfen oder nur im Rahmen der Regeln der Bundesebene bzw. der Möglichkeiten, die auf der Ortsebene gegeben sind. Die Grenzen werden außerdem durch die Bundeslandgrenzen physisch definiert. Die Bedarfsplanung ist beschränkt auf das eigene „Hoheitsgebiet" – mit sehr wenigen Ausnahmen, z. B. Mecklenburg-Vorpommern, wo die KV auch für das Amtsgebiet Neuhaus, welches zu Niedersachsen gehört, zuständig ist. Theoretisch darf bei der Planung die Situation auf der angrenzenden Region des benachbarten Bundeslandes nicht berücksichtigt werden. Das scheint zumindest in den von den KVen veröffentlichten Dokumenten im Wesentlichen so gehandhabt zu werden. Allerdings gibt es den Begriff der „Mitversorgung". Der Aspekt der Mitversorgung mit und durch niedergelassene Ärzte und Ärztinnen in anderen Bundesländern findet nur in wenigen Bedarfsplänen Widerhall. Regelhaft interessant ist für die Landesebene die konkrete Auslegung des § 99–105 und der Bedarfsplanungsrichtlinie im Zulassungsausschuss. Dieser legt seine internen Vorgehensweisen selbst fest. Dies kann sich auf den Sitzungszyklus, die Antragsformen und die eigene Geschäftsordnung sowie die Geschäftsführung beziehen. Dies sind die gebräuchlichen Regeln, die sich landesweise unterscheiden. So hat der Zulassungsausschuss in Hessen eine eigene Webseite, während der Zulassungsausschuss in Brandenburg lediglich eine kleine Unterseite der Website der KVBB zeigt. Ersterer hat auch eine (veröffentlichte) Verfahrensordnung (KVN 2023) und sortiert die Sitzungstermine thematisch (Zulassungssachen, MVZ, Nachbesetzung u. a.) (KV Hessen 2023). In Brandenburg werden lediglich Termine festgelegt (KVBB 2023). Der Zulassungsausschuss in Bayern hat mehrere regionale Ausschüsse in den KVB-Bezirksstellen (KVBay 2023).

Die für die Auswirkungen der Bedarfsplanung relevanten **Positionsregeln** zeigen sich in den Beteiligten des Zulassungsausschusses, wenngleich auch bei der Erstellung der Bedarfspläne Akteure „Positionen" einnehmen. Der Zulassungsausschuss wird gemäß § 96 SGB V je hälftig durch Vertretende der Ärztinnen und Ärzte und der Kassen besetzt. Der Vorsitz wird wechselseitig eingenommen. Für die Besetzung der Ärzteseite ist die jeweilige KV zuständig. Die Kassenverbände bestellen ihre Mitglieder. Damit sind die internen Strukturen der jeweiligen Seiten dafür zuständig, wie Personen in den Ausschuss kommen. Ein gewisses Maß an Freiwilligkeit und der Wunsch, im Zulassungsausschuss vertreten zu sein, ist möglich. Explizit sind die Vertretende nicht an Weisungen gebunden. Inwiefern sie dennoch bestimmte Positionen ihrer entsendenden Strukturen oder ihre eigene (persönliche) Meinung vertreten, kann nur vermutet werden.[25] Die Bedarfspläne an sich sind bei den Entscheidungen zwar die Grundlage, es gibt jedoch Handlungsspielräume. Es ist nicht auszuschließen, dass bei einer Besetzung mit selbst betroffenen Ärztinnen oder Ärzten (oder sogar Vertretenden der Kassen, die eine persönliche Bindung an die Entscheidung haben), möglicherweise voreingenommene Entscheidungen für oder gegen Zulassungen getroffen werden. Daneben werden die impliziten Positionen vertreten, die durch die Struktur der Zusammensetzung gegeben sind. Eine von Versicherten und den möglicherweise informierten Kassen wahrgenommen schlechte oder unzureichende Versorgung in einer Region kann ein positives Votum zugunsten einer Zulassung befördern. Ärztinnen und Ärzte könnten im Ausschuss eine Position vertreten, dass das (begrenzte) Honorarvolumen auf noch mehr Niedergelassene verteilt werden muss. Je nach Situation sind allerdings auch andere Konstellationen möglich. Erst eine Akteneinsicht in Protokolle und Entscheidungsgrundlagen (Gutachten, eingereichte Dokumente) kann im Nachhinein zeigen, welche Positionen eingenommen wurden.[26]

Autoritätsregeln im Bedarfsplan sind bedingt durch ausgelassene oder offen formulierte Elemente desselben sowie die freien Beurteilungsspielräume bei Entscheidungen. Die Landesbedarfspläne weisen dahingehend Unterschiede auf. So ist z. B. der niedersächsische Plan kurzgehalten und umfasst im Grunde nur eine Auflistung formaler Angaben, was der Plan darstellt. Ziele werden nicht formuliert. Andere Bedarfspläne haben eine sehr ausführliche Analyse der Datengrundlage sowie der verwendeten Annahmen, Ziele und zu verändernden Tatbestände. Einige Pläne überlassen in vielen Elementen dem Zulassungsausschuss viele Spielräume. So formuliert der Bedarfsplan in Mecklenburg-Vorpommern: *„Die bei der Erstellung dieses Bedarfsplans Beteiligten sind sich darüber einig, dass allein mit einer (Bedarfs-) Planung, also einer im Wesentlichen auf statistischen Daten und deren Auswertung beruhenden Schaffung der Grundlagen für die Zulassungsmöglichkeiten und die Verteilung von Ärzten und Arztpraxen im Land, keine ausreichende Sicherstellung der ambulanten Versorgung erreicht werden kann."* (KV Mecklenburg-Vorpommern, S. 13)

Wenig Spielraum scheint der Bedarfsplan in Westfalen-Lippe zu lassen: *„Die Vorgaben der Bundesrichtlinie werden grundsätzlich ohne Abweichungen für Westfalen-Lippe übernommen."* (KV Westfalen-Lippe, S. 9)

---

[25] Das wäre interessant, detaillierter zu untersuchen, z. B. durch Befragungen der Beteiligten. Dies würde den Rahmen der Arbeit allerdings sprengen.

[26] Diese Protokolle etc. sind ebenfalls nicht öffentlich verfügbar.

Der Zulassungsausschuss ist die alleinig entscheidende Instanz über die Niederlassung eines Arztes bzw. einer Ärztin, der bzw. die gesetzlich Versicherte zulasten der gesetzlichen Krankenkassen behandelt. Damit hat der Ausschuss eine hohe gesetzliche Autorität. Abgelehnte Niederlassungsansinnen können zwar über den Berufungsausschuss nach § 97 SGB V neu verhandelt und anschließend über die Sozialgerichtsbarkeit beklagt werden, diese Verfahren sind jedoch zeitaufwendig. Die zuständige Landesbehörde hat nur sehr begrenzt Einfluss auf die Beratungen und Entscheidungen des Zulassungsausschusses. Die Liste der Beratungen, bei denen ein Mitberatungsrecht (nicht Mitentscheidungsrecht) möglich ist, findet sich in § 96 Abs. 2a SGB V.

Die **Ausmaßregeln** auf der Landesebene umfassen die durch die Bedarfsplanung bzw. den Zulassungsausschuss überschaubaren Ergebnisse einer potenziellen Zulassung. Anders als einen einzelnen Antrag stellendes Individuum ist es die eigentliche Aufgabe des Bedarfsplans bzw. des Zulassungsausschusses, so zu entscheiden, dass die wirtschaftliche Tätigkeit der bereits niedergelassenen Ärztinnen und Ärzte gesichert ist und die flächendeckende Versorgung der Bevölkerung sichergestellt wird. Dazu muss das Ausmaß der Entscheidung in dieser Hinsicht geprüft werden. Dazu kann der Zulassungsausschuss als Grundlage per se die Planungsblätter des Bedarfsplans nutzen, um die Über- und Unterversorgung festzulegen. Ergänzende Gutachten, Stellungnahmen und Analysen sind genauso möglich. Ob immer das gesamte Ausmaß bei der Entscheidungsfindung betrachtet wird, lässt sich von außen nicht feststellen. Aber die Unterschiede der Bedarfspläne hinsichtlich langfristiger Betrachtung, z. B. durch Berücksichtigung von Altersstrukturen der Ärztinnen und Ärzte im Land, lassen vermuten, dass die gesamten Ausmaße von Planentscheidungen nicht immer berücksichtigt werden (vgl. Anlage).

Aggregationsregeln werden bestimmt durch die Einflussmöglichkeiten der Akteure auf Handlungssituationen. Der Zulassungsausschuss handelt nur auf Antrag. Welche Anträge von der Ortsebene gestellt werden, entscheidet er nicht. Allerdings besteht die Möglichkeit, im Rahmen einer Niederlassungsberatung auf der Landesebene Einfluss darauf zu nehmen, welche Anträge überhaupt gestellt werden. Einzelne Akteure können bei der Entstehung des Bedarfsplans und bei der Entscheidung im Zulassungsausschuss durch ihre Stimme, Wahl und Taktieren auf die jeweiligen Ergebnisse Einfluss nehmen. Im Aggregat ist die einzelne Stimme dann aber nur eine von mehreren.

Informationsregeln umfassen die Transparenz der Tätigkeit auf Landesebene. Die Termine der Sitzungen der Zulassungsausschüsse werden üblicherweise auf der Website des Ausschusses (oder jeweiligen KV) veröffentlicht. Welche Anträge behandelt werden und wer Mitglied im Ausschuss ist, wird allerdings nicht (immer) öffentlich gemacht. Die Informationen der KVBB sind insgesamt spärlich und nur auf Nachfrage erhältlich (KVBB 2023). Die KV Niedersachsen gibt sogar für die einzelnen Themenbereiche Ansprechpartnerinnen an (KVN 2023). Hessen hat konkrete Antragsfristen (KVH 2023 Abschnitt C). Bayern hat regionale Zulassungsausschüsse unbekannter Tätigkeitsform (KVBay 2023).

Auszahlungsregeln auf der Landesebene gibt es nur indirekt, da die Bedarfsplanung nur den Rahmen der Niederlassungsmöglichkeiten festlegt. Allerdings kann eine fehlerhaft oder schlecht vorgegebene Bedarfsplanung ihre eigentlichen Ziele verfehlen. Dann gibt es vielleicht zu wenig oder zu viele Ärztinnen und Ärzte an den falschen Orten mit der falschen Fachrichtung und einige Menschen sind unterversorgt oder das landesweite Honorar muss auf zu viele Praxen verteilt werden, sodass die finanziellen Bedingungen der Praxen unzureichend sind. Letzteres kann auch durch den Honorarverteilungsmaßstab und den darin festgelegten Grundlagen mitbestimmt werden. So steuert die KVBB z. B. die Förderung von hausärztlichen sowie pädiatrischen Praxen durch den Wegfall eines Regelleistungsvolumens, sodass immer 100 % der erbrachten Leistungen garantiert finanziert werden. Gleichzeitig sind dennoch die Niederlassungsmöglichkeiten von Kinderärztinnen und Kinderärzten je nach Region eingeschränkt (vgl. KVBB 2024).

3.2.3 Handlungsraum und Akteure

Der Handlungsraum auf der Landesebene besteht aus der Erstellung des Bedarfsplans an sich, den darauf basierenden Entscheidungen des Zulassungsschusses und der Festlegung des Honorarverteilungsmaßstabes. Dabei gibt es immer wieder Überschneidungen. Diese beginnen damit, dass der Zulassungsausschuss per se eigentlich nur in sogenannten offenen (also für die Zulassung nicht gesperrten) Planungsbezirken neue Niederlassungen erlauben kann. Der Entscheidungsraum ist dabei begrenzt auf die Festlegungen des Bedarfsplans. Ungenauigkeiten oder bewusst ausgelassene Elemente im Bedarfsplan erweitern implizit den Handlungsraum des Zulassungsausschusses bei der Entscheidungsfindung. Voraussetzung in allen Fällen ist das Interesse eines Akteurs auf der Ortsebene (siehe Abschnitt 3.3) zu Veränderungen, die seitens des Zulassungsausschusses genehmigt werden müssen. Im Weiteren wird der Handlungsraum potenziell eingegrenzt durch die Höhe des zu verteilenden Honorars laut Honorarverteilungsmaßstab. Der Bedarfsplan wiederum kann auch aufgrund des zu verteilenden Honorars beschränkt werden, wenn sichergestellt werden soll, dass die bestehenden Praxen wirtschaftlich aufrechterhalten werden sollen.

Akteure und Handlungssituationen werden auf der Landesebene durch die verhandelnden Tatbestände in den drei Handlungsräumen bestimmt. Beim Bedarfsplan sind laut § 99 SGB V die Akteure primär die KVen selbst. Es muss lediglich „Einvernehmen" mit den gesetzlichen Krankenversicherungen erfolgen. Die Landesbehörden können veränderte Pläne „beanstanden" und damit möglicherweise eine neue Handlungssituation initiieren. Sollte das Einvernehmen nicht möglich sein oder die Behörde den Plan beanstanden, muss der jeweilige Landesausschuss tätig werden. Dann kommt eine neue „Handlungssituation" zustande.[27]

Die Handlungssituationen kommt ergo erst zustande, wenn der Bedarfsplan angepasst werden muss oder soll. Das wird von den Akteuren selbst festgelegt bzw. im aktuellen Bedarfsplan festgehalten oder es erfolgt eine Orientierung an den Vorgaben der Bundesebene. Wie in der Übersicht in der Anlage erkennbar, unterscheiden sich die Anpassungsrhythmen der Länder. Anders verhält es sich beim Honorarverteilungsmaßstab. Dieser wird gem. § 87b SGB V auf der Landesebene „in Benehmen" mit den gesetzlichen Krankenkassen durch die KV ausgeführt. Der Landes-Punktwert („regionale Euro-Gebührenordnung") und das Gesamtbudget werden hingegen mit den Krankenkassen jeweils im Vorjahr vereinbart (§ 87a SGB V). Der Landesausschuss spielt erst dann eine Rolle für die Honorarverteilung, wenn in einem Gebiet „Unterversorgung" durch diesen festgestellt wurde. In dieser Handlungssituation sind budgetbegrenzende Elemente des HVM ausgesetzt (§ 87b Abs. 3).

Der Handlungsraum „Zulassungsausschuss" nimmt eine etwas andere Rolle ein. Er wird grundsätzlich nur dann aktiv, wenn es (auf Antrag zu Zulassungssachverhalten) erforderlich ist. Je nach Grund für die Aktivität unterscheidet sich das Entscheidungsgremium „Zulassungsausschuss" an sich nicht. Gemäß § 96 SGB V ist die paritätische Zusammensetzung aus Vertretenden der KV und der gesetzlichen Kassen vorgesehen, eine konkrete Zusammensetzung wie beim Landesausschuss nach 90 SGB V dagegen nicht. Ausnahmsweise werden den jeweiligen zuständigen Behörden auch auf bestimmte Sachverhalte eingegrenzte Mitspracherechte eingeräumt (§ 96 Abs. 2a SGB V). Es können weitere Akteure

[27] Der Landesausschuss wird gem. § 90 SGB V gebildet und in seiner Zusammensetzung (anders als der Zulassungsausschuss) konkret definiert: „Die Landesausschüsse bestehen aus einem unparteiischen Vorsitzenden, zwei weiteren unparteiischen Mitgliedern, neun Vertretern der Ärzte, drei Vertretern der Ortskrankenkassen, drei Vertretern der Ersatzkassen, je einem Vertreter der Betriebskrankenkassen und der Innungskrankenkassen sowie einem gemeinsamen Vertreter der landwirtschaftlichen Krankenkasse und der Knappschaft-Bahn-See. Über den Vorsitzenden und die zwei weiteren unparteiischen Mitglieder sowie deren Stellvertreter sollen sich die Kassenärztlichen Vereinigungen und die Landesverbände sowie die Ersatzkassen einigen. […]" (§ 99 SGB V, Abs. 2).

und gegebenenfalls Handlungssituationen ergänzt werden, wenn z. B. weitere niedergelassene Ärztinnen oder Ärzte (vor Ort) um Stellungnahme oder Qualitätszirkel um Gutachten gebeten werden oder anwaltliche Unterstützung von einer Seite (Ausschuss/einzelne Vertretungen im Ausschuss oder Antragsstellende) eingesetzt wird (vgl. KBV 2024).

Am Beispiel eines Antrages auf Zulassung in einem gesperrten Bezirk kann dies gezeigt werden (Abbildung 3.6). Der Akteur bzw. die Akteurin auf Ortsebene ist der Ansicht und hat den Wunsch, für eine Fachrichtung eine Niederlassung zu gründen, und beantragt daher eine Zulassung – eventuell wohlwissend, dass diese laut Bedarfsplan nicht vorgesehen ist. Es wird im Rahmen des Antrags eine umfassende Begründung erstellt, Stakeholder auf der Ortsebene (siehe nächstes Kapitel) werden aktiviert und eine Rechtsanwaltskanzlei wurde für die juristische Unterstützung eingebunden. Der Antrag landet in der Geschäftsstelle des Zulassungsausschusses und wird dort zunächst aufgrund interner Vorgaben bearbeitet. Das kann z. B. die Einsortierung in die Terminplanung sein, die Prüfung, ob alle erforderlichen Dokumente und Nachweise eingereicht wurden, Nachfragen beim bzw. bei der Antragsstellenden. Auch eine Vorprüfung kann vorgesehen sein. Dabei kann der Antrag bereits in verschiedenen vorgelagerten Handlungssituationen und durch interne Akteure gesichtet und „bearbeitet“ worden sein. Eventuell wird in diesem Stadium bereits entschieden, dass – aufgrund der im Antrag aufgeführten Begründungen oder aufgrund von informellen Fürsprachen durch Akteure der Ortsebene – zusätzlich weitere Personen, wie z. B. die entsprechende Fachgruppe, dazu befragt werden sollten, da vielleicht im Rahmen einer Ausnahmegenehmigung oder eines Sonderbedarfs eine Zulassung sinnvoll sein könnte. Vielleicht wird auch eine Datenanalyse gemacht, inwiefern ein zusätzlicher Bedarf begründet sein könnte oder ob regionale (z. B. verkehrstechnische) Besonderheiten erkennbar sind. Außerdem wird die aktuelle Honorarverteilung für dieses Fachgebiet analysiert. Erst im Anschluss an diese vorgelagerten Handlungssituationen wird der Antrag in einer Sitzung des Zulassungsausschusses beraten. Inwiefern die vorgelagerten Handlungssituationen bzw. deren Ergebnisse wirklich eine Rolle spielen, ist nicht zu sagen und kann gegebenenfalls höchstens der Begründung für die Annahme oder Ablehnung des Antrags entnommen werden. Mit der Entscheidung des Zulassungsausschusses ist das Ende des Prozesses noch nicht zwangsläufig erreicht. Es besteht anschließend noch die Möglichkeit seitens des/der Antragsstellenden oder anderen direkt Betroffenen (z. B. unmittelbare „Konkurrenten“), Widerspruch gegen die Entscheidung des Zulassungssauschusses beim Berufungsausschuss gem. § 97 SGB V einzulegen und eventuell anschließend die Sozialgerichtsbarkeit einzubinden. Dadurch kann das Verfahren ganz oder teilweise noch mal von vorne beginnen.

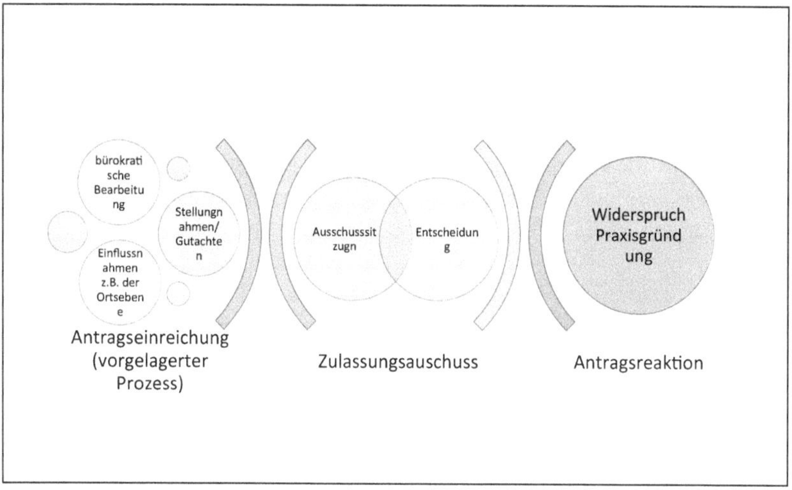

Abbildung 3.6 Handlungssituationen auf Landesebene; Bsp. Antrag auf Zulassung im gesperrten Bezirk. (Eigene Darstellung)

Bei einem Antrag auf Zulassung oder anderen Anträgen in einem nicht gesperrten Bezirk sähe die Darstellung wesentlich einfacher aus, weil nach einer bürokratischen Verarbeitung umgehend eine Entscheidung des Zulassungsausschusses erfolgt und eine Ablehnung dabei lediglich aus formalen Gründen möglich ist.

Diese ausgeführten Elemente ergeben auf der Landesebene zusammen ein Interaktionsmuster hinsichtlich Zulassung(-soptionen) in Form von Auswahlentscheidungen für oder gegen eine formelle Zulassung. Die Interaktionen, die dazu führen, kreisen um vier wesentliche Elemente:

- die wirtschaftliche Situation im Land und dem zur Verfügung stehenden Gesamtbudget,
- den regionalen Besonderheiten und begründeten Bedürfnissen (im Sinne der Sicherstellung der Versorgung),
- den möglichen Widersprüchen und/oder anderen Formen von Einflussnahme durch Stakeholder und/oder Antragsstellenden sowie
- formellen Gründen (z. B. den vollständig eingereichten Dokumenten).

Die in Abbildung 3.7 dargestellten einzelnen Elemente fließen nicht gleichwertig in die Entscheidung ein. Vielmehr nehmen sie je nach Bundesland und Entscheidungsvorlage und den sich unterscheidenden Rules-in-Use eine größere oder kleiner Bedeutung ein. Das kann in der Summe vor allem dann zu Benachteiligungen führen, wenn im Verhältnis zu den anderen Elementen z. B. die wirtschaftliche Situation in Form der verfügbaren Budgets signifikant von anderen Ländern nach unten abweicht und damit eine größere Bedeutung einnimmt als in anderen Ländern.

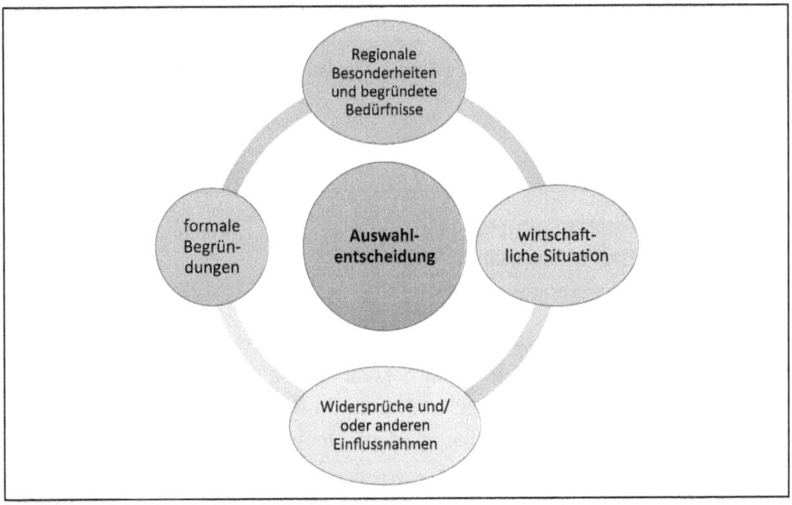

Abbildung 3.7 Interaktionselemente auf der Landesebene/Bedingungen der Auswahlentscheidung. (Eigene Darstellung)

Ergänzend dazu finden sich die Vorgaben in den § 99–105 SGB V seitens der Bundesebene, die mehr oder weniger formalrechtlich einfließen (und gegebenenfalls über den Rechtsweg in die konkrete Versorgung einfließen). Sie umfassen unter anderem wie im vorhergehenden Kapitel dargestellt:

- die Ziele und Erfordernisse der Raumordnung und Landesplanung sowie der Krankenhausplanung (§ 99 Abs. 1. Satz 2)
- regionale Besonderheiten, insbesondere der regionalen Demografie und Morbidität, für eine bedarfsgerechte Versorgung (§ 99 Abs. 1. Satz 2)
- konkrete Vorgaben bei Unterversorgung (§ 100)

- konkrete Vorgaben bei Überversorgung (§ 101)
- die Auswahlvorgaben bei mehreren Kandidatinnen und Kandidaten (§ 103 Abs. 4)

Hinzu kommen die Bedingungen und letztendlich die Interaktionsmuster auf der Ortsebene, die im Folgenden betrachtet werden.

3.3 Umsetzung vor Ort: die Praxisgründung

Während der Rahmen der Bedarfsplanung auf der Bundes- und Landesebene erfolgt, passiert vor Ort die eigentliche Umsetzung in Form der Niederlassungsentscheidung von Ärztinnen und Ärzten bzw. die Entscheidung von Krankenhausträgern oder anderen Trägern, eine Niederlassung zu gründen. Die Optionen der Formen der Praxisgründung sind (mittlerweile) vielfältig. Es gibt die klassische (und von vielen KVen und der KVB auch lange präferierte) Version einer freiberuflichen Einzelpraxis (vgl. Smetak 2019). Zunehmend finden sich aber auch Berufsausübungsgemeinschaften aus mindestens zwei Ärztinnen und Ärzten, Medizinische Versorgungszentren in unterschiedlicher rechtlicher Ausgestaltung und Kombinationen aus Arzt/Ärztin mit angestellten Ärztinnen und Ärzten. Welche Option rechtlich möglich ist, ist auf der Bundesebene per Gesetz festgelegt (siehe Abschnitt 3.1). Auf der Landesebene wird über die Zulassung eine Niederlassung oder Anstellung von Ärztinnen und Ärzten bzw. der Gründung eines MVZ via Zulassungsausschuss beschieden. Welche Form lokal konkret beantragt wird, entscheiden die Akteure vor Ort.

Für die individuelle Entscheidung auf der Ortsebene sind einige Faktoren entscheidend. Diese werden unterschiedlich gewichtet und bewertet (vgl. Barth et al. 2017; Schäfer 2022). Folgende Gründe können entscheidend sein:

- die vorgelegten Möglichkeiten der Landesbedarfsplanung
- die individuellen Präferenzen und (fachlichen) Hintergründe
- Wirtschaftlichkeitsberechnungen und Fördermöglichkeiten
- die Option einer Praxisübernahme
- infrastrukturelle Bedingungen (Praxisräume, Wege u. a.)
- die Verfügbarkeit von Praxispersonal (ins. Medizinischer Fachangestellten)
- der (angenommene) Bedarf für Versorgung mit der spezifischen medizinischen Fachrichtung

3.3.1 Bedingungen und Gemeinschaft

Mit Blick auf die o. g. Entscheidungsfaktoren zeigt sich bereits, dass die physischen und materiellen Bedingungen vor Ort eine wesentliche Rolle spielen. Faktoren wie Arbeitslosigkeit können mit der Dichte von Ärzten in der Region zusammenhängen (Aretz et al. 2024). Insbesondere beim Thema Infrastruktur gibt es zudem lokale Unterschiede, die eine Praxisgründung begünstigen oder verhindern können. Fehlende Parkmöglichkeiten, ÖPNV-Anbindungen, Verfügbarkeit von (ausreichend) Internetkapazitäten und andere Parameter spielen eine Rolle (vgl. Ruck 2023, S. 8).

Eine Praxisgründung setzt wie jede andere Entscheidung zur Standortwahl eine Wirtschaftlichkeitsbetrachtung voraus. Weiche Standortfaktoren spielen dabei ebenso eine Rolle wir harte. Weiche Standortfaktoren lassen sich eher dem Bereich der „Eigenschaften der Gemeinschaft" zuordnen. Mit physischen und materiellen Bedingungen sind harte Faktoren gemeint. Die Verfügbarkeit von geeigneten Praxisräumen oder Flächen für den Bau von Gebäuden für Praxisräume sind regional sehr unterschiedlich. Nicht alle Gewerbeobjekte eigenen sich aufgrund der Vorgaben bezüglich Hygiene, Raumgröße und gegebenenfalls Barrierefreiheit[28] als Räume für die medizinische Versorgung. Die Verkehrsanbindungen per Pkw und ÖPNV sowie die Verfügbarkeit von Parkplätzen kommt bei der Standortanalyse ebenfalls hinzu. Nicht zu unterschätzen ist auch die Frage nach geeignetem nicht-medizinischen Fachpersonal. Üblicherweise werden die Ärztinnen und Ärzte durch Medizinische Fachangestellte unterstützt. Die Ausbildung dieser dauert im Regelfall drei Jahre und erfolgt wiederum in Praxen (Bundesärztekammer 2006). Daher können bestehende Unterschiede in der Verteilung von Praxen Auswirkungen auf die Verfügbarkeit dieser mittlerweile raren Fachkräfte haben (vgl. Oettel 2017).

Die Standortwahl wird außerdem bestimmt durch die in der Bedarfsplanung festgelegten Zulassungsmöglichkeiten. In „gesperrten" Bezirken ist eine Niederlassung als kassenärztliche Praxis dann nur im Zuge einer Übernahme einer bereits bestehenden Praxis möglich. Dies erfolgt oftmals durch den Kauf eines Sitzes. Dabei fließen nicht unerhebliche Mittel, um begehrte Sitze zu erlangen (vgl. KVB 2008).[29] Der Kauf umfasst je nachdem auch die Übernahme

---

[28] Barrierefreiheit für eine Praxis ist zwar laut Bedarfsplanungsrichtlinie erwünscht, aber derzeit noch nicht verpflichtend (vgl. § 4 Abs. 1 Satz 3 BPL-RL).

[29] Die Berliner Sparkasse bietet eine Checkliste zur Praxisübernahme/-verkauf an: https://www.berliner-sparkasse.de/fi/home/ratgeber/ratgeber-heilberufe/alltag/praxiswertermittlung-wie-viel-ist-ihre-praxis-wert.html. Das ist ein Zeichen dafür, dass es hier um relevante Verkaufssummen geht.

der Praxisräume und -ausstattung oder lediglich der Zulassung. Selbst bei nicht gesperrten Regionen umfasst die Niederlassungsentscheidung eine Überlegung, inwiefern ausreichend Patientinnen und Patienten attrahiert werden können – sowohl Kassen- als auch Privatpatientinnen und -patienten. Ein Fehlen von potenziellen Privatpatientinnen und -patienten kann gegen die Niederlassung sprechen, vor allem vor dem Hintergrund, dass die Behandlung auf Privatleistung deutlich höher vergütet wird als Kassenleistungen. Damit haben Regionen einen Nachteil (bei der Niederlassungserwägung), die aufgrund z. B. geringerer Löhne und weniger Beamtinnen und Beamten[30] weniger potenzielle Privatleistungen eintragen. Laut Auswertungen der Privaten Krankenversicherungen (PKV) werden ca. 20 % der Einnahmen einer Praxis aus Privatpatientinnen und -patienten generiert (Bahnsen/Wild 2023, S. 16). Analysen zeigen, dass es hier stetige regionale Unterschiede gibt (Hoffmann/Koller 2017). Inwiefern die Anzahl der Privatversicherten direkt auf die Niederlassungsentscheidung von Ärzten und Ärztinnen wirkt, wurde bisher nur wenig und mit sehr unterschiedlichen Ergebnissen untersucht (z. B. bei Dräther/Kneißl 2019; Arentz 2019).

Hinzu kommt die Existenz von konkurrierenden und/oder ergänzenden Angeboten. Konkurrierende Angebote können z. B. die unmittelbare Nähe einer Klinik mit Ärztinnen oder Ärzten mit besonderen Ermächtigungen sein. Das wiederum kann – je nach Fachrichtung – eine Niederlassung allerdings begünstigen, weil diese sich gegebenenfalls mit dem eigenen Angebot ergänzen. Begünstigen kann auch die Nähe einer Apotheke, eines orthopädischen Fachgeschäfts, einer überweisenden Praxis einer anderen Fachrichtung und Vergleichbares. Fehlende Angebote einer Region können zu mangelhaften Anreizen zur Niederlassung führen und so können sich bereits bestehende Ungleichheiten im Sinne einer Pfadabhängigkeit perpetuieren. Im Falle von institutionellen Entscheiderinnen und Entscheidern (z. B. Verantwortliche im Krankenhaus, die ein MVZ gründen wollen) spielt außerdem eine Rolle, ob die anzustellenden Ärztinnen und Ärzte in der notwendigen Zahl (und zum gewünschten Preis) vorhanden sind. Hinzu kommen Unterschiede bei regionalen Arbeitszeitrahmen. Während die 40-Stunden-Woche in vielen Betrieben in Ostdeutschland noch sehr weit verbreitet ist, sind in anderen Regionen 38,5 Stunden gang und gäbe. Für Medizinische Fachangestellte gibt es zwar einen Tarifvertrag des Virchowbundes zur Bezahlung und Arbeitszeit, einheitliche Vorgaben oder einen allgemein verbindlichen Tarifvertrag jedoch nicht (Virchowbund 2023). Auch die Verteilung der Arbeitszeit insgesamt ist deutschlandweit nicht einheitlich. Für Arztpraxen ist mit dem

[30] Beamtinnen und Beamte, freiberuflich Tätige u. a. sowie Angestellte mit Löhnen oberhalb der Beitragsbemessungsgrenze (siehe § 223 Abs. 3 SGB V) können sich privat versichern.

TSVG eine Mindestsprechstundenzeit von 25 Stunden vorgegeben. Wie diese verteilt werden, ist der Praxis selbst überlassen. Eine Umfrage im Auftrag des GKV-Spitzenverbandes (GKV-SV) zeigt große Unterschiede in der Anzahl und Ausgestaltung der Sprechstunden, wobei wenige Sprechstunden Mittwoch- und Freitagsnachmittags, abends oder am Wochenende stattfinden (GKV-SV 2021). Der Bundesmantelvertrag legt in § 17 nur fest: „*Bei der Verteilung der Sprechstunden auf den einzelnen Tag sind die Besonderheiten des Praxisbereiches und die Bedürfnisse der Versicherten (z. B. durch Sprechstunden am Abend oder an Samstagen) zu berücksichtigen.*" Je nach Region werden diese Zeiten und/oder Zeiten am Rand von üblichen Kernarbeitszeiten (die sich auch unterscheiden) mehr nachgefragt.

Wie bereits erwähnt umfassen die Eigenschaften der Gemeinschaften bei der Praxisgründung unter anderem sogenannte weiche Standortfaktoren. Die lokalen Rahmenbedingungen können eine Rolle spielen, wenn es z. B. persönliche Animositäten (oder das Gegenteil) mit anderen medizinischen Einrichtungen vor Ort oder sogar politischen Entscheidungsträgern gibt. Da auch der Zulassungsausschuss durch niedergelassene Ärztinnen und Ärzte besetzt wird, sind persönlich geprägte Entscheidungen aus lokalen Erwägungen heraus möglich. Persönliche Präferenzen der Ärztinnen und Ärzte wie z. B. eine lokale Verbundenheit, die Arbeitsplatzwahl der bzw. des Partners bzw. Partnerin u. a. können eine Rolle spielen (vgl. Bundesamt für Bauwesen und Raumordnung 2015, S. 49). Daneben gibt es eventuell Faktoren wie das Image der Region, die Arbeitsmentalität oder ein wie auch immer geartetes Wirtschaftsklima.

Bei der Entscheidung für oder gegen die Gründung eines MVZ kann hinzukommen, dass MVZ in einigen Regionen emotional anders wahrgenommen werden als z. B. in Ostdeutschland, wo die früheren Polikliniken die Vorläufer der heutigen MVZ darstellen und damit einen anderen Stellenwert haben (könnten).[31]

3.3.2 Regeln

Die gebräuchlichen Regeln bei der Praxisgründung umfassen vor allem die private Entscheidung des jeweiligen Arztes bzw. der jeweiligen Ärztin, Praxisaufgebende und – im Falle von institutionellen Praxisgründenden – die in deren Institution

[31] Tatsächlich gab es im Zuge der Einigungsverträge und der nachfolgenden Diskussion um die Rolle der sog. Polikliniken eine Art Waffenstillstand, indem die noch existierenden Polikliniken in der heutigen Form des MVZ weiterleben durften (vgl. Ärztezeitung 2015).

vorherrschenden Regelungen. Darüber hinaus bestehen Regeln im Zusammenwirken mit Vermietenden von Praxisräumen, zuständigen Behörden und anderen lokalen Akteuren – entweder aufgrund formeller Regeln (z. B. bezüglich der Genehmigung der Nutzung von Räumen als Praxisräume) oder im allgemeinen Umgang miteinander. Beim allgemeinen Umgang miteinander spielen kommunikative Aspekte eine größere Rolle als regelartige Formen der Zusammenarbeit. Umso mehr Bedeutung erlangen im Konfliktfall formelle Regeln.

Grenzregeln formaler Art sind auf der Ortsebene vor allem bestimmt durch die Zulassungsbezirke, die auf der Landesebene festgelegt werden. Vor Ort bestimmt werden Standortvorgaben hinsichtlich der örtlichen Grenze einer Standortermittlung. Praxen gelten gemeinhin als sogenannte „stille Gewerbe". Damit sind sie – anders als Industriebetriebe oder Ladengeschäfte – nicht darauf angewiesen, in ausgewiesenen Gewerbe- oder Handelsgebieten zu liegen. Sie sind aber nicht eigentlich Wohnungen im Sinne des § 3 Baunutzungsverordnung. Gem. § 3 Abs. 2 Nr. 2 können sie „gesundheitlichen [...] Zwecke" dienen und damit zugelassen werden. Über die Genehmigung entscheidet die lokal zuständige Behörde und für Änderungen im Flächennutzungsplan auch die Gemeindevertretungen. Welche (lokal) gebräuchlichen Regeln Grenzen setzen, kann sich unterschiedlich darstellen.

Positionsregeln ergeben sich auf der Ortsebene vor allem durch das persönliche bzw. institutionelle „Standing" derjenigen, die sich niederlassen wollen. Beispielsweise kann ein Krankenhaus mit einem guten Ruf in der lokalen Bevölkerung vor Ort eher Unterstützung erlangen, z. B. bei der Suche nach Räumlichkeiten und Behördengängen. Eine anerkannte Kinderarztpraxis, die eine Nachfolge sucht, wird von der Bürgermeisterin jede gewünschte Unterstützung erfahren. Bei der Positionierung vor Ort spielen mit hoher Wahrscheinlichkeit historische und persönliche Komponenten eine sehr wichtige Rolle. Hinzu kommt der vor Ort wahrgenommene Bedarf nach Praxen (bestimmter Fachrichtung), die zur ablehnenden oder unterstützenden Positionierung führen. Zu ergänzen ist auch die Wettbewerbsposition vor Ort. Bereits existierende Praxen der gleichen Fachrichtung können ablehnende Positionen einnehmen. Ergänzende Fachrichtungen werden zustimmende Positionen einnehmen, wenn sie künftig ihre Patientinnen und Patienten zur Mit- oder Weiterbehandlung in eine Praxis in der Nähe verweisen können.

Die **Autoritätsregeln** auf der Ortsebene sind ähnlich den Positionsregeln sehr vage und werden in den informellen Strukturen der Ortsebene zu finden sein. Lokale „Autoritäten", wie z. B. der Hausarzt in der Dorfgemeinde oder eine gut etablierte Wählergemeinschaft, können sich mehr Gehör verschaffen als dies Neuzugängen möglich sein mag. Dies kann bei der Standortwahl bedeutsam sein.

Da die letztendliche Entscheidung über die Erlaubnis einer Niederlassung als Kassenärztliche Praxis die Landesebene trifft, haben lokale Fürsprechende sowie die bzw. der Praxisgründende selbst mit lokaler Kraft nur so viel Einfluss wie ihre Autorität auf nächster Ebene (Land) vorhanden ist. Aus Sicht der Praxisgründenden oder bereits Niedergelassenen kann daher ein Engagement auf der Landesebene (oder sogar auf der Bundesebene) interessant sein.

Aggregationsregeln für die Akteure vor Ort lassen sich nur schwer von den Autoritäts- und Positionsregeln unterscheiden. Aus der Perspektive derjenigen, die sich niederlassen wollen, besteht der Einfluss aus den beiden anderen Regeln und der Möglichkeit, die Niederlassung vorzubereiten. Eine Niederlassungsvorbereitung umfasst – neben der Antragsstellung beim Zulassungsausschuss – ein überzeugendes Angebotsportfolio. Die Ausgestaltung hängt davon ab, wer überzeugt werden muss, sich für die Niederlassung einzusetzen (lokale Stakeholder, Behörden, Vermietende u. a.) und für welche Klientel an Patientinnen und Patienten die Praxis zuständig sein soll bzw. möchte. Letzteres ist vor allem nach der Zulassung relevant, weil Patientinnen und Patienten das Angebot annehmen sollten, sodass die Praxis abrechnungsrelevante Fälle behandeln kann. Lokale Stakeholder, die z. B. keine Praxisräume anbieten wollen, können die Niederlassungsentscheidung signifikant beeinflussen. Patientinnen und Patienten, die entweder nicht vorhanden oder aus anderen Gründen massiv abgeneigt sind oder wenn der eigentliche Bedarf gar nicht vorhanden ist, bedeuten ebenso, dass die Einflussmöglichkeit derjenigen mit Niederlassungswunsch eingeschränkt ist.

Auf der Ortsebene werden die Ausmaße eine Niederlassung (oftmals) nur in der lokalen Bedeutung wahrgenommen. Dass für eine Zulassung in einem gesperrten Bezirk eine andere Praxis der gleichen Fachrichtung schließen musste oder die landesweiten Honorare auf mehr Praxen verteilt werden müssen, hat vor Ort per se keine Bedeutung. In der Vorbereitung auf eine Niederlassung müssen Praxisgründende diese Ausmaße allerdings berücksichtigen, da diese auf Landesebene geprüft werden.

Formelle **Informationsregeln** gibt es auf der Ortsebene nur wenige. Der KV muss die Inbetriebnahme der Praxis mitsamt den Öffnungszeiten gemeldet werden. Über ein Praxisschild sind Öffnungszeiten kundzugeben (vgl. u. a. § 17 Bundesmantelvertrag Ärzte (BMV-Ärzte) und ggf. die jeweiligen Landesregelungen), eine Meldung beim Finanzamt ist notwendig und Ähnliches. Auch das zuständige Gesundheitsamt muss eventuell informiert werden.[32] Eine Verpflichtung, den Start der Praxis anderweitig anzukündigen, besteht nicht. Allerdings

[32] Dies ist geregelt im jeweiligen Landesgesetz zum öffentlichen Gesundheitsdienst. Meist informiert die KV auch über die entsprechenden Bedingungen.

ist in den meisten Fällen davon auszugehen, dass die Praxisbetreibenden zum Zwecke der Patientenakquise mehr tun, als ein Praxisschild aufzuhängen. Die digitalen Medien, Presseankündigungen, Flyer und andere Werbemaßnahmen sind die gängigsten Mittel zur Werbung für die Praxis. Als sinnvoll wird die persönliche Vorstellung im Fachkreis (andere Praxen der Gegend oder im nächstgelegenen Krankenhaus) gesehen, um mögliche Überweisende und/oder Vertretende kennenzulernen. Zudem besteht die Möglichkeit, Kooperationen z. B. mit Pflegeheimen einzugehen. Stakeholder wie z. B. Gemeindeverantwortliche haben oft auch ein Informationsinteresse. Darüber hinaus gibt es in Sachen Qualitätsmanagement Veröffentlichungspflichten gegenüber der KV sowie Meldepflichten aus dem Infektionsschutzgesetz (KVBB 2024b).

Jede Niederlassungsentscheidung impliziert die notwendige betriebswirtschaftliche Betrachtung eines Praxisbetriebs für Praxisbetreibende. **Auszahlungsregeln** an dieser Stelle werden bestimmt durch die Kalkulation der Kosten für den Praxisbetrieb und die Einnahmen aus der Tätigkeit. Die Differenz zwischen Einnahmen und Ausgaben ist die Auszahlung. Die Kosten sind regional unterschiedlich, allein schon durch unterschiedliche Gehaltsniveaus für die pflegerischen Kräfte bzw. MFA und gegebenenfalls ärztlichen Angestellten. Die Einnahmen unterscheiden sich ebenfalls standortabhängig.[33] Die Behandlung gesetzlich Versicherter und die entsprechenden Zahlungen durch die kassenärztliche Vereinigung sind dabei nur eine Komponente der Einnahmenseite. Hinzu kommen Selbstzahlerleistungen sowie Zahlungen durch privat Versicherte. Da letztere im Rahmen der Gebührenordnung Ärzte (GOÄ) höher vergütet werden, können diese entscheidende Werte bei der betriebswirtschaftlichen Betrachtung annehmen. Welche Höhe der Auszahlung (als Gewinn oder Unternehmerlohn) erwünscht ist, mag individuell unterschiedlich sein. Aber allein durch die regional unterschiedliche Bevölkerungsstruktur und Kaufkraft ist der Anteil der potenziellen Selbstzahlenden und privat Versicherten eventuell für eine Standortentscheidung relevant (vgl. Sundmacher 2016; Hagemeister/Wild 2019; Ochmann 2020). Für die Zulassung selbst ist der Unterschied nicht relevant, da die Verhältniszahlen für den Bedarfsplan mit wenigen Ausnahmen auf Basis der Einwohnerinnen und Einwohner je Arzt bzw. Ärztin und nicht auf Basis gesetzlich Versicherter erfolgt. In Berlin gibt es aufgrund dessen und der Tatsache, dass Gesamt-Berlin als ein Zulassungsbezirk behandelt wird, punktuell zu wenig Ärztinnen und Ärzte, insb. für die allgemeinmedizinische Versorgung. Für Ärztinnen und Ärzte (oder andere

[33] Es gibt keinen allgemeinverbindlichen Tarifvertrag für MFA, lediglich einen Gehaltstarifvertrag und Manteltarif (vgl. Bundesärztekammer 2024; Virchowbund 2024), die als Orientierung dienen können.

Praxisbetreibende) besteht ein Anreiz. die Praxiseinnahmen durch Privatpatientinnen und -patienten aufzubessern. Und das gestaltet sich in wohlhabenderen Gegenden mit mehr privat Versicherten einfacher als in Bezirken mit nahezu 100 % gesetzlich Versicherten.[34] *„Insgesamt machen die niedergelassenen Ärzte etwa 30 Prozent ihres Umsatzes mit Privatpatienten, […], die aber nur 15 Prozent der Bevölkerung ausmachen*“ (Knieps/Reiners, S. 225)[35]. Die Verteilung der Privatpatienten ist nicht regional gleich (vgl. Arentz 2017; Onoi et al. 2014).

Indirekt als Auszahlung bezeichnet werden könnte – aus Sicht der Bevölkerung und anderer Stakeholder einer Arztpraxis – das durch die Praxis angebotene Leistungsspektrum. Hierbei steht außer Frage, dass die meisten Stakeholder (mit Ausnahme der unmittelbaren Wettbewerber, die möglicherweise Patientinnen und Patienten verlieren) weitere Praxen begrüßen (vgl. Ruck 2023, S. 5). Der Grund kann in dem Wunsch nach kürzeren Wartezeiten und Fahrtwegen, aber auch in möglicher Unzufriedenheit mit dem derzeitigen Arztspektrum oder der Option von Zweitmeinungen liegen. Man verspricht sich eine unmittelbare „Auszahlung“ von mehr und besseren Leistungen. Für einige Stakeholder kann eine geglückte Zulassung als politischer Gewinn (im Fall z. B. eines Bürgermeisters, der „einen Arzt in die Stadt geholt hat“) wahrgenommen werden (Ruck 2023). Vermietende haben einen zahlenden Mieter, die Apotheke in der Nähe hat mehr Zulauf usw.

Wie sich zeigt, spiegeln sich in den „gebräuchlichen Regeln“ auf der Ortsebene klassische Elemente einer betriebswirtschaftlichen Standortentscheidung wider.

3.3.3 Handlungsraum und Akteure

Der Handlungsraum der Ortsebene besteht im Wesentlichen aus der Gemeinde, dem Zulassungsbezirk und zu einem kleinen Maß aus den darüber liegenden Ebenen. Bei der Landesebene ist vor allem der Handlungsraum des Zulassungsausschusses relevant für die Niederlassung. Die Akteure in den Räumen können sich unterscheiden, müssen aber nicht.

Die Akteure bewegen sich im Handlungsraum auf der Gemeindeebene am zentralen Punkt der Versorgung. Die Stadt/Dorf- oder Kiezgemeinde umfasst zunächst einmal die gesamte Bevölkerung, die potenziell medizinischen Bedarf

---

[34] Wie bereits erwähnt, sind bereits existierende Analysen dazu nicht wegweisend (z. B. bei Dräther/Kneißl 2019; Arentz 2019; Ochmann et al. 2020). Ausführlichere datenbasierte Forschung dazu wäre wichtig.

[35] Die Anteile der Umsätze durch Privatpatientinnen und Patienten schwanken regional und nach Arztgruppe (vgl. Hagemeister/Wild 2019, S. 7).

im ambulanten, wie im stationären Sektor hat. Letztlich sind Individuen entscheidend für die Niederlassung. In einem ersten Schritt muss es einen Facharzt oder eine Fachärztin[36] geben, die gewillt ist, ambulant zu arbeiten. Dann muss dieser Arzt oder die Ärztin oder ein anderer Akteur bzw. eine andere Akteurin gewillt sein, das betriebswirtschaftliche Risiko einer Praxisgründung/-übernahme sowie -führung einzugehen. Der Handlungsraum ist damit für diese Akteursseite als „ambulante Praxis“ in Gänze zu sehen. Das umfasst die Gründung bzw. Übernahmen, die ambulante Tätigkeit und die Betriebsführung. Hinzu kommt der Handlungsraum der „Gemeindepolitik“, die sich bezüglich der allgemeinen Rahmenbedingungen für die Niederlassung engagieren kann, indem z. B. praktische Unterstützung seitens der Verwaltung bei behördlichen Angelegenheiten oder die Ausweisung von entsprechenden gewerblich nutzbaren Immobilien erfolgen kann. Ebenso kann allerdings das Gegenteil passieren.

Der Handlungsraum „lokales Gesundheitswesen“ erfasst den versorgenden und zu versorgenden Akteurskreis der Ortsebene. Das sind auf der einen Seite alle ergänzenden Bereiche, die mit der Versorgung mit Gesundheitsdienstleistungen zu tun haben: Apotheken, Orthopädiefachgeschäfte, andere (auch konkurrierende) Praxen, therapeutische Einrichtungen und Pflegeeinrichtungen (ambulant und stationär) sowie im gewissen Maße auch der der öffentliche Gesundheitsdienst.[37] Hinzu kommt die zu versorgende Bevölkerung. Das sind Patientinnen und Patienten sowie deren Angehörige. Dabei muss unterschieden werden zwischen den gesetzlich Versicherten und den privat Versicherten[38], da diese unterschiedliche Praxisklientel ausmachen. Dieser Unterschied kann sich darstellen in einer anderen Wahrnehmung der Versorgung als auch einer anderen Inanspruchnahme (vgl. Ochmann et al. 2020; Huber et al. 2012, Lüngen et al 2003). Darüber hinaus sind die verpflichtenden Sprechstunden für Kassenärztinnen und -ärzte rechtlich (theoretisch) nur für gesetzlich Versicherte vorzuhalten (§ 17 Abs. 1a BMV-Ärzte). Ebenso hat sich in verschiedenen Umfragen und Studien gezeigt, dass privat Versicherte anders behandelt werden als gesetzlich Versicherte (vgl. Klein

---

[36] Der Facharztstatus ist eine Voraussetzung für die ambulante, kassenärztliche Niederlassung.

[37] Der öffentliche Gesundheitsdienst (ÖDG) hat eigene Versorgungsaufgaben wie z. B. die Schuleingangsuntersuchungen und Infektionsschutzmaßnahmen. Gleichzeitig hat er als Teil der Verwaltung überwachende Funktionen z. B. Hygienekontrollen. Er befindet sich somit zwischen den beiden Handlungsräumen „Gemeindepolitik“ und „lokales Gesundheitswesen“.

[38] Genau genommen müssten auch die Selbstzahlenden bzw. Unversicherten berücksichtigt werden. Deren Rolle und Aktivität im ambulanten Praxisgeschehen ist allerdings u. a. aufgrund der geringen Anzahl schwer einzuordnen.

et al. 2022, Zok 2007, Ziegenhagen et al. 2004). Eine Übersicht über die Akteure der verschiedenen Räume findet sich in Abbildung 3.8. Die Interaktionsmuster ergebenen sich unmittelbar aus dem Zusammenspiel der Akteure und den Handlungssituationen (Abbildung 3.3).

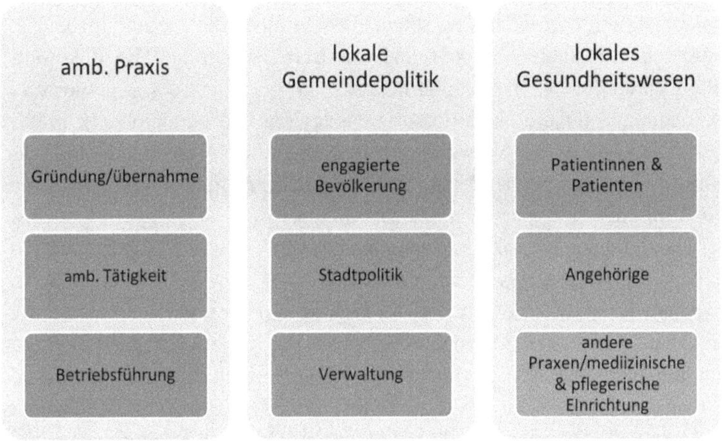

Abbildung 3.8 Akteure und Handlungsräume auf Ortsebene. (Eigene Darstellung)

Die Handlungssituationen sind dann für jeden Handlungsraum unterschiedlich. Ausgangspunkt ist die ambulante Praxis und welcher Zeitpunkt betrachtet wird: die Gründung bzw. Übernahme, die ambulante Tätigkeit und die Betriebsführung. Jeweils zu unterschiedlichen Zeitpunkten gibt es Interaktionen. Aus Sicht der Bedarfsplanung lässt sich – für eine Analyse von potenziellen Benachteiligungen – ein Muster vor allem rund um den Punkt der Praxisgründung bzw. -übernahme näher betrachten. Hierbei lassen sich zusammenfassend mehrere Optionen unterscheiden:

1. Praxisaufgabe und Übernahme in einem für die Zulassung nicht gesperrten Gebiet
2. Praxisaufgabe und Übernahme in einem für die Zulassung gesperrten Gebiet
3. Praxisneugründung in einem offenen Zulassungsbezirk
4. Praxisneugründung in einem nicht offenen Zulassungsbezirk
5. Praxisübernahme oder -neugründung in einem Gebiet, bei dem die Zulassung gegebenenfalls möglich ist z. B. im Rahmen eines „Sonderbedarfs" oder „regionalen Besonderheiten"

Diese Optionen haben unterschiedlichen Implikationen:

(1) In einem für die Zulassung nicht gesperrten Gebiet findet die Interaktion primär zwischen bisherigem Praxisbetreibenden und Übernahmeinteressierten statt. Hierbei wird ein privatrechtlicher Vertrag zwischen zwei Personen zur Praxis- und Sitzübernahme abgeschlossen. Das ist nicht unähnlich einer gewerblichen Betriebsübernahme. Die einzige Besonderheit ist, dass der Zulassungsausschuss die Sitzübernahme genehmigen muss. Im Fall eines nicht-gesperrten Gebietes ist das eine Formalie, solange die grundsätzlichen Voraussetzungen wie der Eintrag ins Arztregister und der Facharztstatus vorhanden sind. Alle anderen Akteure haben de facto weder Mitspracherechte noch Einflussmöglichkeiten.
(2) Anders sieht das bei einer Praxisaufgabe und Neugründung in einem für die Zulassung gesperrten Bezirk aus. Hierbei kann (eigentlich muss) der Zulassungsausschuss die Übernahme des KV-Sitzes untersagen, wenn dadurch eine Überversorgung entsteht. Wenn lediglich der bestehende Versorgungsgrad (ohne Überversorgung) aufrechterhalten wird, kann der Zulassungsausschuss die Zulassung ggf. dann untersagen, wenn gleichzeitig eine andere Zulassung für das gleiche Fachgebiet von einer anderen Person beantragt wird. In diesem Fall hat der Zulassungsausschuss eine Auswahlentscheidung zu treffen und das Interaktionsmuster wird sehr komplex.
(3) Ähnlich komplex werden die Fälle 3 bis 5 zur Praxisneugründung. Hierbei wird zunächst eine Neugründung gewünscht – entweder von einer Praxisgründerin bzw. einem Praxisgründer, einer Institution wie der KV oder der Gemeinde oder von Stakeholdern. Dabei ist zunächst relevant, wer die Praxis gründen will. Mehrere Ausgangsvarianten lassen sich unterscheiden:
   a. Arzt oder Ärztin möchte eine Praxis gründen
   b. Ärzte oder/und Ärztinnen möchten gemeinsam eine Praxis gründen
   c. Eine andere betriebliche Rechtsform (inkl. Krankenhaus) möchte ein MVZ gründen.
   d. Die KV muss (bzw. will) eine Praxis in Eigenbetrieb gründen.
   e. Eine Gemeinde möchte eine Praxis gründen.

Ausgangspunkte a und b sind relativ einfach, vor allem im Fall eines nicht gesperrten Bezirks. Dies entspricht Fall 1 eine Praxisübernahme in einem nicht gesperrten Bezirk. In gesperrten Bezirken entspricht die Interaktion Fall 2 und gegebenenfalls Fall 5.

Ausgangspunkt c umfasst abermals zwei Teilbereiche und verschiedenste Optionen. Ein MVZ kann gegründet werden von Ärztinnen und Ärzten selbst. Die Interaktion entspricht dann im Wesentlichen den Ausgangspunkten a und b mit der Ergänzung, dass die Rechtsform „MVZ“ bei der KV beantragt wird. Vielfach erfolgt die Gründung eines MVZ aber durch eine nicht-(primär)-ärztliche Einrichtung.[39] Oft ist dies ein Krankenhaus, aber auch als reine Finanzinvestition eines nicht-medizinischen Unternehmens möglich. In beiden Fällen gibt es zwei Interaktionsebenen: die interne Interaktion und die externe Interaktion (Abbildung 3.10). Bei den internen Interaktionen müssen zunächst die entsprechenden Ärztinnen und Ärzte als Arbeitnehmende entweder akquiriert oder im Fall eines Krankenhaus-MVZ aus dem eigenen Angestelltenpool überzeugt werden, ambulant zu arbeiten. Allein das kann sich aus verschiedenen Gründen schwierig gestalten, da erstens die ambulante Tätigkeit fachlich-inhaltlich als auch organisatorisch anders aussieht. Außerdem sind die Verdienstmöglichkeiten durch Schichtdienste und Aufstiegsmöglichkeiten im stationären Sektor vielfach attraktiver als ein Fixgehalt im ambulanten Setting. Gleichzeitig kann die Arbeit in einer ambulanten Praxis vorteilhaft sein, weil die Arbeitszeiten sich (üblicherweise) auf Werktage begrenzen und zudem durch die Anstellung das ambulante Arbeiten „ausprobiert“ oder „geübt“ werden kann für eine potenzielle eigene Praxisübernahme. Jedenfalls ist eine unmittelbare Auseinandersetzung des MVZ-Investors mit anzustellenden Ärztinnen und Ärzten notwendig. Hinzu kommt die externe Interaktion, insb. aufgrund der vielfältigen bürokratischen Anforderungen des jeweiligen Zulassungsausschusses.[40] Zur internen Interaktion gehört zudem die medizinisch-strategische Überlegung, die vor allem bei MVZ-Investoren stattfindet, die aus dem Gesundheitswesen kommen. Krankenhäuser gründen MVZ gegebenenfalls, um das medizinische Spektrum auszuweiten oder mehr ambulante Einweisungen in das eigene Haus zu bekommen. Dazu bedarf es Interaktionen im eigenen Haus, z. B. mit den Chefärztinnen und Chefärzten, aber vielleicht auch mit anderen eigenen Einrichtungen bzw. den internen operativen Leitungsstrukturen. Ergänzt werden diese internen Interaktionen durch die betriebswirtschaftliche Kalkulation zum MVZ. Diese unterscheidet sich systematisch von der Kalkulation im Fall einer ärztlichen Praxisgründung/-übernahme. Im letzten Fall kann eine Ärztin bzw. ein Arzt in der Anfangsphase den Unternehmerlohn zeitweise anpassen. Bei angestellten Ärztinnen und Ärzten ist das nicht der Fall. Die Gehälter

[39] Nicht-ärztliche Gründungen sind seit 2004 gesetzlich zugelassen (vgl. Ladurner et al. 2020).

[40] So muss z. B. in Brandenburg für den Zulassungsantrag erstens ein Eintrag in das Arztregister erfolgen (mit einer Liste von einzureichenden, teilweise beglaubigten Dokumenten), zweitens müssen dem Antrag umfassende Daten zur bisherigen Berufstätigkeit beigefügt werden und drittens müssen für bestimmte einzelne Leistungen wie bspw. Doppler-Untersuchungen Erfahrungsnachweise, Zertifikate etc. eingereicht werden (vgl. KVBB 2023 & KVBB 2022).

müssen ausbezahlt werden, selbst dann, wenn keine oder wenige Patientinnen und Patienten behandelt werden. Bei einer Praxisneugründung ist zu Beginn der Tätigkeit davon auszugehen, dass zunächst erstmal weniger Patientinnen und Patienten den Weg in die neue Praxis finden und zudem als Neupatientinnen und -patienten die ersten Termine länger dauern als später im Praxisbetrieb. Insgesamt ist davon auszugehen, dass neben der größeren Komplexität der „Investitionsentscheidung" im MVZ-Fall die internen Interaktionen mehr Zeit benötigen als in den Fällen a und b.

Die externe Interaktion ist wiederum kaum zu unterscheiden von denen in Fall a und b, es sei denn, es gibt seitens der lokalen Stakeholder eine Aversion gegen institutionelle Praxisgründungen. Dann kann es zu konfliktbehafteten Situationen kommen. Die Interaktion mit der KV bzw. dem Zulassungsausschuss ist insgesamt abermals abhängig vom Versorgungsstatus des Zulassungsbezirkes sowie potenziellen Konkurrenten um den KV-Sitz. Interessant wird die Interaktion vor allem, wenn eine Auswahlentscheidung getroffen werden muss oder Fall 5 hinzukommt.

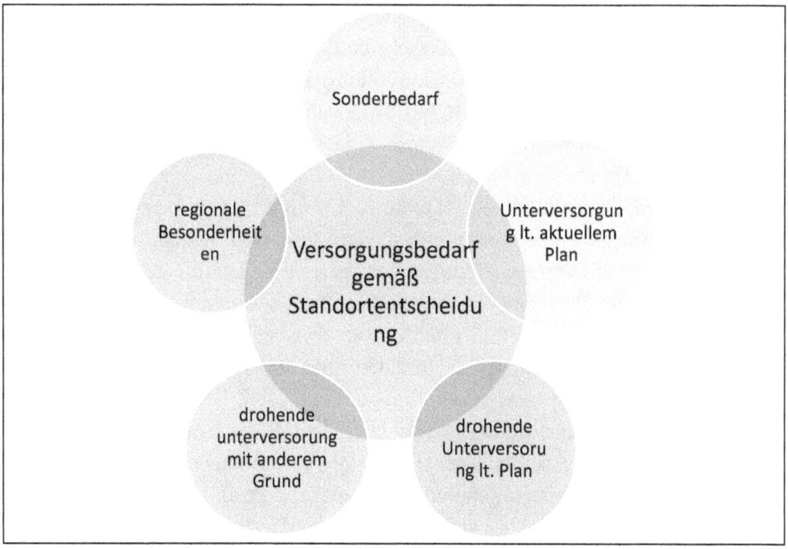

Abbildung 3.9 Begründungsinteraktionen für bestimmte Zulassungsfälle. (Eigene Darstellung)

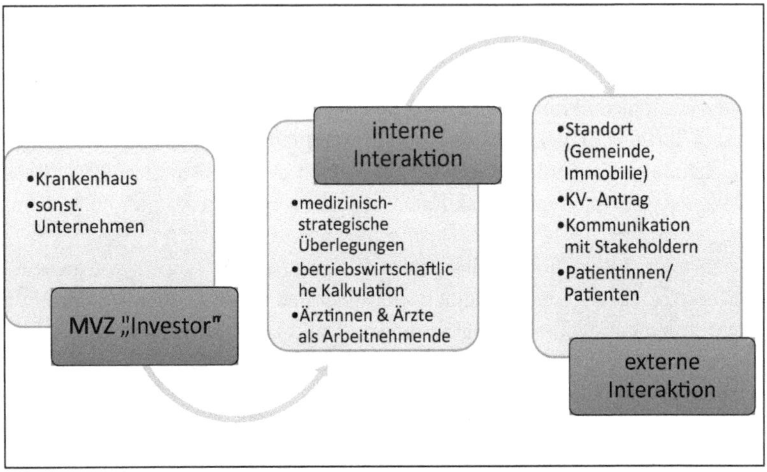

Abbildung 3.10 MVZ-Interaktionen. (Eigene Darstellung)

Ausgangspunkte c und d treten im Grunde nur auf, wenn eine Unterversorgung droht bzw. bereits vorhanden ist. Entscheidend für diese und eine Fallkonstellation 5 (Praxisübernahme oder -neugründung in einem Gebiet, bei dem die Zulassung gegebenenfalls möglich ist) sind dabei die Begründungen und die damit verbundenen Interaktionen, die eine Zulassung gegebenenfalls ermöglichen (s. Abbildung 3.9).

Dazu müssen die zuständigen Akteure – KV und/oder Gemeinde – zunächst entscheiden, dass es einen Versorgungsbedarf gibt oder geben könnte. Damit wird dann eine Standortentscheidung (nach diesem Kriterium) getroffen. Außen vor bleibt zunächst, dass eine ärztliche Anstellung ausgeschrieben wird, nichtärztliches Personal gefunden und Praxisräume angemietet werden müssen. Diese Aufgaben fallen im Wesentlichen auch in den anderen Ausgangspunkten an. Maßgeblich für die Ausgangspunkte der Eigengründung (KV) gem. § 105 Abs. 1c Satz 2 ist eine Unterversorgung, wenngleich laut Satz 1 eine KV auch ohne gesonderte Begründung selbst eine ambulante Einrichtung betreiben kann. Für eine Gründung durch eine Gemeinde sind diese gemäß § 105 Abs. 5 allein deshalb zwingend notwendig, weil aus wettbewerblichem Dogma eine staatsnahe bzw. staatliche Unternehmenstätigkeit auch im Gesundheitswesen eventuell nicht erwünscht ist (vgl. auch 103 Abs. 4c SGB V).[41] Im SGB sind die

[41] Diese sog. Nachrangklausel bestimmt, dass MVZ in ärztlichem Eigentum gegenüber institutionellen Eigentümern – insb. Kommunen – zu bevorzugen sind (siehe auch Deutscher Bundestag 18/4095, S. 127).

Begründungen nicht festgehalten, sodass es entweder der Landesebene – mithin dem Landesausschuss, dem Zulassungssauschuss und der KV – obliegen kann, einen Begründungskatalog aufstellen (Abschnitt 3.2). Allerdings sind die Landes-Bedarfspläne in den meisten Fällen nicht so ausführlich gestaltet, dass eine einfache Katalogauswahl vorzunehmen ist. Vielmehr muss vor Ort eine überzeugende Begründung gefunden werden, die auf der Landesebene zwecks Zulassung vorgetragen werden kann. Vielfache Interaktionen vor Ort, z. B. in der Gemeindevertretung und/oder der Verwaltung, sind dabei nötig (vgl. Ruck 2023) – ebenso wie eine Interaktion mit der KV bzw. dem Zulassungsausschuss darüber, welche der Begründungen möglicherweise akzeptiert wird. Die vermutlich einfachsten Begründungen liegen vor, wenn bereits im Bedarfsplan eine existierende oder drohende Unterversorgung ausgewiesen ist. Sofern keine alternative Praxisgründung absehbar ist, muss die Landesebene einem Ansinnen zur Praxisgründung seitens der Gemeinde (oder der KV selbst) zustimmen. Dann sind nur noch die lokale Verwaltung (als ausführende Struktur) und die zuständigen Gemeindevertretungen (als politischer Akteur) davon zu überzeugen, dass die Ressourcen (Personal und Finanzen) dafür von der Gemeinde bereitgestellt werden.[42] Dabei können typische Verteilungskonflikte auftreten, wie sie in der Haushaltsdiskussion auf Ortsebene passieren. Diese sind umso heftiger, je weniger Mittel der Gemeinde zur Verfügung stehen. Damit ist bereits ein mögliches Feld für Benachteiligungen aufgezeigt: Je „ärmer" eine Gemeinde ist, desto schwieriger wird es, eigene Maßnahmen zur Praxisgründung/-übernahme zu bewerkstelligen – und zwar nicht nur aus rein finanziellen Gründen, sondern auch in der Interaktion innerhalb des Konfliktfeldes Haushaltshoheit der Gemeindevertretung (vgl. Ruck 2023, S. 11/12; Futterer 2023, S. 133). Es kommt zu einem Teufelskreis, weil eine Unterversorgung auch bedingt sein kann, durch mangelndes Interesse von Ärztinnen und Ärzten, sich dort niederzulassen, weil es nicht ausreichend Privatpatientinnen und -patienten vor Ort gibt, die den Praxisbetrieb betriebswirtschaftlich attraktiv macht. D. h., in ohnehin wirtschaftlich schwachen Regionen kann es zu einer Summe aus „nicht wirtschaftlich attraktiv" und „fehlende Finanzmittel der Gemeinde" kommen, sodass Praxen allein deshalb ungleich verteilt sind (vgl. Junkernheinrich 2019). Bei einer Eigeneinrichtung durch die KV verlagert sich dieses Konfliktfeld eher auf die Landesebene und die finanziellen Mittel, die der KV insgesamt zur Verfügung stehen.

[42] Vgl. Ruck 2023, S. 10 zu den Policy-Optionen von Gemeinden bei der Förderung der ambulanten Versorgung vor Ort.

Weitere Begründungen für einen Praxisbetrieb durch die Gemeinde (oder KV) können schwieriger darzustellen sein: Unterversorgung mit anderem Grund (nicht im Bedarfsplan festgeschrieben), Sonderbedarf und regionale Besonderheiten.

Eine Unterversorgung mit anderem Grund bedarf einer umfassenden Erklärung vor Ort. Die Erklärung, dass es lange Wartezeiten z. B. auf eine Augenarzttermin gibt, ist wenig überzeugend, wenn es rein rechnerisch ausreichend Augenarztpraxen im Zulassungsbezirk gibt. Oftmals gibt es andere Gründe dafür, z. B., dass eine Arztpraxis nicht ausreichend Termine für Kassenpatienten und -patientinnen freihält (vgl. Zak 2017; Sundmacher/Ozegowski 2016, S. 4; Kopetsch 2015). Diese Gründe zu finden, obliegt theoretisch der Aufsicht durch die Landesebene – sofern sie davon Kenntnis erlangt. Für solche problematische Fälle gibt es keine umfassend etablierten Mechanismen jenseits Beschwerden seitens einzelner Personen. Theoretisch können und sollen die gesetzlichen Krankenkassen ihre Versicherten bei der Terminfindung unterstützen, und auch die Vorhaltung von Terminen gemäß TSVG ist eine Eingriffs- und Regelungsmöglichkeit. Lokale Stakeholder können lediglich im Rahmen von interpersonellen Gesprächen eingreifen. Dann können § 35 (lokaler Sonderbedarf) BPL-RL und etwaige Landesrechtliche Regelungen greifen.

Anders sehen die Begründungen aus, die auf bisher nicht vorhersehbare Unterversorgung hindeuten, z. B., wenn ein neues großes Wohngebiet erschlossen wird und damit die Anzahl an Einwohnerinnen und Einwohner massiv zunimmt. Solche Entwicklungen sind gegebenenfalls noch nicht im aktuellen Bedarfsplan berücksichtigt und müssten durch die Gemeinde angezeigt werden.

Ein Sonderbedarf ist in der BPL-RL in § 36 festgelegt, hinzu kommen gegebenenfalls ebenfalls landesrechtliche Bestimmungen. Dieser kann „lokal" oder „qualifikationsbedingt" begründet werden. Welche konkreten Begründungen zu finden sind, ist Gegenstand der Interaktionen vor Ort und mit den Akteuren auf Landesebene.

3.4 Benachteiligungen in der und durch die Bedarfsplanung

Wie sich auf den verschiedenen Ebenen der Bedarfsplanung zeigt, gibt es eine Reihe von Fokuspunkten, die Benachteiligungen begünstigen (können).

Auf der Bundesebene kann diese durch die Mehrheitsverhältnisse in der Gesetzgebung im Bundestag und Bundesrat passieren. Das entspricht den üblichen demokratischen Prozessen einer parlamentarischen Republik und hat nicht primär etwas mit dem Gesundheitswesen an sich zu tun. Ein wenig anders sieht das in der Gesundheitsselbstverwaltung aus. Hier kommt es auf die Verhandlungsstärke und Position der entsprechenden Seiten an, welche konkrete Ausgestaltung der Bedarfsplanungsrichtlinie als Rahmen angesetzt wird. Es gibt dabei keine Vorgaben hinsichtlich einer Konzentration auf „gleichwertige Lebensverhältnisse“ oder eines Ausgleichs von (bereits existierenden) Nach- und Vorteilen. Auch die gesetzgeberische Betonung auf die Begrenzung einer „Überversorgung“ widerspricht einer konzeptionellen Umsetzung von Nachteilsausgleichen. Großen Einfluss auf die Ergebnisse haben die Netzwerkfähigkeiten der beteiligten Akteure sowie deren Verhandlungsgeschick. Hinzu kommt die unterschiedliche Klientelpolitik von Krankenkassen durch einen gewünschten Wettbewerb der Kassen um Mitglieder. Bei der Verteilung von niedergelassenen Ärztinnen und Ärzten wird das Thema Beitragssatzstabilität nach § 71 Abs. 1 SGB V viel zu sehr in den Fokus gerückt (vgl. Peters 2017; Bundessozialgericht 6 KA 9/21 R). Gerade für zusätzlich gewünschte Maßnahmen könnte dieser Punkt zugunsten einer besseren regionalen Verteilung der Versorgung nach § 71 SGB V legitim und legal ignoriert werden.

Beispielsweise könnte im Rahmen einer Änderung der Bedarfsplanungsrichtlinie gesetzgeberisch explizit vorgegeben werden, dass für Regionen mit einer überdurchschnittlichen Prävalenz an onkologischen Erkrankungen bei gesetzlich Versicherten die Verhältniszahl für Fachärztinnen und Fachärzte für Hämatologie und Onkologie um die Differenz zum Durchschnitt abgesenkt wird. Damit wären allein rechnerisch zusätzliche Zulassungen möglich. Analog wäre das für andere Krankheiten und den entsprechenden Fachärztinnen und Fachärzten möglich. Andererseits könnten – im Sinne der Beitragsstabilität – andere Arztgruppen und deren Verhältniszahlen nach oben korrigiert werden, z. B. Kinderärztinnen und Ärzte in Regionen mit sehr wenig Kindern. Ebenso kann an der Stelle ein interregionaler Austausch erfolgen, indem in Regionen mit unterdurchschnittlicher Prävalenz bestimmter Krankheiten die Verhältniszahlen z. B. in der Onkologie korrigiert werden.

Auf der Landesebene sind noch mehr Elemente zu finden, die Benachteiligungen begünstigen. Inwiefern Sicherstellung und sozioökonomische Faktoren eine Bedeutung im konkreten Bedarfsplan haben, entscheiden die jeweiligen KVen selbst. Gleiches gilt für die Stellung der Notdienste, den verwendeten Datengrundlagen, die Bedeutung der Mitversorgung und der Bestimmung des Honorarverteilungsmaßstabes. Die KV selbst ist – aufgrund ihrer Zusammensetzung aus der Landesärzteschaft – ein autopoietisches System. D. h., die KV bestimmt in der Bedarfsplanung durch sich selbst ihre eigene Zusammensetzung. Sie ist damit ein geschlossenes System, was per se zunächst keinen Anreiz hat, sich einer Veränderung mittels der Bedarfsplanung zu unterwerfen.

Gefördert wird dies noch durch die eigenbestimmte Mittelverteilung über die Gesamtbudgets des Landes. Hinzu kommen die regionalen Besonderheiten und die eigentlichen Unterschiede der Länder untereinander, die dieses Problem verschärfen und bestehende Vor- und Nachteile gegenüber Veränderungen resilient machen. Gleichzeitig gibt es durch die Vorgaben der BPL-RL die Möglichkeit einer positiven Diskriminierung von ländlichen Regionen. Ob diese Möglichkeit ausgenutzt wird, entscheiden die KVen. Da zudem Zulassungen nur auf Antrag entschieden werden, ist immer ein sehr individuelles Element in der Entscheidungsautorität des Zulassungsausschusses vorhanden und objektivere Faktoren (wie z. B. eine regionale Unterversorgung) bleiben potenziell außen vor (vgl. Beerheide 2017).

Aus diesem Dilemma herauszufinden ist schwer, vor allem aufgrund der Antragsbindung der Zulassung. Helfen könnte eine Verbesserung der Finanzierungsbudgets mit einem besonderen Fokus auf ländliche Regionen, so dass bestehende allgemeine Nachteile ländlicher Niederlassungen (z. B. wenige PKV-Versicherte, lange Anfahrtszeiten) ausgeglichen werden. Außerdem könnten automatisierte Zulassungsverfahren bei Niederlassungen in Mangelregionen helfen, Verfahren zu beschleunigen. Dabei könnte ein Antrag gleich eine Zulassung bedeuten – beispielsweise bei Allgemeinmedizinerinnen und -medizinern.

Auf der Ortsebene perpetuieren sich lokale Nachteile (und Vorteile) bei der Niederlassung. Orte mit schlechten Standortbedingungen sind per se benachteiligt. Auch die Förderung durch die Gemeinde ist nur bei entsprechenden finanziellen Bedingungen im Gemeindehaushalt möglich, sodass finanzschwächere Kommunen einen Nachteil haben. Aber das liegt nicht primär in der Bedarfsplanung begründet. Hingegen spielt bei der Wirtschaftlichkeitsbetrachtung insgesamt die lokale Kaufkraft eine Rolle. Die Bedarfsplanung rechnet mit der Anzahl der Einwohnerinnen und Einwohner pro Arzt bzw. Ärztin. Eine Praxis kalkuliert den Mix aus gesetzlich Versicherten und privat Versicherten. Damit sind durch die Regionen mit weniger privat Versicherten benachteiligt. Knieps/Reiners fassen das folgendermaßen zusammen: „*Dieses Ungleichgewicht im dualen Vergütungssystem von EBM und GOÄ lässt sich weder medizinisch noch ökonomisch begründen. Es setzt falsche Anreize, fördert regionale Versorgungsdisparitäten und führt zu ungerechtfertigten Einkommensunterschieden innerhalb er Ärzteschaft*“ (2015, S. 167).

Die einfachste Lösung an diese Stellen wäre somit, die Verhältniszahlen an die GKV-Versicherten und nicht mehr Einwohnende zu orientieren.

Zusammenfassend ergeben sich folgende Faktoren, die angefasst werden, um strukturelle und systematische Benachteiligungen von Regionen in der Bedarfsplanung zu korrigieren: mehr Fokus auf gleichwertige Lebensverhältnisse als

Rahmenvorgabe in der Bedarfsplanung, Berechnung der Verhältniszahlen auf Basis der Versicherten in der GKV, Budgetveränderungen und -verteilung zugunsten z. B. besonders gefährdeter Fachgebiete und/oder Regionen – ggf. mit anderen Vorgaben, andere Vorgaben und/oder Akteure in der Landes-Bedarfsplanung sowie ggf. Standortförderung auf lokaler Ebene für besonders benachteiligte Regionen.

4 Institutional Development Framework für die Krankenhausfinanzierung

Wie bereits in Abschnitt 2.3 angedeutet, gibt es Unterschiede in der Krankenhausfinanzierung und -versorgung. Im Folgenden sollen in diesem Zusammenhang systematische Benachteiligungen herausgearbeitet werden. Dazu wird das in Abschnitt 2.4 beschriebene IDA verwendet, um – ähnlich wie die ambulante akute Versorgung – die Krankenhausfinanzierung zu analysieren.

Um eine systematische Analyse der Krankenhausfinanzierung zu ermöglichen, muss zunächst abermals eingegrenzt werden, welches Gut bzw. welche Dienstleistung betrachtet werden soll und durch welche Politik (im Sinne einer Policy) dieses Gut bereitgestellt wird. Für die Frage nach regionalen Benachteiligungen in der stationären Versorgung handelt es sich um das Gut (bzw. in diesem Fall die Dienstleistung) „Krankenhausleistungen". Diese werden gesetzlich definiert als Leistungen nach § 39 SGB V (Krankenhausbehandlung). Demnach umfasst die Leistung des Krankenhauses im Wesentlichen alles, was während eines Aufenthalts im Krankenhaus vorhanden sein muss: *„Die Krankenhausbehandlung umfaßt im Rahmen des Versorgungsauftrags des Krankenhauses alle Leistungen, die im Einzelfall nach Art und Schwere der Krankheit für die medizinische Versorgung der Versicherten im Krankenhaus notwendig sind, insbesondere ärztliche Behandlung (§ 28 Abs. 1), Krankenpflege, Versorgung mit Arznei-, Heil- und Hilfsmitteln, Unterkunft und Verpflegung; die akutstationäre Behandlung umfasst auch die im Einzelfall erforderlichen und zum frühestmöglichen Zeitpunkt einsetzenden Leistungen zur Frührehabilitation"* (§ 29 Abs. 1 Satz 3).

Ergänzende Information Die elektronische Version dieses Kapitels enthält Zusatzmaterial, auf das über folgenden Link zugegriffen werden kann https://doi.org/10.1007/978-3-658-51039-8_4.

© Der/die Autor(en), exklusiv lizenziert an Springer Fachmedien Wiesbaden GmbH, ein Teil von Springer Nature 2026

I. Köppe, *Regionale Benachteiligungen in der Gesundheitspolitik Deutschlands*, https://doi.org/10.1007/978-3-658-51039-8_4

Wie im gesamten deutschen Gesundheitswesen gibt es auch in der stationären Gesundheitsversorgung und in der Finanzierung der Krankenhäuser drei verschiedene institutionelle Handlungsebenen: die bundesweite Rahmengesetzgebung (im weiteren Sinne), ein detaillierter Rahmen auf den Landesebenen und die konkrete Umsetzung in den einzelnen Krankenhausbudgets (Abbildung 4.1). Eine systematische Erfassung des Politikfeldes Krankenhausfinanzierung muss diese interagierenden Ebenen berücksichtigen, da alle Ebenen zum einen unterschiedlich ausgestaltet sind und zum anderen auf die Ergebnisse des Feldes wirken. Alle drei Ebenen werden im Folgenden mithilfe des IDA einzeln aufgeschlüsselt.

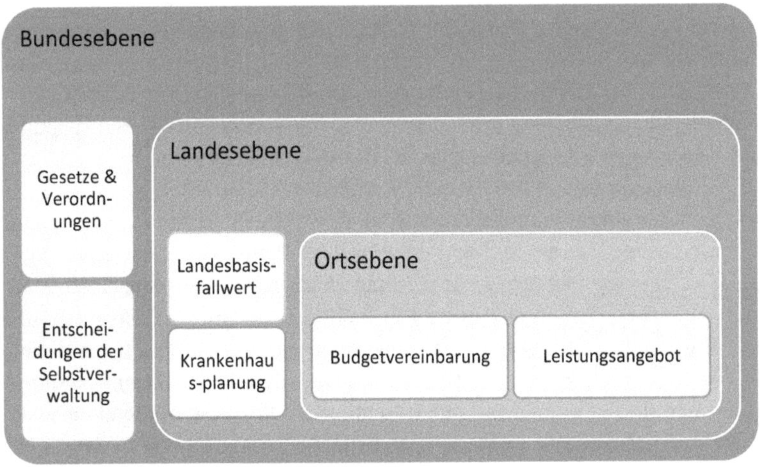

Abbildung 4.1 Ebenen der Krankenhausfinanzierung und ausgewählte Bestandteile. (Eigene Darstellung)

4.1 Bundesebene: Krankenhausselbstverwaltung und Rahmenvorgaben

Die Bundesebene ist die Ebene, in der die prinzipiellen Rahmenbedingungen der Krankenhausfinanzierung festgelegt werden. Die Finanzierung der akutstationären Versorgung wird in den folgenden Gesetzen geregelt: Sozialgesetzbuch V (SGB V), Krankenhausfinanzierungsgesetz (KHG) und dem Krankenhausentgeltgesetz (KEntgG). Ergänzt werden diese vielfach geänderten gesetzlichen Grundlagen durch eine Reihe von Verordnungen sowie Vereinbarungen der

Gesundheitsselbstverwaltung und des untergesetzlichen Normgebers Gemeinsamer Bundesausschuss. Die detaillierte Struktur dieser Umsetzung soll hier mit den Maßgaben des IDA-Frameworks dargestellt werden.

4.1.1 Bedingungen und Gemeinschaft

Die physischen und materiellen Bedingungen der Finanzierung der Krankenhäuser werden auf der Bundesebene insbesondere durch die politischen, aber auch volkswirtschaftlichen Rahmenbedingungen bestimmt. Wirtschaftliche Bedingungen und Politik gehören in vielerlei Hinsicht zusammen, bedingen sich oder bestimmen einander. Per se ist die Lage der Volkswirtschaft die materielle Bedingung für die möglichen Alternativen von politischen Entscheidungen. Aber: Wie viel Geldmittel wohin priorisiert werden, ist eine politische Entscheidung. Damit ergibt sich aus der jeweiligen politischen Konstellation auf Bundesebene plus der wirtschaftlichen Lage eine unterschiedliche finanzielle Ausgangslage.[1] In der Krankenhausfinanzierung wird das auf der Bundesebene durch die Bereitstellung von Mitteln im sog. Gesundheitsfonds und über Sonderfinanzierungstatbestände unmittelbar getan.

Der Gesundheitsfonds ist das zentrale Verteilungsmittel von Finanzmitteln an die gesetzlichen Kassen (direkt) und die Erbringenden von Gesundheitsleistungen (meist indirekt[2]). Er wird gespeist durch die Krankenkassenbeiträge von Versicherten und deren Arbeitgebenden (bzw. deren Äquivalente wie die Rentenversicherung) sowie durch einen Zuschuss aus dem Bundeshaushalt (dem sog. Steuer- oder Bundeszuschuss) (BMG 2024a). Da die Beiträge der Versicherten unmittelbar an die Einkommenshöhe und -situation geknüpft sind, schwanken die Mittel des Fonds in Abhängigkeit von der Situation auf dem Arbeitsmarkt. Der Steuerzuschuss selbst wird durch die Kassenlage des Bundeshaushaltes und damit per politischer Entscheidung festgelegt und auch daher schwankt der Bestand im Fonds (vgl. vdek 2024). Ursprünglich sollte er lediglich dazu dienen, den Kassen sog. versicherungsfremde Leistungen wie die kostenfreie Mitversicherung von Familienangehörigen zu erstatten. Mittlerweile dient er auch dem Festhalten an bestimmten Höhen von Beitragssätzen der gesetzlichen Krankenkassen sowie zur Bewältigung der Kosten der Covid-19-Pandemie (Deutscher Bundestag 20/

[1] Die politischen Konstellationen wiederum können durch physische und materielle Rahmenbedingungen bestimmt worden sein.

[2] Eine Ausnahme bildeten z. B. die sog. Ausgleichszahlungen als Teil der Maßnahmen in der Covid-19-Pandemie.

8, 2021, S. 2). Die Verteilung der Gelder an die Krankenkassen wird über den Risikostrukturausgleich berechnet. Dieser differenziert die erforderlichen Mittel einer Kasse anhand einer rechnerischen Krankheitslast bei den Versicherten der jeweiligen Kasse (BMG 2023b). Die Ausgestaltung des Risikostrukturausgleichs wird immer wieder infrage gestellt, weil einige Kassen sich benachteiligt sehen (vgl. Techniker Krankenkasse (TK) 2021, Dachverband der Betriebskrankenkassen (BKK-DV) 2021). Sollten aus dem Risikostrukturausgleich finanzielle bzw. materielle Benachteiligungen entstehen, kann das für die jeweiligen Forderungen der Kasse bei der Finanzierung von (bestimmten) Krankenhausleistungen gegebenenfalls nachteilige Wirkungen für bestimmte Krankenhäuser und mithin Regionen entfalten.[3]

Sonderfinanzierungstatbestände werden durch die jeweilige Bundesregierung gelegentlich gesetzlich verankert. Die Begründungen basieren meist auf einer Idee, dass für bestimmte Vorstellungen über die Ausstattung und Struktur der Krankenhauslandschaft über die regulären Finanzierungswege nicht ausreichende Mittel durch die Krankenkassen oder die Bundesländer zur Verfügung gestellt werden. In einigen Fällen werden die regulären Finanzierungsregeln verwendet, um diese Wünsche der bundespolitischen Ebene zu erfüllen. Dabei werden z. B. Budgetbestandteile umsortiert oder erweitert oder den Bundesländern zusätzliche Finanzierungsaufgaben auferlegt. Manchmal wird der Gesundheitsfond „zweckentfremdet“, z. B. im Rahmen der Ausgleichsfinanzierung in der Covid-19-Pandemie. In wenigen Fällen werden direkt Mittel an die Krankenhäuser ausgereicht. Beim Strukturfonds und beim Krankenhauszukunftsfonds gibt es eine gemischte Zuständigkeit. Ob und welche Sonderfinanzierungstatbestände eingeführt werden, hängt teilweise auch von der finanziellen Stärke sowie Einflussfähigkeit einzelner Akteure ab (vgl. Krankenkassen-direkt 2023; Institut Arbeit und Qualifikation der Universität Duisburg-Essen 2023; Ärzteblatt 2021).

Physische und materielle Bedingungen sind auch die Größe der jeweiligen Kassen sowie der Krankenhäuser selbst. Bundesweit tätige Kassen bzw. deren Bundesverbände haben andere Verwaltungs- und Kostenstrukturen als eher regional geprägte Krankenkassen (vgl. Abschnitt 2.3 & BMG 2024b).

Besonders bedeutsame Krankenhäuser wie die Charité, die deutlich erkennbar eine überregionale Ausstrahlung und Einzugsgebiete besitzt, sowie Krankenhauskonzerne, die in mehreren Bundesländern Einrichtungen besitzen, können allein

[3] Der Risikostrukturausgleich ist diesbezüglich und aufgrund anderer Nachteile der Berechnung immer mal wieder kritisiert und begutachtet worden (vgl. Drösler et al. 2024).

durch ihre Größe eine andere Bedeutung haben als kleine regionale Einrichtungen. Sie sind „große Arbeitgeber" und gegebenenfalls marktmächtiger und mit mehr Einfluss auf der Bundesebene. Bei der Charité kommt noch ihr Status als Universitätskrankenhaus hinzu.[4]

Die Eigenschaften der Gemeinschaft sind auf der Bundesebene vor allem durch die soziale Selbstverwaltung sowie der „Gesundheits"-Selbstverwaltung und deren Arbeit gekennzeichnet. Der Begriff der sozialen Selbstverwaltung ist im weiteren Sinne die Bestimmung der sog. Verwaltungsräte der Sozialversicherungen durch anteilige Wahl durch die Arbeitnehmer und Arbeitgeber (vgl. SGB IV 4. Abschnitt). Der Begriff der „Gesundheits"-Selbstverwaltung ist davon im weiteren Sinn abzugrenzen, da damit auch die Verwaltung des Gesundheitswesens durch Strukturen des Gesundheitswesens selbst gemeint ist. Dabei unterliegen lediglich die beteiligten Sozialversicherungen der „sozialen Selbstverwaltung" im oben genannten Sinne. Der Begriff, der für den Gesundheitsbereich häufig verwendet wird, lautet „gemeinsame Selbstverwaltung" und drückt aus, dass sowohl die Leistungserbringenden (vor allem Krankenhäuser sowie niedergelassene Ärztinnen und Ärzte) als auch die Kostenträger (insbesondere die Krankenversicherung) gemeinsam die Grundlagen ihrer Arbeit verwalten. Gesetzlich verankert ist dies im SGB V sowie in einigen Einzelgesetzen wie dem KHG. Die gemeinsame Selbstverwaltung umfasst dann die individuellen Kostenträger und Leistungserbringer, deren jeweilige Einzelstrukturen auf Bundesebene sowie gemeinsame Gremien bzw. Ausschüsse. Der bedeutsamste Ausschuss für die Krankenhäuser ist der Gemeinsame Bundesausschuss, der gesetzesgleiche Regeln erarbeiten und bestimmen kann (und soll) (vgl. § 91 SGB V). Auf Seiten der Kassen ist der Spitzenverband Bund der Krankenkassen (GKV-SV) mit seinen eigenen (internen) Gremien der wichtigste Akteur. Auf Seiten der Leitungserbringer ist die Deutsche Krankenhausgesellschaft (DKG) am bedeutsamsten für den Bereich der Krankenhausfinanzierung. Nur zwei Strukturen basieren auf gesetzlichen Vorgaben: G-BA und GKV-SV wurden im SGB V direkt gesetzlich verankert. Die DKG hingegen wurde lediglich als Interessenvertretung gegründet und nur indirekt über die Beteiligung am G-BA (§ 91 Abs. 1 SGB V) und in

[4] Größere Einrichtungen haben dabei neben der volkswirtschaftlichen Bedeutung auch eine höhere Präsenz auf dem Arbeitsmarkt und beim Einkauf von Material sowie externen Leistungen ebenso wie hinsichtlich der Attraktion als Behandlungsort. Synergie- und Skaleneffekte können sich bei diesen Einrichtungen deutlich besser darstellen (siehe auch „Ortsebene").

der Krankenhausfinanzierung über das KHEntgG (§ 9 sowie analog BPflV) offiziell als Teil der gemeinsamen Selbstverwaltung definiert. Die innere Verfasstheit unterscheidet sich dadurch deutlich. Während die DKG ein gemeinnütziger Verein ist, ist der GKV-SV gemäß § 217a SGB V eine Körperschaft des öffentlichen Rechts. Das heißt, die DKG kann ihre innere Verfasstheit gemäß Vereinsrecht bestimmen und hat sich selbst entsprechend eine Satzung gegeben. Demgegenüber ist der GKV-SV an die Rechte und Vorgaben einer öffentlichen Einrichtung gemäß § 87 Abs. 2 GG gebunden. Seine innere Struktur wird in § 217a SGB V gesetzlich festgelegt.

Dem G-BA als zentrales Entscheidungsgremium der gemeinsamen Selbstverwaltung gemäß § 91 SGB V werden durch legislative Entscheidungen des Bundestages (und damit den dortigen Mehrheiten und indirekt der jeweiligen Bundesregierung) zugeteilt. Die Zuteilung der Aufgaben erfolgt im Wesentlichen im SGB V. Detailliertere Verweise auf die entsprechenden Passagen aus dem SGB V werden in den jeweiligen Fachgesetzen wie dem KHEntgG und dem KHG festgehalten.[5]

Zudem ist der sog. Innovationsausschuss Bestandteil des G-BA (§ 92a & b SGB V), sodass Förderungen von Leistungen im Rahmen von Forschungsprojekten mit Beteiligung von Krankenhäusern auch in dessen Aufgabenbereich fallen.

---

[5] Aus dem SGB V ergeben sich folgende Aufgaben des G-BA für den Krankenhausbereich:

- Festlegung der Leistungsbereiche für Qualitätsverträge zw. Krankenkassen und Krankenhausträgern (§ 110a)
- Richtlinien zur ambulanten spezialärztlichen Versorgung (ASV gem. § 116b SGB V)
- Vorgaben zur Notfall-Triage in Krankenhäusern (§ 120 Abs. 3a SGB V)
- Bereitstellung von Richtlinien und anderen Vorgaben zur Qualitätssicherung inkl. Mindestmengen und den vorzulegenden Qualitätsberichten der Krankenhäuser (§ 136, 136a, 136b SGB V)
- Auswertung der Qualitätssicherung
- Bereitstellung von planungsrelevanten Qualitätsvorgaben (§ 136c)
- Festlegung der „Besonderen Aufgaben" von Zentren und Schwerpunkten (§ 136c Abs. 5)
- Erstellung der Liste der Krankenhäuser mit Berechtigung zum Erhalt des pauschalen Sicherstellungszuschlags
- Festlegungen zu den Kriterien zum Erhalt des nicht-pauschalen Sicherstellungszuschlages (§ 136c Abs. 3)
- Erstellung des Systems zu Notfallstufen in Krankenhäusern (§ 136c Abs. 4)
- Bewertung und Untersuchung von Behandlungsmethoden im Krankenhaus inkl. Verbot, diese zulasten der gesetzlichen Kassen zu erbringen, oder Erprobung (§ 137c & e & h)

Der Aufbau und die Struktur des G-BA sind gesetzlich festgelegt (vgl. § 91 ff. SGB V). Gebildet wird er durch die Kassenärztliche Bundesvereinigung, die Deutsche Krankenhausgesellschaft und den Spitzenverband Bund der Krankenkassen. Er hat eine Geschäftsstelle in Berlin und ist qua Gesetz ein sogenannter untergesetzlicher Normgeber, d. h., er agiert als Exekutive ohne grundgesetzlich als solcher vorgesehen zu sein. Er untersteht der Aufsicht durch das Bundesministerium für Gesundheit und ist zudem gegenüber dem Bundestag (bzw. dessen Ausschuss für Gesundheit) berichtspflichtig. Es gibt innerhalb des G-BA ein beschließendes und viele beratende Gremien. Die 13 Mitglieder des Beschlussgremiums (Plenum) werden durch die jeweiligen Selbstverwaltungspartner bestimmt, der Vorsitz gewählt. Die anteilsmäßige Zusammensetzung wird durch das SGB V festgelegt. Das Plenum ist das einzig öffentlich tagende Gremium des G-BA. Die beratenden Gremien sind nicht öffentlich und werden auf Basis des jeweiligen Beratungsgegenstands bestimmt. Dabei gilt, dass Themen, die nur den stationären Sektor betreffen, nur von der DKG und dem GKV-SV beraten werden. Bei übergreifenden Themen muss die KBV eingebunden werden. Die jeweiligen Partner der Selbstverwaltung entsenden ihre Mitglieder in die entsprechenden Gremien des G-BA, sodass je nach Thema die Zusammensetzung unterschiedlich ist (vgl. G-BA 2023a).

Daneben gibt es weitere Strukturen mit gesonderten Aufgaben wie das Institut für Entgeltsicherung im Krankenhaus (InEK), das Institut für Qualitätssicherung und Transparenz im Gesundheitswesen (IQTIG) und andere Institute, die von der Selbstverwaltung beauftragt werden.

Ein bedeutender Akteur für den Bereich der Finanzierung ist das Institut für Entgeltsicherung im Krankenhaus (InEK). Es wurde zur Einführung der Fallpauschalen gegründet und hatte im Auftrag der Selbstverwaltung zu Beginn lediglich die Aufgabe, anhand der Kosten einer (freiwilligen) Auswahl von Krankenhäusern die zu erstattenden Fallpauschalen anhand der real entstandenen Kosten für Behandlungen zu kalkulieren. Durch Gesetzesänderungen und Entscheidungen der Selbstverwaltung sind weitere Aufgaben hinzugekommen, z. B. die Bestimmung der Investitionsbewertungsrelationen und die Annahme der Nachweise der Einhaltung der Personaluntergrenzen. Da die Berechnungen des InEK die entscheidende Basis des Entgeltkataloges und des Bundesbasisfallwerts sind, kommt diesem Institut bei der Verteilung der Mittel an die Krankenhäuser eine entscheidende Rolle in der Krankenhausfinanzierung zu. Es wird als gGmbH getragen von DKG, GKV-SV und Verband der PKV (vgl. u. a. InEK 2023).

Mit der Zunahme von Qualitätsanforderung sowie deren Anbindung an Leistungs- oder Finanzsanktionen nimmt auch die Bedeutung des IQITG an

Bedeutung zu. Das IQTIG[6] wurde mit dem Gesetz zur Weiterentwicklung der Finanzstruktur und der Qualität in der gesetzlichen Krankenversicherung (GKV-FQWG) eingeführt und soll gemäß 137a SGB V im Auftrag des G-BA Themen rund um den Komplex „Qualität" fachlich unabhängig und wissenschaftlich bearbeiten. Das IQTIG firmiert als Stiftung des privaten Rechts.[7] Wenngleich die primäre Aufgabenzuordnung durch den G-BA erfolgen soll (und im Absatz 3 des 137a SGB V eine nicht abschließende Aufgabenliste aufgeführt ist), dürfen laut Absatz 4 weitere Akteure wie Selbsthilfegruppen Aufgaben beim IQTIG beantragen. Auch das BMG darf Aufgaben erteilen, sofern es diese finanziert. Ebenso darf das IQTIG in einem festgelegten Umfang (10 % der Haushaltsmittel) eigenmächtig tätig werden. Interessant ist außerdem, dass laut Absatz 5 den Landesbehörden Zugang zu den Auswertungen bzw. Daten erlaubt wird.[8]

Neben der Selbstverwaltung gibt es weiterhin die Arbeitsgemeinschaft der Obersten Landesgesundheitsbehörden (AOLG), die als Bindeglied zwischen der Bundes- und Landesebene durch die Ländervertretungen (in Form der zuständigen mitarbeitenden Ministerien) fungiert und als Arbeitsgruppe der Gesundheitsministerkonferenz (GMK) fachlich Mitsprache bei der Entscheidung von Gesundheitsthemen hat. Sie ist es auch, die alljährlichen Auswertungen u. a.

---

[6] Ausführliche Informationen finden sich unter anderem auf der Webseite des IQTIG: https://iqtig.org/das-iqtig/und im § 137a SGB V.

[7] Gemeint ist „Stiftung des bürgerlichen Rechts" in Abgrenzung zu einer Stiftung öffentlichen Rechts. Warum diese Form der Stiftung gewählt wurde, ist nur zu vermuten. Laut Begründung des Gesetzesentwurfes sollte das Vergaberecht umgangen werden und diese Form habe sich bei der Vorgängerorganisation „bewährt" (Deutscher Bundestag 18/1307, S. 31 & 33).

[8] Die Ausgestaltung der Selbstverwaltung und insbesondere die Machtposition untersteht permanenter Kritik durch verschiedene Seiten (vgl. Bandelow et al. 2019). Zuletzt wurde dies unter anderem im „Selbstverwaltungsstärkungsgesetz" 2017 deutlich. Mit diesem Gesetz sollte die „interne als auch die externe Kontrolle" (Deutscher Bundestag 18/10605, S. 2) verbessert werden. Dafür wurden strukturelle Änderungen (Änderungen Besetzungen, Haushaltspflichten) vorgesehen, ebenso wie Anpassungen der Veröffentlichungs- und Berichtspflichten sowie stärkere Eingriffsrechte durch das BMG (oder beauftragte Personen) (vgl. Deutscher Bundestag 18/10605, S. 22). Betroffen waren aber vor allem die KBV; dies war vor allem dem Skandal um die Bezüge und mutmaßlichem Fehlverhalten auf der Vorstandsebene der KBV geschuldet (vgl. Woratschka 2016, Pharmazeutische Zeitung 2017). Kleinere Änderungen betrafen den G-BA sowie die gesetzlichen Kassen. Auf die Vertretung der Krankenhäuser kamen keine Veränderungen zu. Gleichwohl gab und gibt es Kritik an der vermeintlichen Macht des G-BA sowie insgesamt der Ausgestaltung der Selbstverwaltung in Deutschland, nicht nur seitens der Öffentlichkeit, sondern auch aus verschiedensten wissenschaftlichen Disziplinen (vgl. Bandelow et al. 2019).

zur Investitionsfinanzierung von Krankenhäusern erstellt (vgl. AOK BV L2023, DKG 2020).

Zusätzlich zu den bereits genannten Akteuren gibt es Fachgesellschaften und weitere Interessengruppen, die mindestens als Lobby-Organisationen, oft aber auch als Expertengruppen fachliche Stellungnahmen abgeben. Dabei muss beachtet werden, dass nicht selten personelle und interessenbezogene Überschneidungen zwischen Krankenhäusern und medizinischen Gesellschaften sowie anderen Interessengruppen und/oder Akteuren der Selbstverwaltung bestehen (vgl. Hölterhoff/Klein 2017). Das ist darauf zurückzuführen, dass einige Gremien der Selbstverwaltung und viele Gremien der Fachgesellschaften etc. ehrenamtlich ausgeführt werden, während Akteure gleichzeitig Angestellte im Krankenhaus sind oder im Falle niedergelassener Ärztinnen und Ärzte als Selbstständige individuelle, z. B. wirtschaftliche Interessen verfolgen.

4.1.2 Regeln

Die gebräuchlichen Regeln auf der Bundesebene sind schwerer greifbar als auf anderen Ebenen, da die meisten Regeln hochgradig formalisiert und gesetzlich vorgegeben sind. In der Krankenhausfinanzierung sind diese im SGB V, KHEntgG und KHG zu finden. Dabei ist explizit im § 9 KHEntgG aufgelistet, welche Entgeltbestandteile auf der Bundesebene zu regeln sind. Diese sind: die Vereinbarung des Fallpauschalenkatalogs mit allen Einzelbestandteilen, dem Pflegeerlöskatalog und alle anderen Entgelte (Zusatzentgelte, NUB), Empfehlungen zur Kalkulation von NUB, die Abrechnungsbestimmungen, die Datenübermittlungsverfahren, Regelungen zu Zu- und Abschlägen, sonstigen Rahmenvereinbarungen (z. B. zur Pflegekostenabgrenzung, zur Finanzierung von Mehrkosten aufgrund von G-BA-Richtlinien) und die Vereinbarung über den Bundesbasisfallwert. Während die Bestimmung von Fallpauschalenkatalog und Bundesbasisfallwert durch Berechnung des InEK fundiert wird, unterliegen insbesondere die Rahmenvereinbarungen nur dem Verhandlungserfolg der jeweiligen Seiten auf Bundesebene. Die gesetzlichen Vorgaben sind mal mehr, mal weniger vage. Die Rahmenvereinbarungen werden vom Bundesministerium für Gesundheit als rechtliche Aufsicht geprüft und dann genehmigt oder beanstandet.

Die einzelnen Entgeltbestandteile und damit die wesentliche Basis der auf Bundesebene verhandelbaren finanzrelevanten Faktoren für Krankenhäuser werden damit bestimmt durch den Erfolg einer jeweiligen Verhandlungsseite sowie der Interpretation dessen, was nach SGB V[9]

- bedarfsgerecht,
- gleichmäßig,
- dem allgemein anerkannten Stand der medizinischen Erkenntnisse entsprechend,
- ausreichend,
- zweckmäßig,
- das Notwendige nicht überschreitend,
- gemäß fachlich gebotener Qualität und
- wirtschaftlich

ist. Die genaue Ausgestaltung und Interpretation für jeden einzelnen Sachverhalt unterliegt der Verhandlungsfähigkeit und -kraft der Akteure auf Bundesebene und ist damit sowohl von den Strukturen als auch von den handelnden Individuen abhängig. Weiterhin können die unterschiedlichen gebräuchlichen Regelmodi für unbestimmte gesetzliche Vorgaben sowie übliche Vorgehensweisen und Kompromissverfahren als Regelwerk untersucht werden.

Im Folgenden wird ein auf der Bundesebene zu verhandelndes Element hinsichtlich der gebräuchlichen Regeln beispielhaft näher betrachtet: der Zentrumszuschlag gemäß 136c SGB V bzw. § 2 Absatz 2 Satz 2 Nummer 4 KHEntgG.[10]

---

[9] Bei den Verhandlungen gilt immer folgender Grundsatz aus dem SGB V und § 12 SGB V: „*§ 70 Qualität, Humanität und Wirtschaftlichkeit.*

(1) Die Krankenkassen und die Leistungserbringer haben eine bedarfsgerechte und gleichmäßige, dem allgemein anerkannten Stand der medizinischen Erkenntnisse entsprechende Versorgung der Versicherten zu gewährleisten. Die Versorgung der Versicherten muss ausreichend und zweckmäßig sein, darf das Maß des Notwendigen nicht überschreiten und muss in der fachlich gebotenen Qualität sowie wirtschaftlich erbracht werden.

(2) Die Krankenkassen und die Leistungserbringer haben durch geeignete Maßnahmen auf eine humane Krankenbehandlung ihrer Versicherten hinzuwirken.“

[10] Dieser wird gewählt, weil er auf allen Ebenen der Krankenhausfinanzierung eine Rolle spielt, aber wesentliche Grundlagen auf der Bundesebene vorgegeben werden. Ähnlich verhält es sich mit dem Sicherstellungszuschlag sowie den Notfallzu- und -abschlägen. Um die Analyse an dieser Stelle nicht ausufern zu lassen, wird hier nur ein Element näher betrachtet.

Die gebräuchlichen Regeln gemäß IDA können eingeordnet werden in folgende Regelarten: Grenzen, Position, Autorität, Aggregation, Ausmaß, Information und Auszahlung (vgl. u. a. Polski/Ostrom 2017, S. 71).

Grenzregeln umfassen auf der Bundesebene vor allem Regeln hinsichtlich der Zuständigkeiten in Abgrenzung zu anderen Ebenen (Länder, Ortsebene), der verschiedenen exekutiven Bereiche sowie den Selbstverwaltungsparteien. Bedarfsgerechtigkeit spielt an diesem Punkt noch keine große Rolle, da zum einen in der Krankenhausversorgung zunächst der Grundsatz gilt, dass alles, was medizinisch möglich ist, erlaubt ist – trotz der Grundsätze in § 12 zur Wirtschaftlichkeit. Im Krankenhaus gibt es den sog. „Erlaubnisvorbehalt" (im Gegensatz zum ambulanten Sektor gemäß § 135 SGB V) nicht. Damit werden konkrete Entscheidungen, was (theoretisch) auf den anderen Ebenen finanziert werden könnte, nicht auf der Bundesebene vorgegeben. Der Fallpauschalenkatalog (FPK) enthält zunächst alle Leistungen, die seitens der Krankenhäuser im entsprechenden Datenjahr Kosten verursacht haben. Allerdings sieht das Leistungsrecht der Krankenkassen einige wenige Ausnahmen vor. Bestimmte Leistungen werden erst dann finanziert, wenn es eine Genehmigung seitens der zuständigen Krankenkasse gibt. Dabei geht es vor allem um Leistungen, deren Nutzen und Indikation sehr strikt sind, z. B. bariatrische Operationen. Gemäß „Verbotsvorbehalt" nach § 137c Abs. 3 SGB V können Leistungen im Krankenhaus nur per Beschluss des G-BA von einer Finanzierung durch die Krankenkassen ausgeschlossen werden. Dazu muss einer der Akteure auf Bundesebene den Ausschluss beantragen. Da im Wesentlichen nur die Krankenkassen aus finanziellen Gründen ein Interesse daran haben, bestimmte Leistungen nicht zu finanzieren, ist davon auszugehen, dass lediglich diese den Ausschluss beantragen. Hinsichtlich des Zentrumszuschlages wurde seitens des Gesetzgebers klar festgelegt, bis zum 31.12.2019 durch den G-BA Vorgaben zu „besonderen Aufgaben von Zentren und Schwerpunkten" (§ 136c Abs. 5SGB V) zu beschließen. Diese wurden wie alle anderen Richtlinien durch das BMG (Abs. 6) geprüft. Die klare Grenze ist damit die Zuordnung, welchen Teil der G-BA zu beschließen hatte, nämlich die „besonderen Aufgaben", ggf. ergänzt durch „Qualitätsanforderungen" (Satz 4). Der G-BA hatte dabei zu „gewährleisten", dass sie „finanziert werden". Der Paragraf erwähnt weiterhin mögliche Hintergründe der besonderen Aufgaben wie „überörtliche und krankenhausübergreifende Aufgabenwahrnehmung", „besondere Vorhaltungen" und „Notwendigkeit der Konzentration von Leistungen". Diese letztgenannten Vorgaben sind aber nicht bindend formuliert.

Die **Positionsregeln** auf der Bundesebene werden bestimmt durch den Wortlaut und Konkretheit der Aufträge aus den gesetzlichen Vorgaben an die verschiedenen Akteure und deren Erwartungen sowie die Stakeholder und gegebenenfalls durch die allgemeine Öffentlichkeit. Hinzu kommt die individuelle Position einzelner Akteure als Individuen. Von den Krankenkassen wird grundsätzlich Sparsamkeit bei gleichzeitiger Finanzierung aller möglichen Leistungen erwartet. Die Position der Krankenkassen ist damit zwiegespalten, weil die Mitglieder keine hohen Beiträge zahlen wollen (oder können), aber eine umfassende Versorgung der Versicherten gewünscht ist. Bei Beschwerden über Behandlungsfehler sollen Krankenkassen gemäß § 66 SGB V ihre Versicherten unterstützen, sodass sie sich gegebenenfalls auch bei der Einschätzung von Leistungen an ihre Kassen wenden und von den Kassen eine Reaktion erwartet wird. Gegebenenfalls wird von den Kassen erwartet, dass diese im Rahmen der Selbstverwaltung auf einer Häufung von Behandlungsfehler in bestimmten Bereichen (medizinisch-pflegerische Methoden, einzelne Krankenhäuser) hinweisen. Nicht ohne Grund beauftragen viele – insbesondere die großen – Kassen regelmäßig Gutachten oder Auswertungen zu bestimmten Sachverhalten (Bsp. BARMER Krankenhausreport, DAK-Gesundheitsreport, TK-Gesundheitsbericht, AOK – Krankenhausreport). Seitens der Krankenhäuser bzw. der Krankenhausgesellschaft ist die Erwartungshaltung eher niedrig angesetzt. Von diesen wird (lediglich) erwartet, dass diese auf bestehende Finanzierungsprobleme hinweisen und ansonsten hochwertige Qualität zu niedrigen Kosten erbringen. Zudem sollen Leistungen gleichmäßig erbracht werden, d. h. – je nach Interpretation – durchgehend bzw. 24/7 und im gesamten Bundesgebiet. Außerdem sollten Leistungen entsprechend dem aktuellen Stand der Medizin und Pflege angeboten werden. Alle anderen Stakeholder sind in der jeweiligen Position ihrer Mitglied- oder Wählerschaft zu verorten. Das kann sehr unterschiedliche Formen – auch situationsbedingt – annehmen. Beim Zentrumszuschlag waren die Positionen bzw. die Erwartungshaltung sehr unterschiedlich. Die Krankenhäuser erwarteten eine zusätzliche Finanzierung von Kosten, die sie vor allem für besondere medizinische Qualität und spezielle Angebote hatten (vgl. DKG 2016, ukbnewsroom 2020). Die Krankenkassen erhofften sich eine zusätzliche Konzentration von Leistungen in bestimmten Kliniken anstelle eines breiten Leistungsportfolios in einem Großteil der Krankenhäuser (vgl. Kübler 2017; AOK 2020; GKV-SV 2015, S. 46). Außerdem wurden damit wohl auch Einsparungen in anderen Bereichen und eine bessere Qualität von Behandlungen erhofft. Medizinische Fachgesellschaften erwarteten die finanzielle Auszeichnung von Exzellenz in einigen Krankenhäusern (vgl. Wesselmann et al. 2021). Für die breite Öffentlichkeit – sofern sie die Gesetzgebung u. a. diesbezüglich mitverfolgte – wurde eine bessere Orientierung bei der Auswahl des Krankenhauses für bestimmte Behandlungen erwartet. Der Gesetzgeber erwartete mit dem Krankenhausstrukturgesetz eine Beruhigung in der Verhandlung von Zentrumszuschlägen, wenngleich lediglich der Begriff „präzisiert" in der Begründung erwähnt wird (Deutscher Bundestag 18/5372, S. 37). Die Bundesregierung sagte zur Beschreibung des Erfüllungsaufwandes durch die Selbstverwaltung allerdings: „*Durch die Präzisierung der gesetzlichen Regelungen dürfte es gleichzeitig zu einer Verminderung fachlicher Konflikte kommen,* [...]" (Deutscher Bundestag 18/5372, S. 47). Die Zentrumszuschläge waren grundsätzlich vorgesehen zur Förderung der Spezialisierung, insbesondere im Rahmen von Tumorzentren (Deutscher Bundestag 14/6893, S. 28 & 38).

Autoritätsregeln werden festgelegt durch gesetzliche Vorgaben hinsichtlich dessen, welche Akteure, was und in welchem Ausmaß zu entscheiden haben. Spielräume bestehen dabei vor allem, wenn diese Vorgaben unspezifisch sind und/oder Akteure Autorität z. B. von anderen Ebenen zu- oder aberkannt wird. Konkrete Festlegungen gibt es im SGB V, KHG und KHEntgG. Inwieweit die Details noch genauer auf der Bundesebene festgelegt und welche Spielräume für Diskussionen auf den anderen Ebenen freigehalten werden, ist von Sachverhalt zu Sachverhalt sehr unterschiedlich. Beispielsweise gab es für das Pflegebudget die gesetzliche Festlegung, welche Vereinbarungen auf der Bundesebene zu vereinbaren sind (§ 17b Abs. 4 KHG). Das betrifft vor allem die Abgrenzung der Kostenbestandteile für das Budget auf der Ortsebene und wie viel Kosten aus dem Fallpauschalkatalog rechnerisch ausgegliedert werden sollen. Die erste Version der sog. „Pflegepersonalkostenabgrenzungsvereinbarung" umfasste zwar einige Rahmenvorgaben, welche Kosten exakt in den einzelnen Krankenhäusern der „Pflege am Bett" zugeordnet werden können, blieb aber den Verhandlungsparteien auf der Ortsebene überlassen. Insbesondere, wie mit den Kosten für Pflegehilfskräfte umgegangen werden sollte, war so unspezifisch, dass vielfach die Schiedsstellen auf der Landesebene eingeschaltet wurden (vgl. Rödel & Partner 2020, Seuffert-Law 2021). Selbst die aktuelle Version der Vereinbarung enthält noch Spielraum. In einigen Fällen bedarf und bedurfte es erst einer Intervention des BMG, ehe Vereinbarungen auf der Bundesebene geschlossen wurden. Das geschieht im Rahmen der sog. Ersatzvornahme. Mit dieser wurde z. B. die ersten FPK 2003 und 2004 sowie zuletzt 2023 in Kraft gesetzt (Mau 2022). Die Richtlinie zu den besonderen Aufgaben von Zentren und Schwerpunkten wurde erstmals am 05.12.2019 beschlossen (G-BA 2019a). Damit wurde die gesetzliche Frist aus dem § 136c SGB V eingehalten. Sie wurde (Stand 19.09.2022) noch fünf weitere Male geändert. Bereits mit der ersten Version wird der Landesebene eine zusätzliche Autorität auferlegt, die seitens des SGB V nicht im KHEntgG (§ 2 Abs. 2 Satz 4) vorgesehen war. Mit § 1 Abs. 3 Zentrumsrichtlinie wird als Voraussetzung für die Gewährung von Zentrumszuschlägen die

Ausweisung im Krankenhausplan (oder Ähnlichem) durch die jeweilige Landesregierung festgehalten. Dies hat für das einzelne Krankenhaus (siehe Ortsebene) zur Folge, dass die Ebene Landesregierung für die Ausweisung als Zentrum vor der Zuschlagsberechtigung mit eingebunden werden muss. Diese Regelung hat der G-BA mit in die Richtlinie eingebunden, wenngleich dies eigentlich Bestandteil der Finanzierungsvereinbarung auf Seiten der Selbstverwaltung hätte sein müssen. Allerdings gab es hinsichtlich einer allgemeinen Finanzierungsregelung ohnehin keinen gesetzlichen Auftrag an die Selbstverwaltung – im Gegensatz zu den Notfallzu- und -abschlägen. In der Folge ist die konkrete Ausgestaltung der Finanzierung der jeweiligen Ortsebene überlassen. Der Verweis auf die zusätzliche Autorität der Landesregierung ist – wenngleich eine Doppelung, da sie bereits im KHEntgG enthalten ist – eine Verstärkung der Bedeutung dieser. Darüber hinaus hat der G-BA mit den nachfolgenden Paragrafen die im SGB V vorgesehenen Hintergründe für besondere Aufgaben konkretisiert. So wurde definiert, was keine besondere Aufgabe ist: „*Keine besondere Aufgabe liegt vor, wenn sie bereits durch Entgelte nach dem KHEntgG, dem KHG oder dem SGB V vergütet wird*“ (§ 4 Zentrumsrichtlinie). Laut Stellungnahmen im Rahmen der Beratungen im G-BA gab es hinsichtlich der genauen Formulierung dieser Passage in der Richtlinie deutliche Uneinigkeit, wie umfassend die Autorität welcher Ebene sein sollte. GKV-SV, KBV und Patientenvertretung wünschten eine abschließende Formulierung der Aufgaben in der Richtlinie, die Landesvertreter wollten die Option der Länder haben, weiter Aufgaben zu ermöglichen, und die DKG wollte mögliche Konkretisierungen vor Ort (G-BA 2019a, Anlage 2, § 3 Abs. 6).

Aggregationsregeln werden bestimmt durch die Einflussmöglichkeiten der Akteure auf Handlungssituationen. Grundsätzlich gilt dabei, dass die gesetzgeberischen Vorgaben durch den Bundestag erfolgen. Wie und was genau als Gesetzesvorlage in den Bundestag gelangt, bestimmt zwar primär die Regierungskoalition, aber der Einfluss des BMG als fachliche Vorinstanz ist nicht gering. Üblicherweise kommen die konkreten Vorschläge für Gesetze als sog. Referentenentwürfe direkt aus dem BMG und insbesondere der Abteilung 2 und deren Referaten 215 („wirtschaftliche Fragen der Krankenhäuser“) und 216 („Grundsatzfragen der Krankenhausversorgung, Krankenhausfinanzierung und Personal im Krankenhaus“) (BMG 2023b). Der Referentenentwurf wird dann den relevanten Akteuren auf der Bundesebene zur Stellungnahme zur Verfügung gestellt. Je nach Ressourcen und Bedeutung des Entwurfs für die Akteure erfolgen dann Stellungnahmen und ggf. Öffentlichkeitsarbeit. Das BMG und das Kabinett entscheiden vorab, wie und welche Einwände im Entwurf eines Gesetzes bzw. einer Gesetzesänderung berücksichtigt werden. Anschließend wird der Entwurf über die Regierungsfraktionen in den Bundestag eingebracht und durchläuft den parlamentarischen Prozess. Dabei können weitere Änderungen erfolgen. Der Einfluss der außerparlamentarischen Akteure bzw. Selbstverwaltungspartner unterliegt dann dem gängigen politischen Prozess im Bundestag. Anders sieht es bei Vereinbarungen und anderen gesetzesähnlichen Vorgaben, die entweder im Rahmen von Verträgen durch die Selbstverwaltungspartner oder im G-BA verhandelt werden müssen, aus. Bei Verträgen (bzw. Vereinbarungen) der Selbstverwaltungspartner hat jede beteiligte Partei eine Stimme (eine Unterschrift.) D. h., die Einflussnahme beschränkt sich auf das Verhandlungsgeschick. Als Ausweichmechanismus ist hier abermals die Ersatzvornahme durch das BMG gegeben, sollte keine Einigung erzielt werden. Das BMG kann diese Ersatzvornahme als Rechtsaufsicht der Selbstverwaltung auch ankündigen. Beim G-BA gelten die internen Regeln desselben. Gremien im G-BA sind grundsätzlich paritätisch besetzt plus Unparteiische und einen Vorsitzenden. Es ist üblich, dass jeweils Unparteiische durch Leistungserbringer und Kostenträger besetzt werden. Wer Vorsitzender insb. in den entscheidungsbefugten Gremien wird, wird verhandelt (§ 90 Abs. 2 SGB V). Über die entscheidungsbefugten Teilnehmenden des Plenums des G-BA können die einzelnen Akteure Einfluss auf die Entscheidungen zu Richtlinien nehmen.

Ausmaßregeln sind durch die Detailgenauigkeit der gesetzlichen Vorgaben bedingt, aber auch dadurch, wie stark die Bundesebene einzelne Vereinbarungen beeinflussen und bestimmen kann. Wie bereits beschrieben, werden im gesetzgeberischen Prozess oftmals die beteiligten Akteure um Stellungnahme gebeten. Eine gesetzliche Grundlage dafür gibt es nicht. Je nach Gegenstand der Gesetzesvorgaben müssen explizit oder implizit zusätzliche Maßnahmen – vor allem Vereinbarungen unter den Partnern der Selbstverwaltung – getroffen werden, ehe die weiteren Ebenen mit der Gesetzesvorgabe arbeiten können. Gelegentlich steht es der Bundesebene auch frei, Aufgaben an die anderen Ebenen zu delegieren, wie beim Zentrumszuschlag passiert (s. o.). Die Einführung eines explizit benannten Zentrumszuschlages erfolgte bereits mit der Einführung der Fallpauschalen, existierte aber vorher rudimentär in der Bundespflegesatzverordnung (vgl. Deutscher Bundestag 14/6893, S. 36). Geändert wurde dieser abermals durch das Gesetz zur Reform der Strukturen der Krankenhausversorgung 2016 (Krankenhausstrukturgesetz/KHSG), weil es in der Selbstverwaltung und insbesondere auf der Ortsebene keine Einigung zum Umgang mit dem Zentrumszuschlag gegeben hatte. D. h., allein durch Uneinigkeit konnten die verschiedenen Akteure ausreichend Druck auf die Bundesregierung ausüben, sodass diese eine Änderung der gesetzlichen Vorgaben in Angriff genommen hat.

Informationsregeln auf der Bundesebene betreffen zum einen die Transparenz über die Arbeit der Akteure als auch die (finanziellen) Auswirkungen für die unterschiedlichen Selbstverwaltungsparteien. Dabei geht es auch um betriebliche Geheimnisse und Öffentlichkeitsarbeit. Bei Verhandlungen auf der Bundesebene werden im Zuge der Vorbereitungen beide Seiten die finanziellen Auswirkungen für die eigene Seite überprüfen. Die Krankenkassen rechnen, wie „teuer" diese oder jene Formulierung einer Vereinbarung sein wird. Die DKG bittet ihre Landeskrankenhausgesellschaften um eine Einschätzung, was die Formulierung für einzelne Krankenhäuser bedeuten könnte. Diese Arbeit im Hintergrund erfolgt nicht öffentlich, um z. B. die finanzielle Situation einzelner Kassen zu verbergen. In einigen Fällen kann die Öffentlichkeit auch gezielt einbezogen werden, um einen öffentlichen Druck zu erzeugen bzw. das BMG/die Bundesregierung davon zu überzeugen, Einfluss auf die Vereinbarung zu nehmen oder sogar gesetzgeberische Veränderungen zu bewirken. Offizielle Stellungnahmen zum Referentenentwurf wurden veröffentlicht (BMG 2015). Aus der Stellungnahme des AOK-BV ist zu entnehmen, dass sie Schwierigkeiten in der Abgrenzung der Zentrumsleistungen von DRG-Leistungen sehen. Eine Kostenschätzung wird nicht vorgenommen, aber der Wunsch ausgedrückt, dass die Zuschläge absenkend in den Landesbasisfallwerten zu berücksichtigen sein sollten (AOK-BV 2015, S. 36/37 & S. 73). Ähnlich formulierte dies die Gemeinsame Vertretung der Innungskrankenkassen (IKK e. V.) (IKK 2015, 12 & S. 25). Die DKG sprach bereits davon, dass „wenige Krankenhäuser" vom Zentrumszuschlag „profitieren" werden, und kritisiert die Notwendigkeit der landesplanerischen Ausweisung (DKG 2015a, S. 10 & 25). Auch die DKG veröffentlichte keine Kostenschätzung oder eine Einschätzung, welche und für wie viele Krankenhäuser die Gesetzänderung vorteilhaft bzw. nachteilig sein könnte. Der BKK – DV erwähnt den Zentrumszuschlag gar nicht (BKK 2015). Der Verband der Ersatzkassen e. V. (vdek) formuliert lediglich, dass er mit dieser Gesetzesänderung einverstanden ist (vdek 2015, S. 4). Die fehlenden Anmerkungen zum Zentrumszuschlag seitens einiger Kassen können darauf hindeuten, dass die interne Einschätzung vorherrschte, dass die finanzielle Bedeutung anders als bei den AOKen bei jenen Kassen nicht so hoch ist.

Auszahlungsregeln beziehen sich auf Kosten und Nutzen von Handlungen. Woher die Zahlen kommen, ist nicht transparent erkennbar. Meist „rechnen" die betroffenen Parteien selbst und kommen zu anderen Einschätzungen. Auch hierzu können sich z. B. in den Anlagen der tragenden Gründe Hinweise des G-BA-Beschlusses zur Zentrumsregelung finden. Aus den „tragenden Gründen" des ersten Beschlusses zur G-BA-Richtlinie lässt sich lesen, dass er Bürokratiekosten in Höhe von bundesweit rund 13.000 Euro für alle Zentren zusammen und 53,60 Euro je Zentrum (1 Stunde pro Zentrum) errechnet hat (G-BA 2019b, S. 59). Im gleichen Dokument des G-BA ist auch der Verfahrensablauf mit den unterschiedlichen Stellungnahmen der Verhandlungsparteien und Stellungnahmeberechtigten öffentlich einsehbar (G-BA 2019b. Anlagen). Bei den Zentrumszuschlägen rechnete die damalige Bundesregierung selbst mit Mehrausgaben für die GKV im Jahr 2017 von 180 Millionen Euro und informierte dazu im Rahmen der Gesetzgebung (Deutscher Bundestag 18/5372, S. 41). Wie die Zahl genau ermittelt wurde, bleibt an dieser Stelle unklar. Gleichzeitig vermutet die Bundesregierung eine Kosteneinsparung durch eine „Verminderung fachlicher Konflikte“ (Deutscher Bundestag 18/5372, S. 44). Kosten für die Vereinbarung auf Bundesebene wurde mit 28.000 Euro angesetzt (Deutscher Bundestag 18/5372, S. 47).[11]

4.1.3 Handlungsraum und Akteure

Der Handlungsraum besteht aus allem, was der Gesetzgeber den Akteuren als Aufgaben zuteilt und was diese in Eigeninitiative im Rahmen ihrer Zuständigkeit und Erlaubnis tun, wie z. B. Öffentlichkeitsarbeit. Zu unterscheiden sind hierbei die internen und externen Verhandlungsräume der Akteure. Externe Handlungsräume umfassen auf der Bundesebene die Öffentlichkeitsarbeit, die Verhandlungstätigkeit (bei den Partnern der Selbstverwaltung), die qua Gesetz eingeräumt wird, und die exekutiven und legislativen Optionen (im Fall der Bundesregierung/dem BMG und dem Parlament und entsprechend dem untergesetzlichen Normgeber G-BA). Interne Handlungsräume betreffen das, was innerhalb der einzelnen Akteure als Institutionen möglich ist. Entscheidungsspielräume bestehen dabei hinsichtlich der personellen Besetzung der externen Gremien und den zugeordneten Befugnissen im externen Kontext, außerdem beim Aufbau der internen Strukturen – sofern es keine expliziten gesetzlichen Grundlagen als Vorgabe gibt, und den Einschränkungen, die sich durch die Einflussnahme des Innenaufbaus ergibt. Beispielsweise ist der AOK-Bundesverband im GKV-SV vertreten und soll dort für die einzelnen AOKen sprechen. Diese sind im Wesentlichen regional organisiert und über die Strukturen des AOK-BV

[11] Ein zusätzlicher Aufwand durch etwaige Nachweise der besonderen Aufgaben in den Krankenhäusern und Kosten für die Prüfung durch die Krankenkassen wurde als „sehr gering“ eingeschätzt (Deutscher Bundestag 18/5372, S. 47). Der Aufwand durch den Zentrumszuschlag auf der Landesebene wurde gar nicht erwähnt.

und den zugeordneten Gremien beteiligt. Der AOK-BV hat damit den internen Handlungsraum der Gremien Aufsichtsrat, Gesellschafterversammlung und erweiterter Vorstand (vgl. Antunes 2023). Eine andere innere Verfasstheit gibt es beim vdek, der durch die sechs vdek-Kassen bestimmt wird. Das BMG hat ein Organigramm mit bestimmten hierarchischen Verknüpfungen und entsprechenden Handlungsräumen. Gleiches gilt für die Bundesregierung. Der Bundestag hat ebenso seine eigene Geschäftsordnung, wo z. B. der Ausschuss für Gesundheit meist eine zentrale Rolle im Themenbereich Krankenhausfinanzierung und einen entsprechenden Handlungsraum hat. Aufgrund der Fülle der Räume können diese hier nur beispielhaft nachgezeichnet werden. Dazu wird der Handlungsraum „Gremien im G-BA" im Zusammenhang mit der Verhandlung der Richtlinie zum Zentrumszuschlag beispielhaft verwendet. Die Richtlinie wurde im G-BA zunächst in eine Arbeitsgruppe im Unterausschuss Bedarfsplanung (vgl. G-BA 2019a, S. 60 und G-BA 2019b, S. 7) und dann im Unterausschuss selbst verhandelt und abschließend im Plenum beschlossen. Das sind die externen Handlungsräume. Es ist davon auszugehen, dass es weitere interne Vorberatungsstrukturen in den einzelnen Parteien (individuelle Kassen, Kassengruppen, Kassen gemeinsam, DKG, KBV) gegeben hat, in denen die Thematik ebenso diskutiert wurde. Von der Besetzung der externen Gremien ist nur die Zusammensetzung des Plenums öffentlich bekannt. Des Weiteren haben Kassen wie auch andere Akteure (halb-)öffentliche Handlungsräume geschaffen oder genutzt, um die eigenen Positionen darzustellen (z. B. der Versorgungs- und Forschungskongress der BARMER, Deutscher Krankenhaustag, DRG-Forum). Medizinische Fachgesellschaften nutzten weiterhin eigene Newsletter, Gutachten und Stellungnahmen als Handlungsraum, um ihre Positionen darzulegen (vgl. Hölterhoff/Klein 2017).

In den jeweiligen Räumen gibt es verschiedene Akteure und Handlungssituationen. Auch hier wird das o. g. Beispiel verwendet. Zentrumszuschläge wurden primär in den Gremien des G-BA verhandelt. Unmittelbar beteiligt waren damit Vertretende der Krankenkassen, der Krankenhäuser und der niedergelassenen Ärztinnen und Ärzte. Weiterhin hatten das BMG sowie die Vertretung der Patientinnen und Patienten das Recht, sich an den Beratungen zu beteiligen.

Wie bereits erwähnt, sind aus Sicht der Akteure die Schnittpunkte gemäß Abbildung 4.2

(Pfeilspitze) zu finden. Ob die Zentrumszuschläge dies erreichen, wird unterschiedlich beurteilt.

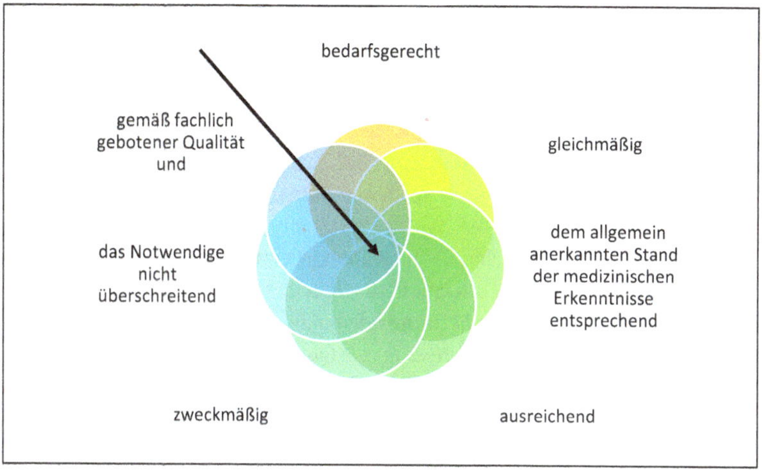

Abbildung 4.2 Vorgaben gemäß § 70 SGB zur Leistungserbringung und Finanzierung. (Eigene Darstellung)

Die Bedarfsgerechtigkeit bei den Zentrumszuschlägen ergibt sich aus dem Ansatz heraus, dass die Fallpauschalen lediglich einen rechnerischen mittleren Kostenansatz vorsehen. Damit werden Krankenhäuser mit Mehrkosten unter- und Krankenhäuser mit weniger Kosten überfinanziert. Bei Krankenhäusern mit Mehrkosten aufgrund von „besonderen Aufgaben" besteht daher der „Bedarf" an einer Finanzierung dieser. Schwierig wird die Abgrenzung dieser Kosten von Mehrkosten, die nicht aufgrund von Zentrumseigenschaften entstehen, z. B. wegen Effizienzmängeln. Außerdem steht und stand zur Diskussion, welche der Kosten der besonderen Aufgaben an sich „bedarfsgerecht" sind. Diese konkrete Diskussion wurde mit der G-BA-Richtlinie auf die Ortsebene verlagert, da nur ein Katalog mit besonderen Aufgaben je Zentrum erstellt wurde. Hinterlegt wurde z. B. bei Herzzentren die Vorhaltung eines Elektrophysiologielabors und interdisziplinäre Fallkonferenzen (G-BA 2015, Anlage 5) und die „*Durchführung von Informationsveranstaltungen für Betroffene und Patientenorganisationen zu den speziellen Angeboten des Zentrums (maximal eine Veranstaltung je Quartal)*" (G-BA 2015, Anlage 6) im Falle der Schlaganfallzentren.

Indem sich die Vertretenden im G-BA bei der Richtlinie zu den Zentrumszuschlägen bei onkologischen Zentren für eine enge Anlehnung an die Vorschläge der Deutschen Krebsgesellschaft entschieden haben, wurde die fachlich gebotene Qualität indirekt berücksichtigt (vgl. Bockhorst 2021, Hölterhoff/Klein 2017, S. 118). Dem Wunsch der Fachgesellschaft, deren Zertifizierung direkt zu verwenden (Hölterhoff/Klein 2017, S. 118), wurde jedoch nicht entsprochen. Bei der Detailtiefe der Qualitätsvorgaben gab es einige Differenzen (G-BA 2019a, Anlage 1 § 5, insbesondere Abs. 6). Da auch für die anderen Zentrumsarten Stellungnahmen der Fachgesellschaften eingeholt wurden G-BA 2019a, Anlage 3), ist anzunehmen, dass dort ähnlich verfahren wurde, um die „fachlich gebotene Qualität" zu berücksichtigen.

Um nach dem allgemein anerkannten Stand der medizinischen Erkenntnisse entsprechend zu agieren, wurde formuliert: „*Eine besondere Aufgabe besteht nicht alleine in der Erbringung einer Leistung nach aktuellem medizinischem Standard, auch wenn die Leistung von besonders hoher Qualität ist*" (G-BA 2019a, Anlage 1 § 4 Abs. 2). Diese Formulierung lehnte die DKG ab (G-BA 2019a, Anlage 1, § 4 Abs. 2). Vermutlich ging sie davon aus, dass unterschiedlich hohe Qualität höher vergütet werden sollte (vgl. G-BA 2019a, Anlage 2, u. a. S. 171).

Gleichmäßige Zentrumszuschläge sind noch schwieriger zu definieren, da eine Zentrumeigenschaft einer Gleichverteilung über den Raum widerspricht. Nichtsdestotrotz kann „gleichmäßig" hier verstanden werden als für jeden Versorgungsbereich (regional) zugänglich. Wie das definiert wird, hat die Deutsche Krebsgesellschaft[12]spezifiziert. Sie sieht eine dreistufige Versorgungsstruktur (für die Onkologie) vor: Organkrebszentren als flächendeckend verfügbares Angebot,

---

[12] Den verfügbaren Quellen ist zu entnehmen, dass Uneinigkeiten beim Zentrumszuschlag vor allem bei onkologischen Zentren vorhanden zu sein scheinen, wenngleich laut G-BA-Richtlinie auch Zentren für andere Erkrankungen vorgesehen sind (s. Anlagen der Richtlinie). Aus den Stellungnahmen bzw. Formulierungsvorschlägen der tragenden Gründe ist zu entnehmen, dass die Krankenhäuser auch die mittelbaren Vorteile der stationären Patienten gerne mit den Aufgaben der Zentren bzw. deren Finanzierung als Kriterium gesehen hätten: „wenn ein Krankenhaus eine besondere Aufgabe wahrnimmt, die der stationären Behandlung der Patientinnen und Patienten mittelbar zugutekommt" (G-BA 2019a, Anlage 1, § 3, Abs. 5). Alle anderen Beteiligten wollten den direkten Bezug zu den (eigenen) stationären Patientinnen und Patienten im Krankenhaus nicht: „wenn ein Krankenhaus eine besondere Aufgabe wahrnimmt, die über die Behandlung der eigenen Patientinnen und Patienten hinausgeht" (G-BA 2019a, Anlage 1, § 3, Abs. 5). Zudem wollten die Kassen eine explizite Erwähnung, dass ambulante Leistungen nicht eingeschlossen sind (G-BA 2019a., § 4, Abs. 3). Das Bundesverwaltungsgericht verweist direkt auf diesen Punkt: „Daraus folgt für die besonderen Aufgaben von Zentren und Schwerpunkten, dass sie nur dann als allgemeine Krankenhausleistung zu vergüten sind, wenn sie für die medizinisch zweckmäßige und ausreichende Versorgung des Patienten notwendig sind. Das kann aber auch bei patientenübergreifenden Leistungen der

onkologische Zentren als etwas mehr spezialisierte Versorgung und die selteneren hoch spezialisierten onkologischen Spitzenzentren (Hölterhoff/Klein 2017, S. 6). Aus den Debatten zwischen Kassenvertretenden und Krankenhäusern zeigt sich, dass beim Thema Zentrumszuschläge Krankenkassen eher Spitzenzentren im Blick haben und Krankenhäuser eher Organkrebszentren (s. o.). Der G-BA hat im Wesentlichen entschieden, dass die onkologischen Zentren und die Spitzenzentren zentrumszuschlagsrelevant sind. Das lässt sich daran festmachen, dass in der letztgültigen Richtlinie die fünf Tumorentitäten aus der Veröffentlichung der Deutschen Krebsgesellschaft als Zentrumsbedingung hinterlegt wurden (G-BA 2019a, § 1 Abs. 5, vgl. auch Bockhorst 2021, S. 962). Diese sollen nur in eben jenen Zentren versorgt werden (Hölterhoff/Klein 2017, S. 13).

Zentrumszuschläge und deren Vereinbarung sollten das Notwendige nicht überschreiten. Dieser Punkt wurde z. B. in einem Klageverfahren zum Zentrumszuschlag in einem Brustkrebszentrum in Nordrhein-Westfalen widersprüchlich diskutiert (vgl. BVerwG 2014). Die Kassen argumentierten, dass ein Teil der Aufgaben bereits in den Fallpauschalen berücksichtigt und damit zusätzliche (vermutlich kostenintensivere) Leistungen nicht zu finanzieren seien. Das Krankenhaus sah dies anders, da Zentren Leistungen besonders gut und daher kostenintensiver zu erbringen haben.[13]

Ob der Zentrumszuschlag ausreichend ist, wäre anhand der ausgezahlten Zuschläge und der Kosten der einzelnen Häuser zu beurteilen und das ist eine Frage der Ortsebene (siehe Abschnitt 4.3).[14] Genaue Daten zu vereinbarten Abschlägen und entstandenen Kosten sind nicht verfügbar, sodass eine detaillierte Analyse zum Punkt „ausreichend" an dieser Stelle nicht möglich ist.

Fall sein." Die Vereinbarung zu Zentrumszuschlägen sollte dann auch zweckmäßig sein, wenn die Leistung „patientenübergreifend" ist (Bundesverwaltungsgericht 214, S. 6).

[13] Die vielfachen Uneinigkeiten zu Brustzentren waren im Übrigen einer der ausschlaggebenden Gründe für die gesetzliche Anpassung (vgl. Fiori et al. 2016, S. 523; Bockhorst 2021, S. 958).

[14] Von Seiten der Kassen kann dies nur anhand von vorgelegten Nachweisen der Krankenhäuser beurteilt werden. Richtwerte gibt es nicht. Kassen können sich lediglich auf Erfahrungswerte (aus anderen Verhandlungen) berufen oder die Kostenhöhe einzelner Posten infrage stellen. Von Seiten der (betroffenen) Krankenhäuser kann versucht werden, alle anfallenden Kosten im jeweiligen Zentrum für die besonderen Aufgaben geltend zu machen. Ob diese Kosten in der Form erfasst werden, ist von Krankenhaus zu Krankenhaus unterschiedlich, zumal die Abgrenzung zu Allgemeinkosten in den Fallpauschalen z. B. für Sekretärinnen und Technik nur in Kalkulationshäusern und Häusern, die ansonsten einen entsprechenden Kostenträger bzw. -stellenrechnung haben, möglich ist. Da eine derartige Kosten-Leistungsrechnung sehr aufwändig ist, kann dies zu Benachteiligungen für Krankenhäuser bestimmter Größenklassen, Lage und Verbundstrategie führen.

Diese ausgeführten Elemente ergeben zusammen ein Interaktionsmuster bestehend aus der Gesetzesinitiative der Bundesregierung, den weiteren Gesetzgebungsprozessen und den Ausführungen in den Selbstverwaltungsgremien intern wie extern der Selbstverwaltung. Interventionen erfahren die Interaktionsmuster durch Lobby (inkl. Fachgesellschaften) und der breiten Öffentlichkeit bzw. Presse (Abbildung 4.3). Innerhalb jeder dieser einzelnen Elemente der Interaktionen können Benachteiligungen angelegt werden – sei es bereits in den Vorlagen der Bundesregierung, sei es im Gesetzgebungsverfahren unter Beteiligung von Lobby und Öffentlichkeit. Aber auch im und um die Ausführungen der Selbstverwaltung können in die vielfach formalen Vorgaben der Krankenhausfinanzierung Elemente eingebaut werden, die Benachteiligungen begünstigen oder abbauen.

Abbildung 4.3 Interaktionsmuster auf der Bundesebene. (Eigene Darstellung)

Sinnhaft wäre, dieses Vorgehen für neue Gesetzesinitiativen zu verwenden und ähnlich vorzugehen, um mögliche vorteilhafte oder nachteilige Auswirkungen vorab zu prüfen.

Für den Zentrumszuschlag merken Hölterhoff/Klein bereits Benachteiligungen für jene Einrichtungen an, die Mehrleistungen erbringen (2017, S. 99). Sie beziehen dies vor allem auf die durch die DRG gebildeten Durchschnittspreise, die jene Leistungserbringung ohne Mehrleistungen und damit ohne Mehrkosten begünstigt. Das ist eine Argumentation, die für alle pauschalen Leistungen gilt: Leistungserbringer mit Mehrkosten werden immer finanzielle Nachteile bei einer pauschalen Abrechnung haben. Aus diesem Grund sollen Mehrleistungen durch die Zentrumseigenschaft zusätzlich durch die Kostenträger abgegolten werden (vgl. Hölterhoff/Klein 2017, S. 101). Laut Umfrage werden diese aber nicht umfassend vereinbart (Hölterhoff/Klein 2017, S. 101–102).

Nachteile ergeben sich zudem für Krankenhäuser, deren Spezialisierung im Sinne einer Zentralisierung gerade erst begonnen hat, sodass bestimmte Anforderungen für einen Zentrumszuschlag noch nicht vollständig erfüllt sind. Vom Zeitraum des Beginns der Zentrumsbildung bis zur Erfüllung aller Vorgaben entstehende Kosten werden nicht gegenfinanziert, da es keine Übergangsregelung für künftige Zentren gibt (Bockhorst 2021, S. 964). Hier kann es auch zu Ungleichgewichten durch die Charakteristika der einzelnen Häuser im Sinne der finanziellen Basis kommen (siehe Abschnitt 4.3), die durch diese Regelung noch verstärkt werden können.

4.2 Landesebene: Krankenhausinvestitionen und -planung

Die Landesebene ist nach der Bundesebene die Ebene, in der ein weiterer Teil der Rahmenbedingungen der Krankenhausfinanzierung festgelegt wird. Die detaillierte Struktur dieser Umsetzung wird folgend ebenfalls mit den Maßgaben des IDA-Frameworks dargestellt.

4.2.1 Bedingungen und Gemeinschaft

Die physischen und materiellen Bedingungen der Finanzierung der Krankenhäuser auf der Landesebene werden durch vier Teilbereiche bestimmt. Zum einen ist das jeweilige Bundesland durch die sogenannte „duale Finanzierung“ für die Versorgung mit Investitionsmitteln zuständig (vgl. u. a. § 6 KHG). Zum anderen tragen die Krankenhausplanung und zuständigen Landesgremien zur Grundlage der Leistungsverteilung bei. Die Leistungsverteilung wiederum bedingt die auf

Ortsebene mögliche Verteilung der Finanzmittel im Rahmen der Budgetverhandlungen (Abschnitt 4.3). Auf Landesebene wird zudem der Landesbasisfallwert bestimmt (§ 10 KHEntgG). Es sind also folgende Elemente, bei denen sich die physischen und materiellen Bedingungen auf Landesebene (zwischen den Bundesländern) unterscheiden können: Krankenhausplanung, Investitionsfinanzierung, Landesbasisfallwert sowie die Ausstattung/Arbeitsmöglichkeiten der Landesgremien und -ausschüsse.

Die Bedeutung der einzelnen Teilbereiche für die individuellen Krankenhäuser ist unterschiedlich stark. Die Krankenhausplanung bildet per se die Grundlage. Allerdings hat ein Krankenhaus Möglichkeiten, die eigene Vorstellung auf dem Rechtsweg durchzusetzen (vgl. Wissenschaftlicher Dienst des Deutscher Bundestags 2014, S. 38). Die Investitionsfinanzierung ist elementar, weil sie – neben den Budgets für die Betriebskosten – die finanziellen Optionen verteilt. Der Landesbasisfallwert (LBFW) erlangt erst mit der Leistungsstruktur eine Bedeutung, weil jeder einzelne Krankenhausfall mit dem LBFW finanziert wird. Die Landesgremien an sich haben keine eigenständige Finanzierungs- bzw. Planungsfunktion. Daher haben diese nur eine geringe Bedeutung. Die Krankenhausplanung bildet das Fundament der Finanzierungspyramide der Krankenhausstruktur und mithin der Krankenhäuser an sich.

Es gibt 16 verschiedene Bundesländer und damit ebenso viele unterschiedliche Strukturen der Krankenhauslandschaft. Das ist teilweise historisch bedingt, teilweise liegt es an den unterschiedlichen Politiken in der Krankenhausplanung und/oder -finanzierung.[15]

Die Krankenhausplanung ist Angelegenheit des jeweiligen Bundeslandes (§ 107 & 108 SGB V sowie § 6 KHG). Wie die sie konkret zu erfolgen hat, ist in der Bundesgesetzgebung nicht vorgegeben und kann jedes Land selbst festgelegen. Eine Übersicht über die einzelnen Vorgaben findet sich in der jährlichen Bestandsaufnahme der DKG (vgl. DKG 2021, S. 26–80). Einige Unterschiede und Gemeinsamkeiten lassen sich aus den Krankenhausplänen der Länder herausarbeiten. Eine Übersicht über die Pläne der Länder findet sich in der Tabelle der Analyse der Pläne in der Anlage und in Degen 2024. Unterschiede gibt es schon im Umfang und Detailierungsgrad der Ausführungen zur Planung sowie den konkreten Festlegungen. Ein Hinweis darauf geben die Seitenzahlen des jeweiligen

[15] Im Folgenden wird lediglich der Bereich der Somatik betrachtet. Für die Psychiatrie gibt es meist zwar auch Ausführungen in den Krankenhausplänen, diese sind aber aufgrund der derzeitigen Änderungen der Finanzierung (Umstellung von LKA-Finanzierung auf PEPP) nicht gut vergleichbar.

zugrunde liegenden Dokuments, die von 15 bis über 200 Seiten[16] reichen. Es gibt Krankenhauspläne, in denen nur ein kurzer Verweis auf die Berechnung der Planbetten vorhanden ist (z. B. Sachsen), andere Länder beschreiben den kompletten Prozess der Planerstellung mit den einzelnen Einbindungsphasen und gesetzlichen Grundlagen, z. B. Berlin. Einige Krankenhauspläne strukturieren das jeweilige Bundesland nach Versorgungsregionen. Viele Länder machen Ausführungen zu Versorgungsgraden (z. B. in Form von regionale/überregionaler Versorgung oder Maximal-/Grundversorgung). Es gibt allerdings auch Länder, die nichts dergleichen festlegen. Auch gibt es Unterschiede hinsichtlich der Detailgrade der Planung an sich. Im Wesentlichen gibt es zwei Arten: die sogenannte Detailplanung und die Rahmenplanung. Bei Ländern, die eine Detailplanung machen, werden je Krankenhaus die genauen Betten pro Fachabteilung festgelegt. Länder, die sich auf eine Rahmenplanung verständigt haben, planen Betten nur auf der Ebene des Gesamt-Krankenhauses bzw. Standorts. Für beide Ansätze gibt es Begründungen und die beiden Methoden werden je in der Hälfte der Länder angewandt.

Die Herleitung der Bedarfe erfolgt auf verschiedenen Wegen, orientiert sich aber in den meisten Ländern an der der sog. Hill-Burton-Formel[17]. Verwendet werden oft das aktuelle Leistungsgeschehen – entweder auf Basis der Krankenhausstatistik oder der Meldedaten an das InEK[18] oder eine Kombination aus beiden –, eine Bevölkerungsprognose, Krankenhaushäufigkeit, Verweildauer, Bettennutzung und Ähnliches. Fast immer gibt es bei der Berechnung einen Sollnutzungsgrad, der einmal festgelegt wird und künftig bei der Bettenplanung erreicht werden soll. Gelegentlich werden ergänzende Faktoren wie Morbiditätsentwicklung, Veränderung des medizinischen Fortschritts und ambulante Potenziale berücksichtigt.

Die Strukturierung der Fachabteilung orientiert sich grundsätzlich an der jeweiligen landesspezifischen Weiterbildungsordnung der Ärztinnen und Ärzte. Auch bei Ländern mit einer Rahmenplanung werden die Betten insgesamt je

---

[16] Die Seitenzahlen sind nur als Hinweise zu verstehen. Manchmal gibt es noch ergänzende Dokumente und Anlagen zum Plan, die weitere Details aufgreifen.

[17] Die Hill-Burton-Formel berechnet anhand der Faktoren Einwohnerzahl, Verweildauer, Auslastungsgrad und Krankenhaushäufigkeit den Bettenbedarf. Die Formel gibt es in modifizierter Form (vgl. DKG 2021, S. 26). Betten als Planungsgrundlage sind allerdings seit Jahren umstritten (SVR 2018, S. 164).

[18] Die sog. § 21-Daten sind jene Daten der Krankenhäuser, die gemäß § 21 KHEntgG einmal jährlich an das INEK übermittelt werden müssen. Sie umfassen Struktur- und Leistungsdaten des jeweiligen Krankenhauses und dienen an verschiedenen Stellen zur Weiterentwicklung und Überprüfung des Entgeltsystems.

Fachgebiet je Land oder Region geplant. In vielen Fällen werden einzelne Fachabteilungen weiter aufgegliedert, um spezielle Teil-Fachbereiche gesondert zu beplanen, z. B. die Geriatrie als Teil der Inneren Medizin und die Trauma-Chirurgie als Teil der Chirurgie.

In einigen Fällen wurden für die Bedarfsermittlung und/oder Planung externe Gutachten (z. B. Saarland) eingeholt oder explizit die konkrete zahlenmäßige Ermittlung ausgelagert (z. B. Sachsen-Anhalt).

Die Einbindung von Fach- oder Expertengruppen und festgelegter Gremien aus der Selbstverwaltung ist weit verbreitet und wird unterschiedlich intensiv gehandhabt. Manchmal gibt es alles (Expertengremien, Fachkonferenzen, regionale Versorgungskonferenzen, eine Ausprägung eines Krankenhausplanungsausschusses, verschiedene Arbeitsgruppen), z. B. in Hamburg. Gelegentlich wird nur eine Art Krankenhausplanungsausschuss angehört, z. B. in Baden-Württemberg. In einigen Fällen gibt es ergänzende Anhörungen der Krankenhäuser selbst, z. B. in Brandenburg. Gelegentlich wird das Gremium nach § 90a mit eingebunden, z. B. in Hessen.

In einigen Ländern werden Versuche einer länderübergreifenden Planung bzw. Einbindung von Nachbarländern unternommen. Das betrifft derzeit nur Berlin und Brandenburg, Schleswig-Holstein und Hamburg sowie Saarland und Rheinland-Pfalz.[19]

Neben zusätzlichen Details zu Betten in Teilbereichen werden oft – aber nicht immer – ergänzende Ausführungen zu medizinischen, pflegerischen oder anderen fachlichen Vorgaben und Qualitätsanforderungen gemacht. So verweist Brandenburg beispielsweise auf ein eigenes Fachkonzept in der Geriatrie und Berlin auf Pflegepersonal auf Intensivstationen. Manche Pläne machen den Krankenhäusern konkrete Leistungsvorgaben oder fordern einen regelmäßigen Leistungsreport an (z. B. in Hessen).

Mittlerweile verweisen fast alle Pläne auf die besonderen Aufgaben von Zentren und Schwerpunkten gemäße G-BA-Richtlinie. Dabei werden aber nicht immer die Zuweisungen auf ein bestimmtes Krankenhaus vorgenommen, wie es die G-BA-Richtlinie bzw. die Vergütungsvereinbarung vorsieht. Ähnlich verhält es sich beim Thema Notfallversorgung.

Einige Länder bestimmen auch die Aufgaben der Krankenhäuser im Katastrophenfall ausführlich (z. B. Saarland). Als einziges Land hat Hessen eine eigene

[19] Zumindest ist das so in den jeweiligen Plänen erwähnt. Ob es in anderen Ländern Kommunikation zwischen den Ländern zur gemeinsamen Planung gab oder gibt, lässt sich anhand der Krankenhauspläne derzeit nicht feststellen.

Vorgabe zu Sicherstellungszuschlägen. Und im Krankenhausplan des Saarlands gibt es einen eigenen Abschnitt zu einer konkreten Krankenhausschließung.

Die Zeiträume der Planung rangieren von zweijährigen Überprüfungen bis zur Ausweisung von längeren Zeiträumen (6 Jahre oder länger) bis zur Fortschreibung oder Neuerstellung eines neuen Plans.

Bis auf Rheinland-Pfalz äußern sich alle Krankenhauspläne zum Thema Ausbildung. Manch ein Land nennt lediglich die „notwendig verbundenen" Ausbildungsstätten (z. B. Baden-Württemberg), manche weisen sogar die Ausbildungskapazität in den jeweiligen Krankenhäusern aus (z. B. Saarland).

Die Investitionsfinanzierung wird bis auf wenige Ausnahmen zumindest genannt. Meist wird im Krankenhausplan auf ein gesondertes Investitionsprogramm verwiesen.

Die Investitionsfinanzierung obliegt grundsätzlich den Bundesländern (vgl. 2. Abschnitt KHG), wenngleich einige besondere Programme des Bundes Investitionen über andere Wege fördern (ins. Krankenhausstrukturfonds, Krankenhauszukunftsfonds). Die Verteilung der letztgenannten investiven Mittel erfolgt meist anhand des Königsteiner Schlüssels[20] und hängt damit wesentlich von den materiellen Bedingungen (hier: Steueraufkommen) und der Einwohnerzahl des Bundeslandes ab. Oft ist eine zusätzliche Beteiligung des Bundeslandes an den zu fördernden Maßnahmen vorgesehen. Die Verwendung des Königsteiner Schlüssels unterliegt vielfacher Kritik und kann durch die einfache Parametrisierung anhand des Steueraufkommens und der einfachen Einwohnerzahl schon benachteiligend wirken. Indem den Regionen, die ohnehin schon eine bessere finanzielle Lage vorweisen, mehr Gelder zugewiesen werden als Regionen, die weniger gut dastehen, kann sich eine finanzielle Schieflage der Region unmittelbar auf die zugehörigen Krankenhäuser auswirken. Die Einwohnerzahl ist per se noch kein Maß für den Bedarf an Krankenhausleistungen, sodass auch hiermit keine bedarfsorientierte Verteilung der Gelder erfolgt. Mithin müsste anhand granularer demografischer Merkmale eine Verteilung erfolgen, um die Krankenhäuser bedarfsgerecht mit zusätzlichen Fördermitteln auszustatten. Potenziert wird das Problem dann noch durch die zu gewährenden Zuschüsse durch die jeweiligen Länder, die wiederum nur dann Zuschüsse ausgeben können, wenn sie entsprechende Einnahmen haben – gewissermaßen ein Teufelskreis. Der wissenschaftliche Dienst des Bundestages hat in einer Ausarbeitung 2020 darauf hingewiesen, dass der Königsteiner Schlüssel für die Verteilung von Mitteln

[20] Der Königsteiner Schlüssel verteilt anhand der Faktoren Einwohnerzahl und Steueraufkommen der Länder des Vorjahres (vgl. Wissenschaftlicher Dienst des Bundestages 2020, S. 8).

mit sozialem Zweck „fraglich" sei (Wissenschaftlicher Dienst des Deutschen Bundestages 2020, S. 10).

Bei der tatsächlichen Investitionsfinanzierung der Länder gibt es Unterschiede und Gemeinsamkeiten. Allein die verschiedenartigen Formalitäten hinsichtlich der Beantragung und Ausgabe der Mittel auf Landesebene können Unterschiede zwischen den Ländern ebenso wie zwischen den Häusern an sich bewirken. Die Arbeitsgemeinschaft Oberste Landesgesundheitsbehörden der Gesundheitsministerkonferenz (AOLG) fasst regelmäßig den aktuellen Stand der Investitionsfinanzierung der Länder zusammen. Die Veröffentlichung und öffentliche Interpretation der Ergebnisse erfolgt allerdings durch die DKG (vgl. u. a. DKG 2020). Ausgehend davon, dass die DKG eine Investitionslücke von rund 50 % bezogen auf das gesamte Bundesgebiet sieht (DKG 2020, S. 9), wäre eine Darstellung der Investitionslücken pro Land interessant, um eine regionale Benachteiligung in der Krankenhausfinanzierung zu erkennen. Das Prinzip der Investitionsbewertungsrelationen, wo pro Fall eine Investitionszusage in einer bestimmten Höhe erfolgt, wurde noch nicht einheitlich umgesetzt. Eine pauschale Finanzierung von Investitionen ähnlich wie bei der Betriebskostenfinanzierung ist damit nicht vorhanden, sodass eine einheitliche Orientierung am Leistungsgeschehen nicht erfolgt. Das kann dazu führen, dass mögliche Ungleichheiten oder Benachteiligungen, die durch die Betriebskostenfinanzierung erfolgen und sich am Leistungsgeschehen orientieren, ausgeglichen werden könnten, indem die Länder Investitionen nicht pauschal finanzieren. Da Länder aber lediglich Investitionen und keine Betriebskosten finanzieren, haben – zugespitzt formuliert – die Krankenhäuser zwar tolle medizinische Geräte (= Investition), aber kein Personal (= Betriebskosten), um diese zu betreiben.

De facto hängt die Investitionsfinanzierung an den Zusagen aus den jeweiligen Landeshaushalten und dem entsprechenden Verhandlungsgeschick der jeweiligen Krankenhäuser, Investitionen zu begründen und zu erhalten. Darüber hinaus besteht in einigen Ländern die Möglichkeit einer kommunalen Beteiligung an der Investitionsfinanzierung der Krankenhäuser und in anderen Ländern nicht (vgl. DKG 2020, S. 20–22). Auch hieraus können Vor- und Nachteile für einzelne Krankenhäuser bzw. Regionen entstehen, die sich direkt aus den Finanzmöglichkeiten der jeweiligen Region ergeben, sofern eine kommunale Investitionsfinanzierung überhaupt vorgesehen ist. Das Gesetz zur Förderung von Investitionen finanzschwacher Kommunen (KInvFG/Kommunalinvestitionsförderungsgesetz) sieht allerdings die Möglichkeit einer Unterstützung finanzschwacher Kommunen vor. Die Finanzierung erfolgt größtenteils (90 %) aus Bundesvermögen (DKG 2020, S. 23 & KInvFG). Über die Verteilung der Gelder innerhalb eines Landes entscheidet die jeweilige Landesregierung. Gemäß § 2 KInvFG ist die Verteilung des Gesamtbudgets auf die Bundesländer fixiert, sodass lediglich innerhalb eines Landes ein Nachteilsausgleich erfolgen kann. Inwiefern bei der Verteilung des Budgets auf die Länder Ausgleiche zwischen finanzstärkeren zu finanzschwächeren Ländern erfolgt sind, lässt sich nicht mehr nachvollziehen. Die Umsetzung ist bis Stand Juni 2021 in den Ländern noch sehr unterschiedlich. Während in Sachsen bereits 98 % der Mittel abgerufen worden sind, sind in Hessen erst 64,5 % der Mittel eingesetzt worden (Bundesfinanzministerium 2021, S. 3).

Nur rund 50 % der Mittel für investive Maßnahmen stammen laut einer Befragung der BDO-Wirtschaftsprüfungsgesellschaft (BDO) aus Mitteln der öffentlichen Hand (vgl. BDO 2015, S. 13). Der Rest wird durch Eigenmittel (rund 33 %), dem Kapitalmarkt (rund 11 %) und sonstigen Quellen wie Spenden, Trägerzuschüsse u. a. aufgebracht (BDO 2015, S. 14). Das Gutachten stellt zudem fest, dass vor allem größere Häuser weniger Zuschüsse erhalten (BDO 2015, S. 15). Die Größenklasse spielt beim Erfolg zur Erbringung von Investitionen aus Eigenmitteln keine Rolle, allerdings bei der individuellen Einschätzung, ob eine Investitionsfähigkeit erreicht werden kann (BDO 2015, S. 16–17).

Probleme in der Investitionsfinanzierung werden regelmäßig thematisiert. Die DKG macht immer wieder darauf aufmerksam, dass es teilweise starke Unterschiede in der förmlichen Ausgestaltung der Investitionsfinanzierung zwischen den Ländern gibt (vgl. DKI 2020) und es insgesamt deutliche Unterschiede in der Investitionstätigkeit der Länder gibt. Vielfach wird Reformbedarf angemahnt (vgl. u. a. Klauber et al. 2020, S. VI).

Ein Gutachten des RWI – Leibniz-Institut für Wirtschaftsforschung (RWI) von 2017 für das BMG nennt deutlich ein sichtbares Problem der derzeitigen Finanzierungssystematik: „*Prosperierende Länder haben mehr finanzielle Möglichkeiten, ihre Krankenhäuser zu fördern, als Länder mit einer schwächeren Finanzkraft*" (RWI 2017, S. 20). Hingewiesen wird außerdem auf die ungleich verteilten Möglichkeiten der Krankenhausträger, Finanzmittel aus eigener Kraft in Investitionen zu lenken (RWI 2017). Private Träger scheinen hier im Vorteil zu sein (RWI 2017, S. 33). Pilny (2017) errechnet Unterschiede hinsichtlich der Trägerschaft bei der Gewährung von Zuschüssen durch die Länder (S. 17). Das Gutachten des RWI analysiert diesbezüglich weitere Kennzahlen und stellt fest, dass es enorme Unterschiede im Sachanlagevermögen zwischen den Bundesländern gibt (RWI 2017, S. 32). Hinzu kommt außerdem die Abhängigkeit vom politischen Willen der jeweiligen Landesregierung, wie und in welcher Höhe die Finanzmittel auf die einzelnen Krankenhäuser verteilt werden. Politische Unterschiede scheinen laut Pilny (2017) eine erkennbare Rolle bei der Gewährung von Zuschüssen zu spielen (S. 17).

Ein drittes Element auf der Landesebene – nach der Investitionsfinanzierung und der Krankenhausplanung – ist der Landesbasisfallwert. Der Landesbasisfallwert (LBFW) bildet die Grundlage für die pauschale Abrechnung von Krankenhausleistungen. Multipliziert mit der zur Leistung (DRG) gehörigen Bewertungsrelation (BWR) nach dem bundesweit vereinbarten einheitlichen Fallpauschalenkatalog (FPK) ergibt er die abrechenbare Summe ohne Zusatzentgelte und Zu-/Abschläge für eine Krankenhausbehandlung. Der LBFW soll die mittleren Kosten einer Krankenhausbehandlung widerspiegeln und basiert auf dem Bundesbasisfallwert, welches auf Bundesebene kalkuliert und vereinbart wird. Auf der Landesebene wird er nach § 10 KHEntgG für das Folgejahr verhandelt. Die Verhandlung richtet sich im Wesentlichen nach den Grenzen, die die Bundesbasisfallwertvereinbarung hergibt, dem auf Bundesebene vereinbarten Veränderungswert sowie landesspezifischen Tatbeständen, die zu berücksichtigen sind. Letztere sind formal die Summe aller vereinbarten Leistungen der einzelnen Krankenhäuser im jeweiligen Bundesland, eine geschätzte Kostenentwicklung, die sog. „Ausschöpfung von Wirtschaftlichkeitsreserven", sowie diverse Zuschläge, die in den einzelnen Krankenhäusern vereinbart wurden. Die Studie von RWI aus dem Jahr 2013 folgert diesbezüglich: *„Zusätzliche Erlöskomponenten, besondere Verhandlungsstile bei Landesbasisfallwertverhandlungen, Qualitätsunterschiede und besondere Krankenhaus- oder Bundeslandstrukturen in den Ländern scheinen dagegen ohne große Erklärungskraft für die Unterschiede der LBFW zu sein. Insofern ist davon auszugehen, dass mindestens zwei Drittel der Variation der LBFW auf historisch vorhandene – jedoch ökonomisch nicht begründbare – Unterschiede zurückzuführen sein müssen.*" (RWI 2013, S. 10)

Als weiteres Element der Landesebene sind die Landesgremien zu betrachten. Die Landesgremien sind nach § 90a SGB V ehrenamtliche Organe mit Vertretenden aus der jeweiligen Kassenärztlichen Vereinigung, der Landeskrankenhausgesellschaft, den Krankenkassen (bzw. deren Landesvertretungen) sowie Vertretenden des Landes. Daneben können weitere Beteiligte einbezogen werden. Das Gremium hat nur empfehlenden Charakter zu Themen der Versorgung und Planung. Wie dieses Gremium zu bilden und zu finanzieren ist, lässt das SGB V offen. Die Länder haben den Auftrag sehr unterschiedlich gelöst. In einigen Ländern wurde das Gremium lediglich formal gegründet, um anschließend einige wenige Male zu tagen. In anderen Ländern tagt das Gremium regelmäßig, verfasst Protokolle und Stellungnahmen und hat sogar eine Tagesordnung. Manche Länder binden das Gremium mit in die Krankenhausplanung ein. Eine Übersicht über den Stand der Gremien in den Ländern findet sich in der Anlage. Da die Akteure teilweise deckungsgleich mit anderen Gremien und Strukturen der Krankenplanung und/oder -finanzierung sowie der Bedarfsplanung sind (siehe Abschnitt 3.2), liegen strukturelle und systematische Unterschiede eher im Gesamtkomplex der Einbindung verschiedener Akteure und deren potenziell benachteiligende Wirkung (siehe ggf. auch den Abschnitt „Akteure“ in den jeweiligen Kapiteln).

Die Eigenschaften der Gemeinschaft lassen sich anhand der jeweiligen Spezifika der Bundesländer nachzeichnen. Unterschieden werden kann nach z. B.

- ländlich/städtisch,
- Flächenland,
- Siedlungsstruktur,
- Ost-West,
- Nord-Süd,
- politischen Konstellationen oder Wahlverhalten,
- aber auch nach der Zusammensetzung der Bevölkerung (Altersstruktur, Erwerbsquote, religiöse Zugehörigkeit).

Damit lassen sich Zusammenhänge in der Krankenhausstruktur, -finanzierung und -inanspruchnahme bilden.

Ländliche Regionen bedürfen durch die geringe Bevölkerungsdichte tendenziell weniger Angebot an Krankenhausleistungen als eine städtische Region. Gleichzeitig muss davon ausgegangen werden, dass Grundleistungen dennoch vorgehalten werden sollen, sodass zumindest Basisleistungen im ländlichen Raum aufrechterhalten werden, um die Versorgung der Bevölkerung sicherzustellen. Flächenländer haben dabei zudem eher ein Mobilitätsproblem als eine dicht besiedelte Region mit einer Vielzahl an Transportoptionen (ÖPNV, privater motorisierter und nicht motorisierter Nahverkehr). Gleichzeitig mag auch das Inanspruchnahmeverhalten ein anderes sein, weil sich die Zusammensetzung der Bewohnerinnen und Bewohner unterscheidet (z. B. hinsichtlich Morbidität, Altersstruktur, andere Umgangskultur mit gesundheitlichen Sachverhalten) (vgl. Moreno et al. 2024; Milbert/Furkert 2020; Eum et al. 2019; Schang et al. 2016).

Wie bereits erläutert, gibt es in der Krankenhausfinanzierung den sogenannten Sicherstellungszuschlag (vgl. Abschnitt 2.3). Dieser wird dann ausgegeben, wenn die Bevölkerungsdichte so gering ist, dass die Einwohnerzahl im Sinne potenzieller Patientinnen und Patienten so niedrig ist, dass eine auskömmliche Finanzierung über reine Leistungspauschalen nicht gegeben ist. Dies trifft vor allem für Krankenhäuser in ländlichen Räumen und Insellagen zu. Dass die Bevölkerung in allen Regionen eher zu- als abnehmen wird, davon geht das Bundesinstitut für Bau-, Stadt- und Raumordnung aus. Aber insbesondere bei den Erwerbspersonen wird davon ausgegangen, dass die ländlichen Regionen stärker schrumpfen werden (BBSR 2021, S. 7). Welche Bedeutung das konkret für die Krankenhausleistungen, aber auch die Finanzierung haben wird, lässt sich über verschiedene Zusammenhänge darstellen. So führt eine geringere Anzahl von Erwerbspersonen tendenziell zu geringeren Einnahmen in der Region (insb. über die Einkommens-, aber auch die Gewerbe- und andere Steuern). Die Verfügbarkeit von Fachkräften (und damit potenziellen Mitarbeitenden eines Krankenhauses) sinkt stärker als in eher städtischen Regionen. Eine veränderte Bevölkerungsstruktur z. B. mit mehr älteren Menschen steigert eher den Bedarf an (bestimmten) Krankenhausleistungen und den damit verbundenen nötigen Ausgaben. Wenn dies regional unterschiedlich verläuft, wird eine gleichbleibende Krankenhausfinanzierung Benachteiligungen durch diese Eigenschaften der (regionalen) Gemeinschaften hervorrufen.

Damit zeigt sich in diesem Teilaspekt, dass die umgebenden Eigenschaften eines Bundeslandes relevant sind für die Krankenhausfinanzierung. Es ist davon auszugehen, dass der Trend der Bevölkerungsentwicklung, wie sie u. a. das BBSR prognostiziert, entsprechende Effekte auf die Krankenhauslage als Teil der Daseinsvorsorge haben wird (vgl. BBSR 2017). Die Raumordnung definiert die jeweilige Zuordnung der Räume anhand der Flächenstruktur, Bevölkerungsdichte bzw. Siedlungsstruktur sowie der wesentlichen Unterscheidung ländlich/städtisch sowie zentral und peripher (BBSR 201, S. 12). Für die Krankenhausplanung der Länder hat die Raumordnungsplanung jedoch keine Bedeutung, da sie im Wesentlichen auf Fortschreibung und leichten Anpassungen von bereits bestehenden Strukturen (insbesondere Krankenhausstandorten) basiert. Das Thema Gesundheit wird in den Raumordnungsplänen der Länder (daher) nicht immer aufgegriffen (vgl. BBSR 2017, S. 29).

Die Raumordnung und das damit verbundene Planungsverhalten der Länder sind nur ein Teil der die Krankenhäuser bestimmenden Eigenschaften der Gemeinschaften. Hinzu kommen kulturelle Faktoren, deren Ausprägung und Abgrenzung nicht unbedingt eindeutig ist. Das können z. B. Unterschiede in den religiösen Mehrheiten sein, die erklären, warum in einer Region mehr Krankenhäuser in kirchlicher Trägerschaft existieren. Das können Mentalitätsunterschiede sein, die sich z. B. entlang einer Nord-Süd-Achse bewegen, sodass die Arbeitskultur zwischen den Einrichtungen Unterschiede ausweist. In Hamburg gibt es auf den Stationen zu Rosenmontag ein unverändertes Stationsleben – anders als in Köln, wo vielleicht auch im Krankenhaus die Kultur des Karnevals hochgehalten wird. Genauso gibt es Unterschiede in der Ost-West-Ausrichtung, die sich konkret in längeren Wochenarbeitszeiten in den sogenannten Neuen Bundesländern widerspiegelt. Hierbei gibt es eine Reihe von Eigenschaften der jeweiligen

Gemeinschaften, die auf den ersten Blick nicht ganz eindeutige Einflüsse auf die Krankenhäuser (und deren Finanzierungsunterschiede) haben.[21]

4.2.2 Regeln

Bei den gebräuchlichen Regeln auf der Landesebene werden vor allem beim Vorgang der Krankenhausplanung (Verfahren zu Erstellung des Plans) und den Maßnahmen zur Investitionsfinanzierung deutlich. Krankenhauspläne sind für einen vorher festgelegten Zeitraum gültig, der spätestens mit dem Beschluss eines neuen Planes ausläuft. Ehe ein neuer Krankenhausplan fertiggestellt wird, gibt es in den Bundesländern unterschiedliche oder sich ähnelnde Verfahren der Beteiligung der Krankenhäuser, anderer Stakeholder und/oder ergänzende Fachexpertisen. Die Unterschiede in der Beteiligung wurden bereits oben erläutert. Ob es weitere informelle Regeln in diesem Zusammenhang gibt, ist aus den Krankenhausplänen nicht erkennbar und ließe sich vielleicht durch Expertenbefragungen näher bestimmen. Dies übersteigt aber den Rahmen dieser Arbeit.

Bei der Investitionsförderung gibt es formale Vorgaben und informelle übliche Vorgehensweisen. Die formalen Vorgaben sind in den entsprechenden Gesetzen und Verordnungen der Länder festgelegt. Auch hier gibt es Unterschiede zwischen den Ländern (s. oben). Anzunehmen ist, dass die Fähigkeit der politischen Einflussnahme eines Krankenhauses bzw. Krankenhausträgers eine zusätzliche Rolle dabei spielt, ob Mittel aus den Haushaltsmitteln des Landes akquiriert werden können. Gleiches gilt für die notwendigen hausinternen Kompetenzen (und Möglichkeiten) bei der formellen Beantragung von Geldern. Darüber hinaus kann die Trägerschaft eine Rolle spielen – einmal in politischer Hinsicht, weil z. B. eine Landesregierung diesbezügliche Präferenzen hat – und einmal, weil Krankenhäuser in Verbünden (als Konzerne oder kooperativen Zusammenschlüsse) vielleicht bessere Möglichkeiten haben, innerhalb des Verbundes größere Geldmengen zielgerichtet zu verteilen und Querfinanzierungen zu garantieren. Hierbei spielen die Normen und Gesetze der jeweiligen Unternehmensform (AG, GmbH etc.) eine Rolle, die es ermöglichen oder verhindern, dass solche Querfinanzierungen stattfinden. Krankenhäusern außerhalb von Verbundstrukturen stehen die Möglichkeiten einer Querfinanzierung von Investitionen nicht offen, während in einem Verbund zumindest theoretisch diese Option bestehen kann.

[21] Eine umfassende Auswertung bezüglicher der Dimensionen kultureller Unterschiede zwischen den verschiedenen Krankenhausregionen und den Wirkungen auf die Krankenhausfinanzierung/-ausstattung sprengt den Rahmen dieser Arbeit.

Die gebräuchlichen Regeln im Sinne von informellen Regeln und Normen bei der Verhandlung des Landesbasisfallwerts können außen vor gelassen werden, da die formellen Regeln den Vorgang (mittlerweile) so eng fassen, dass Raum für informelle Aspekte nahezu nicht existent erscheint. Aber auch hier gilt: Es ist nicht auszuschließen, dass – von außen nicht ersichtliche – gebräuchliche Regeln umgesetzt werden.

Die Arbeit von diversen Landesgremien stellt sich wie bereits beschrieben auch von Land zu Land unterschiedlich dar. Als gebräuchliche Regeln lassen sich dabei die Zusammensetzung und die Arbeitsweise (mit/ohne Geschäftsordnung, Protokolle, Transparenz, Frequenz u. Ä.) herausarbeiten.

Um das Ganze in die IDA-Logik einzusortieren, werden hier diese skizzierten Regeln in die verschiedenen Arten von Regeln nach Ostrom eingeordnet (vgl. u. a. Ostrom et al. 2017, S. 71). Die Einordnung ist hierbei nicht so umfänglich möglich wie auf der Ortsebene (vgl. nachfolgendes Kapitel), da im Gegensatz zur Ortsebene die Landesebene in den meisten Konstellationen keine unmittelbare Wirkung entfaltet, sondern erst mittelbar auf der Ortsebene Umsetzung findet.

Die **Grenzregeln**, die auch Eintritt-Austritt-Regeln genannt werden, sind Regeln, bei denen es darum geht, den für die Inanspruchnahme eines Gutes berechtigten Personenkreis und dessen Zugangsmöglichkeiten bzw. Optionen, den Handlungsraum zu verlassen, einzugrenzen (Ostrom et al. 2017). Übertragen auf die Landesebene der Krankenhausfinanzierung betrifft das die Grenzen zu den anderen Regelungsebenen Bund und Ort. Die Grenzregeln beginnen demnach dort, wo die Bundesebene aufhört und (meist gesetzlich) Verantwortung bzw. Aufgaben auf die Landesebene versetzt werden. Sie enden dann dort, wo die Entscheidung der Ortsebene beginnt. Die Übergänge, insbesondere zur Ortsebene, sind in einigen Fällen fließend, insbesondere, wenn die Akteure sowohl auf der Landes- als auch der Ortsebene aktiv sind. Klar definiert ist formal, dass die einzelnen Krankenhäuser mit den Kassen gemeinsam das Budget verhandeln. Allerdings sind die Kassen zum einen auf Landesebene organisiert und nicht auf Ortsebene. Die Ortsebene an sich gibt es bei den Kassen nicht. Lokale Vertretungen in Geschäftsstellen sind lediglich für die Sachbearbeitung und Kundenbetreuung zuständig. Die Verhandlungen werden von den jeweiligen Landesverbänden der Krankenkassen gesteuert und durch spezielle „Budgetverhandler und -verhandlerinnen" geführt. Den Krankenhäusern selbst steht auf Landesebene die jeweilige Landeskrankenhausgesellschaft als Hilfsquelle zu Verfügung, wenngleich eine direkte Einflussnahme der Landesebene auf die Ortsebene nur über Beratung und Information erfolgt. Gleichzeitig ist es Aufgabe der jeweiligen Landeskrankenhausgesellschaft, auf die Arbeit der jeweiligen Landesregierung Einfluss zu nehmen und als Bindeglied zur Bundesebene

Informationen aus der Landesebene ebenso wie der Bundesebene zu fungieren. Daneben gibt es eigenständige Vereinbarungen, die vor allem nach § 10 KHEntgG durch die Landesebene geregelt werden. Die die dabei handelnden Akteure sind in § 18 Abs. KHG genannt, aber nicht ausschließlicher Natur, d. h., weitere Akteure können eine Rolle spielen. Auch die eigentliche landespolitische Ebene (insb. Exekutive) kann hier eingebunden sein. Da die Exekutive für die Genehmigung der Budgets auf Ortsebene zuständig ist, kann es im Interesse derselben sein, sich auch an Vereinbarungen auf Landesebene zu beteiligen. Zudem – wenngleich nicht explizit genannt – hat diese zusätzlich die Rechtsaufsicht über die Tätigkeiten der Selbstverwaltung auf Landesebene.

Eine weitere Grenze stellt die Nicht-Einigung dar – insbesondere beim Landesbasisfallwert. Hier gibt es im Falle des Erreichens dieser Grenze den Übergang der Verantwortlichkeit auf die Schiedsstelle (§ 10 Abs. 10 Satz 3 KHEntgG). Darüber hinaus gibt es klar definierte Grenzen der Landesbasisfallwertverhandlungen, da ein einheitlicher, eng bemessener Korridor um den Bundesbasisfallwert gesetzlich vorgegeben ist (§ 10 KHEntgG).

Positionsregeln umfassen nach Ostrom Regeln, die den Akteuren in einer und durch diese Handlungssituation eine bestimmte Position oder Rolle zusprechen (vgl. u. a. Polski/Ostrom 2017, S. 71). Da bereits die Grenzregeln einen eher fluiden Charakter haben, kann davon ausgegangen werden, dass dies für die Positionsregeln ähnlich zutrifft. Das ist vor allem dann der Fall, wenn Personengleichheit auf verschiedenen Ebenen besteht. Hier ist es umso wichtiger, zu unterscheiden, welche Position eine Person gerade einnimmt. So wird z. B. die jeweilige Krankenhausgesellschaft als Verein der Krankenhäuser teilweise durch Geschäftsführende eben jener Krankenhäuser geleitet, die auf Ortsebene für die Belange (und damit Budgets) eines Krankenhauses zuständig sind.[22] Auf der Landesebene sollten sie als (Interessen-)Vertretung aller Krankenhäuser auftreten. Ähnliches gilt, wenn Geschäftsführende in anderen Interessenvertretungen von Krankenhausverbünden auf Landes- oder sogar Bundesebene entscheidende Positionen einnehmen. Für die Krankenkassen auf der Landesebene erscheint die Positionierung nicht so diffizil, da nur in seltenen Fällen offizielle Vertretungen als Budgetverhandler bzw. Budgetverhandlerinnen der Krankenkassen gleichzeitig Beteiligte auf der Ortsebene sind. Selbst zur Bundesebene hin ist die Abgrenzung stärker als bei den Strukturen der Krankenhäuser, da es Bundesverbände und Landesverbände mindestens bei den größeren Krankenkassen

---

[22] So ist z. B. derzeit der Geschäftsführer der Oberhavel Kliniken GmbH, Dr. Detlef Troppens, Vorsitzender der Landeskrankenhausgesellschaft Brandenburg.

gibt. Die Mitarbeitenden der (exekutiven) Landessbehörden nehmen im Wesentlichen zwei Positionen ein: die der Angestellten (bzw. Beamten) und die der Vertretung der staatlichen Struktur. Alle Beteiligten haben daneben noch ihre private Position, die mit bestimmten Meinungen und Überzeugungen bezüglich der Krankenhausfinanzierung einhergehen kann.

Bei den **Autoritätsregeln** geht es darum, wie eine Position durch die Handelnden erreicht wird und wie diese dort beeinflusst werden kann. Im Falle der Mitarbeitenden der Landesbehörden gibt es unterschiedliche Wege der Positionserreichung: als klassische Arbeitnehmende durch die Anstellung in der Behörde über die behördlichen Stellenausschreibungsverfahren oder als exekutive Stellen über parteipolitische Berufungen – wobei auch eine Mischung aus parteipolitischer Beeinflussung und Bewerbung über öffentliche Ausschreibungen möglich ist. Mit der Besetzungsart der Stelle verbunden ist meist auch die autoritäre Beeinflussung – entweder als abhängig Beschäftigte in eben dieser Position und/oder durch politische Selbst- oder Fremd-Positionierung. Die Mitarbeitenden der Landeskrankenkassen sowie der Krankenkassen kommen meist ähnlich in ihre Position. Daneben gibt es in den Landeskrankenhausgesellschaften aufgrund ihrer Struktur als eingetragene Vereine außerdem Positionen aus der satzungsbedingten Vereinstätigkeit.

Aggregationsregeln sind eng mit den Positionen verbunden und bestimmen, inwiefern Handelnde Einfluss oder Kontrolle auf Handlungssituationen und das Ergebnis haben. Bei den Verhandlungen des Landesbasisfallwerts haben die Optionen der Landesebene seit einigen Jahren deutlich abgenommen. Zum einen gibt es den Korridor um den Bundesbasisfallwert, der auf der Bundesebene bestimmt wird (siehe Abschnitt 4.1). Die Ausschöpfung finanzieller Möglichkeiten wurde damit stark eingeschränkt. Lediglich bei der Bestimmung der Ausgleiche können Grenzen über- oder unterschritten werden. Aber auch hierfür müssen die Vertragsparteien ausführliche Begründungen darlegen. Zum anderen erfolgt bei Nichteinigung eine automatische Einschaltung der Schiedsstelle nach § 10 Abs. 10 Satz 4, sodass z. B. taktische Verzögerungen nahezu unmöglich sind. Hinsichtlich der Einflussnahme auf die Investitionsprogramme der Landesregierung sowie die Krankenhausplanung gibt es auf der Landesebene lediglich die lobbyseitige Beeinflussung durch die entsprechenden Gremien (s. o.). Einfluss und Kontrolle sind hiermit relativ gering und sehr situationsabhängig.

Ausmaßregeln betreffen den Anwendungsraum oder besser den Bereich, für den Handlungen und deren Ergebnisse relevant sind. Aufgrund der Position der Landesebene zwischen Orts- und Bundesebene werden in den meisten Fällen beide Bereiche mehr oder weniger stark mit berührt. Der verhandelte Landesbasisfallwert betrifft unmittelbar die Ortsebene, denn dort erfolgt die

Auszahlung mittels Leistungen, die in den einzelnen Krankenhäusern erbracht werden. Gleichzeitig werden die Landesbasisfallwerte bei der Berechnung des Bundesbasisfallwerts des Folgejahres berücksichtigt. Außerdem wird die Verteilungsstruktur der Ausgaben der Krankenkassen getroffen – zwischen den Ländern und innerhalb des Landes –, primär unabhängig von der Einnahmesituation der Kassen. Ähnlich verhält es sich bei der Krankenhausplanung, wobei die Wirkung auf die Ortsebene stärker ist als die Bedeutung auf überregionaler Ebene. Allerdings können bestimmte Entscheidungen – z. B. Zuweisung von Zentrumseigenschaften – Rückwirkungen auf Entscheidungen auf Bundesebene (siehe Abschnitt 4.1) entfalten, weil von bundesweiten Vorgaben bewusst oder unbewusst abgewichen wurde.

Informationen umfassen einen weiteren Regelbereich. Die Öffentlichkeit von Informationen zur Krankenhausfinanzierung auf Landesebene beschränkt sich auf die Ankündigung zur Vereinbarung des Landesbasisfallwertes. Diese wird zumeist als Pressemitteilung zur Kenntnis gegeben im Sinne eines „die durchschnittliche Krankenhausbehandlung im Jahre x kostet" (vgl. u. a. vdek 2022). Andere Vereinbarungen werden je nach Bedeutung öffentlich gemacht oder nicht, aber auch hier gibt es landesspezifische Unterschiede. Eine gesetzliche Pflicht zur Veröffentlichung gibt es nicht, sodass es von den Vertragsparteien und dem zuständigen Ministerium abhängt, welche Informationen dem breiten Publikum zur Verfügung gestellt werden. Die Ortsebenen werden durch interne Bekanntmachungen (z. B. den LKB-Rundschreiben in Brandenburg oder die Rundschreiben der jeweiligen Krankenkassen) informiert. Theoretisch besteht seitens der Bürgerinnen und Bürger über das Informationsfreiheitsgesetz eine Auskunftspflicht.

Bei **Auszahlungsregeln** geht es um Kosten und Nutzen der Handlungen, also mithin um die Ergebnisse finanzieller oder ähnlicher Art. Auf der Landesebene – anders als auf der Ortsebene – entfalten diese meist keine unmittelbare Wirkung. Das liegt vor allem daran, dass die Landesebene für die jeweilige Ortsebene (der Krankenhäuser) bzw. der Bundesebene (die Finanzen der Krankenkassen) Entscheidungen verhandelt. In dieser Sandwichposition treffen somit die unterschiedlichen Auszahlungen aufeinander. Die Krankenhausseite will möglichst hohe Landesbasisfallwerte und optimale Leistungsverteilungen (via Krankenhausplanung) für die einzelnen Krankenhäuser erreichen, die jeweils individuell von der Einnahmenverteilung profitieren. Beim Landesbasisfallwert gibt es dabei keine individuelle Zuschreibung von Einnahmenhöhen, bei der Verteilung von Planbetten schon eher. Den Krankenkassen geht es eher um eine optimierte Ausgabenstruktur für ihre Versicherten aus der gesamten Region bzw. sogar aller

Versicherten überregional, da die Ausgabenposten von allen Versicherten getragen werden. Nimmt man außerdem weitere Beteiligte hinzu, z. B. die jeweilige Landesregierung und Lobbystrukturen, erweitert sich der Kreis jener, die möglicherweise von bestimmten Ergebnissen profitieren können. Ein hoher Landesbasisfallwert kann als gutes politisches Ergebnis gegenüber Wählenden vermarktet werden, da er signalisiert, dass die Landesregierung die Krankenhäuser stützt (vgl. Hessisches Landesamt für Gesundheit und Pflege 2024; Niedersächsisches Ministerium für Soziales, Arbeit, Gesundheit und Gleichstellung 2024) – gleiches gilt für etwaige Investitionsprogramme. Bestimmte Planungsergebnisse können regionale Unterstützungen oder im Falle von Lobbystrukturen die Bedeutung einzelnen Krankenhausgruppen sichern.

4.2.3 Handlungsraum und Akteure

Der Handlungsraum besteht also auf der Landesebene aus den Bereichen Krankenhausplanung und Investitionen. Die beiden Handlungsräume haben einen Überschneidungsbereich, sofern die im Krankenhausplan ausgewiesenen Leistungen bzw. Leistungsbereiche mit der Investitionshöhe gekoppelt werden, wie es im § 6 Abs. 1 KHG vorgesehen ist.[23] Ergänzt werden muss zudem der Bereich der Landesbasisfallwertverhandlung, der durch die verschiedenen Bestandteile, die im LBFW berücksichtigt werden sollen, eher Überschneidungen mit Handlungsräumen aus der Ortsebene (Abschnitt 4.3) hat.

In den jeweiligen Räumen gibt es verschiedene Akteure und Handlungssituationen, die je Ausgestaltung im Land deckungsgleich sein können, aber nicht müssen, da die entsendenden Strukturen entscheiden, wer zu welchen Verhandlungen oder Gremien entsandt wird. Die Akteure auf Landesebene bestehen aus formellen Ebenen der gemeinsamen Selbstverwaltung, den politischen Strukturen sowie weiteren Einflussgruppen und -verbünden. Bis zu einem gewissen Grad können auch die Einwohnerinnen und Einwohner des Landes als Akteure betrachtet werden.

Die Selbstverwaltung auf der Landesebene besteht für den Bereich der Krankenhausfinanzierung aus den sogenannten „Beteiligten (Vertragsparteien auf Landesebene" gemäß § 10 KHEntgG Abs. 1 Satz 1 bzw. § 18 Abs. 1 Satz

[23] Dort heißt es *„Die Länder stellen zur Verwirklichung der in § 1 genannten Ziele Krankenhauspläne und Investitionsprogramme auf; Folgekosten, insbesondere die Auswirkungen auf die Pflegesätze, sind zu berücksichtigen."* (§ 6 Abs. 1 KHG) [Im § 1 ist der Gesetzeszweck („wirtschaftliche Sicherung der Krankenhäuser, um ...") aufgeführt.]

2 KHG). Diese umfassen die Landeskrankenhausgesellschaft, die Landesverbände der Krankenkassen, die Ersatzkassen sowie den Landesausschuss der privaten Krankenversicherungen (§ 18 Abs. 1 Satz 2 KHG). Sie sind an der Vereinbarung des Landesbasisfallwerts unmittelbar beteiligt. Die Landeskrankenhausgesellschaft basiert auf § 108a SGB V. In ihr sind die zugelassenen Krankenhäuser zusammengeschlossen. Auch Landesverbände von Krankenhausträgern können sich der jeweiligen Landeskrankenhausgesellschaft anschließen. Die Organisation der Landeskrankenhausgesellschaften selbst ist nicht festgeschrieben – im Gegensatz zu den Krankenkassen. Sie haben – ebenso wie die Bundeskrankenhausgesellschaft – die Organisationsform von eingetragenen Vereinen gewählt. Damit müssen sie lediglich die Vorgaben zu Vereinen gemäß Kapitel 2 Bürgerliches Gesetzbuch (BGB) erfüllen.

Die Organisation der Krankenkassen ist im sechsten Kapitel des SGB V festgelegt. Demnach müssen im Grunde sechs verschiedene Krankenkassenstrukturen unterschieden werden: die Ortskrankenkassen, die Ersatzkassen, die Innungskrankenkassen, die Betriebskrankenkassen, die Deutsche Rentenversicherung Knappschaft Bahn-See und die landwirtschaftlichen Krankenkassen. Sie alle können im Rahmen der Krankenhausfinanzierung als „Beteiligte" mitwirken. Aufgrund der Besonderheit hinsichtlich der Mitgliedschaftsoptionen insbesondere der landwirtschaftlichen Krankenversicherung sowie der Knappschaft treten allerdings vorrangig die Ortskrankenkassen, die Ersatzkassen sowie Betriebs- und Innungskrankenkassen bei der Mitwirkung auf Landesebene in Erscheinung. Gemäß § 211a SGB V sind Entscheidungen auf Landesebene nach den Versichertenzahlen zu gewichten, wenn keine gemeinsame Einigung zustande kommt.

Die Ortskrankenkassen sowie die Ersatzkassen haben in einer Mehrheit der Regionen die meisten Versicherten, sodass deren Bedeutung in den Strukturen auf Landesebene meist vorherrscht. Die AOK (= Ortskrankenkassen) und die Ersatzkassen sind damit die wesentlichen Akteure. Aber auch hier gibt es regionale Unterschiede, die sich durch die entsprechende Kassenstärke auf die Verhandlungen auf Landesebene auswirken können. Wie in Abbildung 4.4 erkennbar, gibt es deutliche Unterschiede. Während die AOK in Thüringen sehr stark ist (45 %), ist dies im Saarland die Knappschaft (37 %) und in Hamburg sind dies die Ersatzkassen (49 %).[24]

---

[24] Diese Verteilung hat historische Ursachen: Im Bergbaugebiet war bis zur Einführung der Wahloption bei der GKV die Knappschaft für die Mitarbeitenden des Bergbaus zuständig. Die AOK hat nach 1990 die Versicherung in der ehemaligen DDR übernommen und zu den Ersatzkassen gehört die Hanseatische Krankenkasse (HEK), die in der Schifffahrt aktiv war.

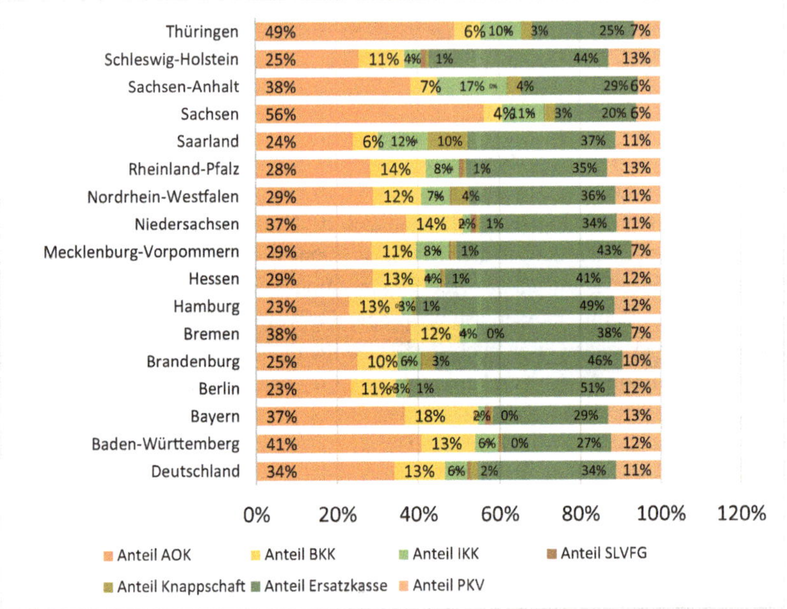

Abbildung 4.4 Anteile der Kassenarten in den Ländern 2019. (Eigene Darstellung auf Basis gbe-bund (Mikrozensus-Angaben zur Krankenversicherung, Statistisches Bundesamt, Zweigstelle Bonn))

Zu den direkten Akteuren der Selbstverwaltung kommen noch die verschiedenen Ebenen der Legislative und Exekutive hinzu. Als aufsichtsführende Struktur ist das jeweilige Landesministerium für Gesundheit und gegebenenfalls deren untergeordneten Behörden (z. B. das Landesamt für Soziales und Versorgung in Brandenburg) ein wichtiger Akteur. Da die Landesministerien je nach Entscheidung der aktuellen Landesregierung unterschiedlich strukturiert sind und verschiedenste Zuständigkeiten haben, kann davon ausgegangen werden, dass durch individuelle Unterschiede die jeweilige Bedeutung für die Krankenhausfinanzierung auf Landesebene ebenso ausdifferenziert ist. Darüber hinaus ist die Landesregierung durch eigene Schwerpunktsetzung und Ausrichtung der Regierungstätigkeit ein bestimmender Akteur. Gleiches gilt für das jeweilige Landesparlament, welches als legislatives Organ Vorgaben machen oder im Rahmen eines Gesundheitsausschusses aktiv sein kann.

Nicht außen vor gelassen werden sollten untergeordnete Strukturen der kommunalen politischen Ebene wie z. B. Städtetage, Verbunde von Landräten. Diese können als Lobbyisten auftreten und gegebenenfalls Forderungen einbringen. Darüber hinaus gibt es weitere Interessengruppen aus verschiedenen Richtungen: Landesverbände von Selbsthilfegruppen, medizinische Fachgesellschaften, Ärztegruppen, Gewerkschaften usw. Teilweise werden bestimmte Interessengruppen durch die Landesregierung zu bestimmten Sachverhalten wie z. B. bei der Krankenhausplanung (siehe oben) offiziell eingebunden.

Handlungssituationen treten immer dann auf, wenn die Verhandlung des LBFW ansteht (einmal im Jahr), der Krankenhausplan neu verfasst bzw. fortgeschrieben werden soll und im Falle von Investitionstätigkeiten/-wünschen der Krankenhäuser. Letzteres wird entweder bedarfsweise in die Wege geleitet und/ oder im Rahmen der ein- bis zweijährlichen Haushaltsverhandlungen.

Die Interaktionen finden in den drei wesentlichen Handlungsräumen Verhandlung LBFW, Investitionsförderung und Krankenhausplanung statt. Dabei haben die jeweiligen Akteure wiederum eine Art eigenen Handlungsraum, weil dort die Vorbereitungen sowie taktische Vorgehensweise bestimmt werden. Innerhalb des internen Interaktionsraums der Selbstverwaltung muss unterschieden werden in den Bereich Krankenkassen, den Bereich Krankenhäuser sowie den Bereich der Interaktion zwischen Kassen und Krankenhäusern. Hierbei können je nach Themenfeld bzw. zugehörigem Interaktionsraum unterschiedlichste Konstellationen auftreten.

Der Interaktionsraum der Exekutive und Legislative ist bestimmt durch die demokratisch-parlamentarischen Prinzipien und Vorgaben aus der jeweiligen Landesverfassung (und ähnlicher Vorgaben zur Zusammenarbeit wie z. B. die Geschäftsordnung des Landesparlaments). Auch hier ist je nach Themenfeld bzw. zugehörigem Interaktionsraum ein Sammelsurium von taktischen Konstellationen möglich. Die Konstellationen sind insofern relevant, weil bestimmte Strategien – deren Taktiken zu einem Ziel führen soll – zu benachteiligenden Ergebnissen führen. Da es bei Strategieentwicklungen auf die Zielführung ankommt, lassen sich aus den Absichtserklärungen der Akteure schon erste Erkenntnisse darüber gewinnen, welche Ziele mit potenziellen Vor- und Nachteilen angestrebt werden.[25]

Lobby-Gruppen und weitere Stakeholder können in den jeweiligen Interaktionsräumen sehr differenzierte Tätigkeiten aufnehmen. Da ihnen qua Gesetz in den wenigsten Fällen eine aktive bzw. entscheidende Rolle zuerkannt wird, suchen

25 An dieser Stelle können Strategielandkarten oder andere Formen der Analysen von Strategie und Taktiken helfen, das Sammelsurium zu strukturieren.

sie sich ihre Rolle und die Art ihrer Aktivität selbst aus. Je nach Interaktionsraum und Gruppe sind die möglichen Konstellationen vielfältig. Hinzu kommt die Unterschiedlichkeit ihrer internen Verfasstheit.

Alle drei Bereiche haben überschneidende Bereiche durch Themen- und/oder personelle Überschneidungen (Abbildung 4.5).

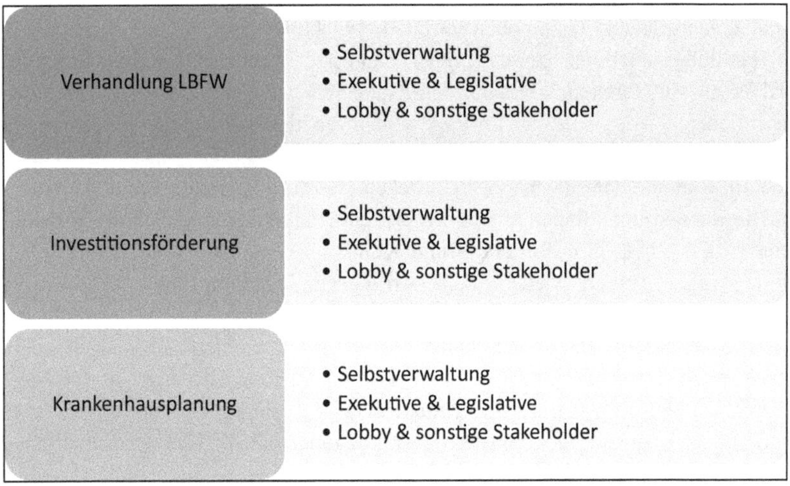

Abbildung 4.5 verschiedene Ebenen der Interaktion und Handlungsräume. (Eigene Darstellung)

Diese ausgeführten Elemente ergeben zusammen ein Interaktionsmuster, welches sich um die Verteilung von Mitteln in der Summe direkt (LBFW & Investitionsförderung) und indirekt die Leistungsstrukturen (Krankenhausplanung) im Zusammenspiel mit den drei Akteursgruppen, wie in den letzten Abbildungen dargestellt, dreht.

Abschließend ist im Sinne der aufgeworfenen Fragestellung dieser Arbeit zu prüfen, an welchen Stellen Benachteiligungen auf dieser Ebene entstehen. Bei der Krankenhausplanung sind Benachteiligungen im Vergleich zu anderen Ländern gegeben, wenn die historische Verteilung und Anzahl (und ggf. Größe) der Krankenhäuser im Land Veränderung im Rahmen der Planänderungen schwieriger machen, z. B. wenn bestimmte Krankenhausträger in einem Land einen stärkeren Einfluss haben als in einem anderen. Auch bereits bereinigte Krankenhauslandschaften (z. B. in den ostdeutschen Bundesländern) im Vergleich zu

Ländern, die eine größere Krankenhausdichte haben, können Nach- oder Vorteile auslösen. Anders ist es beim Landesbasisfallwert, der unabhängig von der Anzahl oder Dichte der Krankenhäuser ausgehandelt wird. Tarifentwicklung oder andere Einflussfaktoren, die in den Verhandlungen berücksichtigt werden sollen, haben allerdings nur einen minimalen Einfluss auf den LBFW. Die Tatsache, dass von den Rahmenvorgaben auf Bundesebene nur bestimmte LBFW-Höhen verhandelt werden können, ist viel bedeutsamer. Das zeigt sich z. B. in den seit Jahren deutlich höherem LBFW in Rheinland-Pfalz, während viele Länder dauerhaft auf der unteren Grenze des Fallwertkorridors liegen (vgl. Abschnitt 2.3). Die Investitionsförderung hingegen kann viel deutlicher auf der Landesebene Vor- und Nachteile auslösen, da diese die fehlenden anderen Mittel, z. B. aus dem LBFW, ausgleichen könnten. Da diese Mittel aber von den finanziellen Möglichkeiten und dem Willen der jeweiligen Landesregierung (plus der Landesparlamente) abhängen, ist dieser Handlungsraum der entscheidende und bildet den Fokuspunkt für mögliche Veränderungen.

4.3 Umsetzung vor Ort: Das Krankenhaus und sein Budget

Die Ortsebene ist die Ebene, in der die konkrete Umsetzung der Krankenhausfinanzierung erfolgt. Die detaillierte Struktur dieser Umsetzung soll hier mit den Maßgaben des IDA-Frameworks dargestellt werden.

4.3.1 Bedingungen und Gemeinschaft

Die physischen und materiellen Bedingungen der Finanzierung der Krankenhäuser auf der untersten Ebene, der Ortsebene, umfasst neben den Besonderheiten der Region, in der ein Krankenhaus aktiv ist, den Aufbau des Hauses an sich, die potenzielle Klientel, den relevanten Arbeitsmarkt, mögliche Wettbewerber für Krankenhausleistungen und die einweisenden Institutionen. Nicht vergessen werden darf dabei, dass Krankenhäuser als lokal angebundene Einrichtungen oft eine Historie haben, die sich unmittelbar auf deren Leistungsspektrum, die Finanzsituation und die Ausstattung auswirkt (vgl. Abschnitt 2.3). Hinzu kommt, dass es unterschiedliche Formen von Krankenhausträgern gibt, deren eigene finanzielle Situation eine unmittelbare Wirkung auf das Krankenhaus selbst ausübt (Abbildung 4.6: Einflussfaktoren auf das Leistungsspektrum, die Finanzlage und die Ausstattung des Krankenhauses; eigene Darstellung

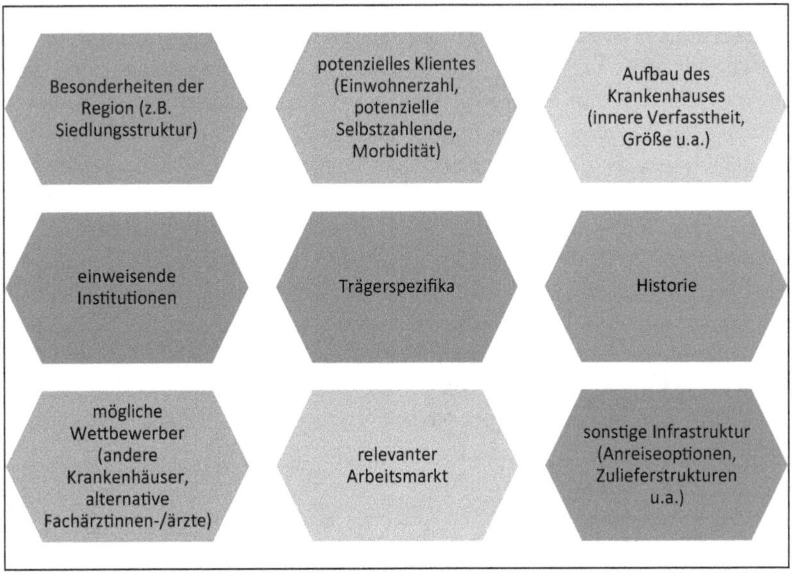

Abbildung 4.6 Einflussfaktoren auf das Leistungsspektrum, die Finanzlage und die Ausstattung des Krankenhauses. (Eigene Darstellung)

Diese Faktoren beeinflussen die physischen und materiellen Bedingungen jedes einzelnen Krankenhauses und damit die Ausgangslage für Budgetverhandlungen und insgesamt die finanziellen Möglichkeiten des Krankenhauses auf unterschiedlichste Weise. Darauf soll hier näher eingegangen werden, um zu prüfen, wo systematische und strukturelle Ursachen von regionalen Benachteiligungen von Krankenhäusern liegen.[26]

Der Brennpunkt der physischen und materiellen Bedingungen der Krankenhäuser liegt hierbei in der zu versorgenden Region und deren Einwohnerdichte. Ländliche Krankenhäuser (und Häuser in Insellage) haben weniger potenzielle Patientinnen und Patienten. Sie befinden sich damit in einer deutlich anderen Situation als Krankenhäuser in Ballungsräumen, die mehr Patientinnen und Patienten und damit mehr potenzielle „Kundinnen und Kunden“ per se haben. Dieses Problem ist vor allem dann bedeutsam, wenn sogenannte Vorhaltekosten bestehen – also im Wesentlichen fixe Kosten für die Aufrechterhaltung der Versorgung,

[26] Einen Überblick über die (unterschiedliche) materielle Lage der Krankenhäuser findet sich im jährlich erscheinenden Krankenhaus-Rating Report (vgl. Augurzky et al. 2023).

die unabhängig vom realen Leistungsgeschehen entstehen. Um das an einem Beispiel zu demonstrieren: Um eine 24/7–Versorgung mit Notfallmedizin vorzuhalten, braucht es in einem 8-Stunden-Schichtsystem mindestens fünf in Vollzeit tätige Ärztinnen und Ärzte[27] sowie Pflegekräfte. Diese kosten Gehälter, unabhängig davon, ob zehn oder 30 Patientinnen in die Notaufnahme kommen. Im derzeitigen Fallpauschalensystem erhalten Krankenhäuser aber nur eine Vergütung für die 10 bzw. 30 Patientinnen, die tatsächlich ins Krankenhaus kommen. Das Krankenhaus muss trotzdem die Gehälter zahlen. Ein Krankenhaus, in dem nur zehn Patientinnen bzw. Patienten in die Notaufnahme kommen, weil z. B. in der Region einfach nicht viele Menschen leben, die einer akuten Behandlung bedürfen, muss mit der Vergütung für zehn Behandlungen die gleichen Kosten decken wie ein Krankenhaus, das Vergütungen für 30 Patientinnen erhält. Dieses Problem lässt sich insbesondere in geburtshilflichen Einrichtungen und Notaufnahmen beobachten. Diese haben einen sehr großen Anteil nicht planbarer Behandlungsleistungen, müssen aber jederzeit ausgestattet sein. Das Problem liegt erkennbar an den fixen Kosten für die Vorhaltung von (Grund-)Leistungen. Darüber hinaus ist sicher ebenso zu beachten, dass es selbst bei diesen Kosten regionale Unterschiede der Höhe nach gibt, z. B. durch unterschiedliche Gehälter, Arbeitszeiten usw.

Der sogenannte Sicherstellungszuschlag nach § 5 Abs. 2 und Abs. 2a KHEntgG soll dazu dienen, Krankenhäusern, die aufgrund einer geringen Bevölkerungszahl in der jeweiligen Region („geringer Versorgungsbedarf“) nicht kostendeckend die notwendigen Leistungen erbringen können, zusätzliche Gelder bereitzustellen. Damit hat der Gesetzgeber (siehe Abschnitt 2.3) bereits anerkannt, dass die pauschale Finanzierung von Leistungen nicht für alle Krankenhäuser wirtschaftlich tragbar ist. Entscheidend ist hier, dass ein geringer Versorgungsbedarf vorhanden ist. Die Grundversorgung umfasste laut Beschluss des GBA zunächst nur die Innere Medizin und die Chirurgie.[28] Die entsprechende Richtlinie sieht diesen geringeren Versorgungsbedarf in der Grundversorgung als gegeben an, wenn die Einwohnerdichte in der Region unter 100 Einwohnerinnen und Einwohner (bzw. 20 Frauen im Alter 15–49, 22 Kinder bis 18 Jahre) pro Quadratkilometer liegt. Die Region wird definiert als das Gebiet um das Krankenhaus, was in 30 Minuten (bzw. 40 Minuten für gynäkologische sowie geburtshilfliche Versorgung und für die Kinder- sowie Jugendmedizin) per Pkw erreichbar ist (§ 4

[27] Je fünf Ärztinnen und Pflegekräfte ist der Richtwert, von dem ausgegangen werden kann unter Berücksichtigung von weiteren Ausfallzeiten (insb. Urlaub und Krankheit) und wenn jeweils genau eine ärztliche und eine Pflegekraft je Schicht zur Verfügung stehen soll.

[28] Später hinzugekommen sind auch die Geburtshilfe und die Kinder- und Jugendmedizin auf Drängen des BMG bzw. gesetzlicher Vorgaben.

Sicherstellungsrichtlinie). Die finanziellen Nachteile sollen zum einen durch eine Vereinbarung des Sicherstellungszuschlags in der Budgetverhandlung ausgeglichen werden. Zum anderen gilt seit 2019 ein pauschaler Sicherstellungszuschlag in Höhe von 400.000 Euro, der für eine jährlich auf Bundesebene vereinbarte Liste von sicherstellungsrelevanten Krankenhäusern gilt. Im Jahr 2020 betraf dies 120 Krankenhäuser (GKV-SV Liste der Krankenhäuser) und damit rund 7,5 % aller deutschen allgemeinen Krankenhäuser (GBE-Bund, eigene Berechnung auf Basis der Krankenhausstatistik 2017). Seit 2021 gibt es einen zusätzlichen Sicherstellungszuschlag für Abteilungen der Kinder- und Jugendmedizin. Das betrifft 59 Krankenhäuser (GKV-SV 2020) und damit 16,7 % aller Abteilungen der Kinder- und Jugendmedizin (Pädiatrie) (Gesundheitsberichterstattung des Bundes (GBE-Bund), eigene Berechnung auf Basis der Krankenhausstatistik 2017). Während der Sicherstellungszuschlag zunächst nur für Krankenhäuser in Insellagen vorgesehen war, ist er nunmehr für eine Reihe ländlicher Krankenhäuser relevant (vgl. Abschnitt 2.3).[29]

Das der Sicherstellungszuschlag nunmehr für einen relevanten Prozentsatz der Krankenhäuser vorgesehen ist, zeigt, dass einige Krankenhäuser jahrelang durch das Fallpauschalensystem benachteiligt worden sind und die Gesundheitspolitik darauf reagiert hat. Fallpauschalen als Finanzierungsmittel können demnach ein Fokuspunkt für regionale Benachteiligungen sein.

Für die im Rahmen der Budgetverhandlungen zu vereinbarenden Sicherstellungszuschläge gelten andere Bedingungen. Sie unterliegen zum einem dem Verhandlungsgeschick der Akteure vor Ort und zum anderen den zuständigen Behörden, die nach § 5 Abs. 2 Sätze 2 und 3 die Sicherstellungsrelevanz feststellen müssen. Eine Umfrage des BDO zufolge hat nur ein sehr geringer Anteil der ländlichen Krankenhäuser in den Jahren 2011–2013 einen solchen Sicherstellungszuschlag überhaupt verhandelt (ca. 12,4 %), geschweige denn erhalten (0,8 %) (BDO 2014, S. 27). Der pauschale Sicherstellungszuschlag hingegen wird für eine große Anzahl Krankenhäuser vergeben. Allerdings betrifft er von

[29] Der Sicherstellungszuschlag in dieser Form wurde Jahre nach der Einführung der Fallpauschalen mit dem Krankenhausstrukturgesetz eingeführt, als sich zeigte, dass insbesondere Krankenhäuser in ländlichen Räumen mit den pauschalen Vergütungsansätzen nicht zurechtkommen und wirtschaftliche Defizite verzeichneten. An sich waren Sicherstellungszuschläge bereits seit 2001 vorgesehen (Deutscher Bundestag 14/6893, S. 4 und 18/5372). Aber erst nach Jahren wurde die formalen Voraussetzungen für eine strukturierte Einführung desselben im G-BA geeint (G-BA 2016; vgl. auch Orlowski 2020). Dem vorangegangen waren umfassende Diskussionen auf der Ortsebene um die Umsetzung von Sicherstellungszuschlägen am Westküstenklinikum Brunsbüttel als einer der ersten Kliniken mit Sicherstellungszuschlag, welche nicht auf einer Insel lag (vgl. u. a. https://www.shz.de/lokales/itzehoe/artikel/weiterer-sieg-fuer-klinik-brunsbuettel-41472343).

den über 600 Krankenhäusern (vgl. BDO 2014) im ländlichen Raum wiederum nur einen Teil. Die Kriterien für den Sicherstellungszuschlag sind damit nur ein Bestandteil der materiellen Rahmenbedingungen, die Unterschiede zwischen Krankenhäusern ausmachen. Damit im direkten Zusammenhang steht das Potenzial der zu versorgenden Personen.

Die Verteilung der Bevölkerung in Deutschland ist sowohl hinsichtlich demografischer als auch sozioökonomischer Eigenschaften und ebenso hinsichtlich der Einwohnerdichte unterschiedlich (vgl. Hülz et al. 2024). Demografische und sozioökonomische Eigenschaften können sich zudem auf die Morbidität im Sinne der Krankheitslast oder der Häufigkeit des Auftretens von (bestimmten) Krankheiten auswirken (vgl. Loichinger et al. 2024). Die Morbidität wiederum wirkt sich auf die Häufigkeit des Krankenhausaufenthalts der Einwohnerinnen und Einwohner und damit die potenzielle Leistungsmenge des jeweilig erreichbaren Krankenhauses im Sinne von „mehr Kranke, mehr Fälle" aus. Die Bevölkerungsdichte bestimmt direkt die potenzielle Leistungsmenge. Die sozioökonomische Struktur wirkt zudem auf die finanziellen Möglichkeiten des Krankenhauses, zum einen durch Möglichkeiten von Zusatzleistungen für Patientinnen und Patienten mit höherer Kaufkraft[30], zum anderen durch die Möglichkeiten von Land und Region, zusätzliche Gelder (insbesondere für Investitionen) aus Steuermitteln zu generieren und dem Krankenhaus zur Verfügung zu stellen.

Der Aufbau jedes einzelnen Krankenhauses kann sich vom Aufbau anderer Krankenhäuser signifikant unterscheiden (vgl. Prütz 2010). Da sind zum Beispiel die unterschiedliche Anzahl und Art der Stationen, deren jeweilige Größe, die Anzahl der Betten, die apparative Ausstattung und die räumlichen Gegebenheiten. Hinzu kommt die betriebliche und juristische Struktur des Krankenhauses. Allein bei der Rechtsform gibt es eine Vielzahl an Möglichkeiten (s. Anlage), die für Krankenhäuser zulässig sind.

Da jede dieser Rechtsformen unterschiedliche gesetzliche Vorgaben zur Wirtschaftsprüfung, Aufsicht, Steuern und Abgaben sowie dem inneren Aufbau (z. B. hinsichtlich der juristischen Verantwortlichkeiten) hat, ist allein dadurch eine Differenzierung der finanziellen und strukturellen Möglichkeiten gegeben. Hinzu kommen dabei noch die Einflussmöglichkeiten möglicher Stakeholder, die sich direkt oder indirekt aus der Rechtsform ergeben.

Ein weiteres Charakteristikum von Krankenhäusern ist die Trägerschaft. Auch hier sind regionale Unterschiede zu finden (vgl. Abschnitt 2.3).

---

[30] Anders als im ambulanten Sektor werden die normalen Leistungen von PKV-Versicherten analog den GKV-Versicherten abgerechnet. Es gibt keine gesonderte PKV-Gebührenordnung in allgemeinen Krankenhäusern. Nur Zusatz- und Wahlleistungen wie z. B. Einbettzimmer, Chefarztbehandlungen oder Ähnliches können gesondert in Rechnung gestellt werden.

Krankenhäuser in Deutschland sind nicht alle gleichzeitig und auf einem bundesweiten Reißbrett entstanden. Entsprechend unterschiedlich stellt sich ein jedes Krankenhaus auch hinsichtlich der architektonischen Struktur und regionaler Verortung dar – ein weiteres physisches und materielles Charakteristikum (vgl. Murken 1995). Während einige Krankenhäuser als Neubauten nach aktuellen Vorstellungen einer Hochhausstruktur in innerstädtischen Bereich zu finden sind, haben andere Häuser noch das zeitweise bevorzugte Pavillonmodell am Stadtrand.[31] Die bauliche Struktur hat einen nicht unerheblichen Anteil an Wirkung auf Wegezeiten (= Arbeitszeiten des Personals), Möglichkeiten zur Aufstellung von (Groß-)Geräten und insgesamt der Arbeitsorganisation und des Leistungsspektrums. Gerade vor dem Hintergrund, dass bauliche Veränderungen zur Anpassung an die aktuellen medizinischen Erkenntnisse und Veränderungen eines langen zeitlichen Vorlaufs bedürfen, ist dies ein Aspekt, der bei der Betrachtung von potenziellen Benachteiligungen durch ein einheitliches Finanzierungssystem zu beachten ist.

Als weiteres physisches und materielles Charakteristikum neben der Größe der Krankenhäuser und die Trägerschaft, den potenziellen Patientinnen und der Siedlungsstrukturen sowie Lagen und historischem Hintergrund, sind die alternativen Behandlungsmöglichkeiten (verfügbare Fachärztinnen, andere Krankenhäuser, verfügbare Hausärztinnen) zu berücksichtigen. Das hat Wirkung auf die Wege und Arten, auf denen die Patientinnen und Patienten zur Behandlung ins Krankenhaus gelangen (Zuweisung, Einweisung, Selbsteinweisung, Rettungswagen etc.).

Grundsätzlich gilt, dass die Aufnahme in ein Krankenhaus im Regelfall per Einweisung erfolgt. Dazu gibt es eine eigene Richtlinie des G-BA. Die einweisenden sind niedergelassene Vertragsärzte und -ärztinnen sowie Vertragspsychotherapeutinnen.[32] Allerdings besteht jederzeit die Möglichkeit, als Notfallpatient ohne reguläre Einweisung im Krankenhaus aufgenommen zu werden. Ob ein Notfall vorliegt und jemand ins Krankenhaus gehen möchte, um eine Behandlung zu erreichen, entscheidet per se diese Person selbst (oder deren Angehörige u. Ä.).

[31] Zu einer detaillierten Darstellung verschiedener Bauweisen in verschieden Epochen siehe Murken 1995.

[32] Theoretisch ausgeschlossen ist somit eine Einweisung durch reine Privatärzte. Da diese in der ambulanten Versorgung in Deutschland allerdings nur eine geringe Bedeutung haben (aber regional unterschiedlich verteilt sind), spielen sie in der Krankenhauseinweisung so gut wie keine Rolle. Im Zweifel werden Privatpatienten und -patientinnen ohne Einweisung aufgenommen.

In Deutschland sind Krankenhäuser üblicherweise offene Institutionen und können jederzeit betreten werden.[33] Ein Großteil der Krankenhäuser hält zudem eine Notaufnahme bereit, die an 24 Stunden pro Tag Patientinnen und Patienten empfangen kann. Eine möglicherweise akut kranke Person im Krankenhaus abzuweisen, ist allein schon haftungsrechtlich schwierig. Daher werden rund 45 % der Krankenhausaufnahmen mit dem Aufnahmegrund „Notfall" dokumentiert und sehr selten Personen nicht zumindest vorstationär oder sogar als ambulanter Notfall mitbehandelt, wenngleich letztlich die Art der Erkrankung keine Krankenhausaufnahme nötig gemacht hätte (vgl. Sachverständigenrat Gesundheit 2018, S. 195). Im Umkehrschluss kann das heißen, dass eine mangelhafte Versorgungsmöglichkeit im ambulanten Bereich zu einer Zunahme von Behandlungen im Krankenhaus führt. Das kann Vor- und Nachteile für das Krankenhaus haben. Vorteile können darin bestehen, dass zusätzliche Patientenklientel vorhanden ist. Geschickt angestellt, kann ein Krankenhaus insbesondere die ambulante Facharztbehandlung teilweise mit abdecken und durch die Ausnutzung der entsprechenden rechtlichen Möglichkeiten (z. B. Ermächtigungen) zusätzliche Einnahmenquellen akquirieren und die eigenen Mitarbeiterinnen und Mitarbeiter besser auslasten. Der Nachteil für das individuelle Krankenhaus kann darin bestehen, dass zum einen die ambulante Behandlung im Krankenhaus diverse Abrechnungs- und juristische Fallstricke vorhält. Diese zu umgehen, umfasst umfangreiche bürokratische Vorgaben und Voraussetzungen. Zudem kann eine mangelhafte ambulante Versorgung auch dazu führen, dass viele Patientinnen und Patienten entweder mit zu lange kaum behandelten Krankheiten (z. B. Diabetiker mit entgleistem Blutzucker, weil kein Diabetologe ambulant versorgt hat) oder mit akuten Beschwerden im Krankenhaus aufgenommen werden, obwohl die Versorgung theoretisch ambulant erfolgen könnte, wenn ein entsprechender Arzt/Ärztin zur Verfügung gestanden hätte. Beides führt wahlweise zu einer Überlastung der Krankenhausnotaufnahme und/oder zu einem geringeren Vergütungspotenzial, da üblicherweise ambulant zu behandelnden Krankheiten in der Krankenhausvergütung nicht vorgesehen sind bzw. sehr gering vergütet werden (vgl. u. a. Sachverständigenrat Gesundheit 2018, S. 555; Haas et al., S. 4).

Auf diese Effekte, die durch die regionale ambulante und sonstige Versorgung ausgelöst werden, hat das einzelne Krankenhaus kaum einen Einfluss, muss sie aber intern kompensieren (vgl. Nolting et al. 2011, S. 15). Darüber hinaus

[33] In manchen Ländern wie z. B. Dänemark wird das anders gehandhabt. Dort erfolgt der Zugang entweder nur über den Rettungsdienst oder über zentrale, telefonisch zu erreichende Leitstellen (Laschet 2020).

bedeutsam ist auch eine mögliche Nachversorgung im Anschluss an den Krankenhausaufenthalt. Fehlende Rehabilitationseinrichtungen und Pflegemöglichkeiten außerhalb des Krankenhauses müssen gegebenenfalls durch längere Verweildauern im Krankenhaus mit den entsprechenden finanziellen Nachteilen, z. B. durch die Überschreitung der Höchstverweildauer in der DRG, in Kauf genommen werden.

Hinzu kommt die Krankenhausdichte in der jeweiligen Region. In Ballungsräumen gibt es deutlich mehr unmittelbare Wettbewerber für die Erbringung von gleichartigen stationären Leistungen, was sich in der Planbarkeit, aber auch in der Erlössituation einzelner Krankenhäuser niederschlagen kann. In Regionen mit einer geringeren Krankenhausdichte hingegen kann das Krankenhaus eine bestimmte Leistungsmenge deutlich sicherer planen, weil das Einzugsgebiet klarer abzugrenzen ist und der Zulauf in das gegebenenfalls einzige regionale Krankenhaus stetig bleibt. Die Krankenhausplanung soll das berücksichtigen, indem den Krankenhäusern seitens des jeweiligen Ministeriums ein Leistungsspektrum zugeordnet wird.[34]

Ein weiteres physisches und materielles Merkmal stellt die sonstige regionale Infrastruktur dar. Diese bestimmt Faktoren wie Erreichbarkeit durch Patientinnen und Patienten sowie Personal der Einrichtung. Infrastruktur umfasst allerdings nicht nur Verkehr, sondern auch technische Aspekte, wie z. B. die Internetanbindung, und soziale Aspekte, wie die umgebende Versorgung mit Einrichtungen der weiteren Daseinsvorsorge. Krankenhäuser selbst sind Teil der sozialen Infrastruktur und durch sie geprägt. Darüber hinaus schließt die Infrastruktur die Versorgungsstruktur für das Krankenhaus mit ein, z. B. bezüglich möglicher Lieferanten von Arzneimitteln. So hat z. B. nicht jedes Krankenhaus eine eigene Krankenhausapotheke und ist stattdessen auf die zeitkritische Versorgung durch andere Apotheken angewiesen.

Für das Krankenhaus entscheidend ist ebenso die Arbeitsmarktstruktur vor Ort, die einerseits bestimmt, wie viel und zu welchen Kosten Personal eingestellt werden kann. Andererseits kann die Art des jeweiligen Arbeitsmarktes auch den Patientenzulauf beeinflussen, weil z. B. ein Betrieb mit hohem Unfallpotenzial in der Nähe zu mehr Leistungsbedarf in der Unfallchirurgie führt.

Eng mit vielen der bereits genannten Merkmalen zusammen hängt die jeweilige spezifische Historie eines Krankenhauses. Während einige Krankenhäuser

[34] An der Effektivität der Krankenhausplanung gibt es diesbezüglich seit langem Kritik. Daher wurde u. a. 2016 mit dem Krankenhausstrukturgesetz ein Versuch unternommen, mithilfe von sog. Qualitätsindikatoren die Krankenhausplanung zu verbessern und den Ländern mehr Optionen und Pflichten bei der Krankenhausplanung zuzuweisen (Deutscher Bundestag 18/5867).

schon seit Jahrzehnten an eben jenem Standort stehen, wurden andere Krankenhäuser erst vor einigen Jahren auf der sog. „grünen Wiese“ neu erbaut. Entsprechend unterscheiden sie sich in der baulichen Struktur, den technischen Möglichkeiten, den internen Wegen und vielem mehr. Zudem wirkt sich die Historie auf das persönliche Empfinden der lokalen Bevölkerung hinsichtlich „ihres“ Krankenhauses aus. Ohne dies weiter ausführen zu müssen, ist z. B. die Charité in Berlin auch ein Markenname, der nicht erst durch die gleichnamige Fernsehserie und durch ihren Status als Universitätskrankenhaus eine gewisse Bedeutung hat. Ähnlich verhält es sich oft bei kleinen Kreiskrankenhäusern, die in der Bevölkerung mit bestimmten Emotionen und Erinnerungen verbunden sind, was durchaus auf das Leistungsspektrum und die finanzielle Ausstattung mittelbar wirken kann (vgl. Birke/Schlaudt 2016, S. 4).

Neben den materiellen und physischen Unterschieden sind auch die Eigenschaften der Gemeinschaft zu betrachten. Diese sind im Krankenhauswesen vor allem durch Hierarchien geprägt, etwa zwischen Ärztinnen und Ärzten, Pflegekräften und dem Verwaltungsdienst sowie sonstigen Diensten. Oftmals gibt es auch innerhalb der einzelnen Berufsbereiche sowie zwischen den Stationen bzw. Abteilungen oder medizinischen Schwerpunkten Hierarchien.[35]

Hinzu kommt das Verhältnis zwischen den Patientinnen und Patienten (sowie deren Angehörigen) und den Ärztinnen bzw. Ärzten und Pflegekräften. Auch hier gibt es Hierarchien verschiedenster Art z. B. Informationshierarchien und Weisungsbefugnisse. Informationshierarchien spielen im Sinne eine In-actu-Leistung, wie es die meisten Leistungen im Gesundheitswesen sind, eine definitive Rolle (vgl. Kapitel 2).

Die Verwaltung – im engsten Sinne – spielt nur eine begrenzte Rolle, da diese mehr mit den Krankenkassen zu tun hat. Eine direkte Abrechnung von Krankenhausleistungen zwischen Patienten bzw. Patientin und Veraltung erfolgt nur für Privatpatientinnen und Patienten bzw. für nicht von den Krankenkassen vergütete (Privat-)Leistungen. Die Verwaltung oder das Management im weiteren Sinne wiederum sind dann relevant, wenn es um Anforderungen, z. B. der Krankenhausleitung, geht, Leistungen anderes zu bewerten bzw. zu „verkaufen“, um betriebswirtschaftliche Ziele zu erreichen. Wenngleich Ärztinnen und Ärzte in

[35] Die Hierarchisierung in Krankenhäusern ist in Deutschland im Vergleich zu anderen Ländern sehr groß. Das spiegelt sich in der Diskussion um die sog. Delegation von ärztlichen Leistungen an andere Fachkräfte wider, die hierzulande noch nicht weit vorangeschritten ist (vgl. Bayrisches Landesgericht 2022; Mangiapane 2022; Hoffmann et al. 2008). Andererseits gibt es neuere Arbeitsmodelle auf Stationen, die versuchen, diese starke Hierarchisierung zu durchbrechen, z. B. am Klinikum Aschaffenburg (vgl. DAK Gesundheit 2022; Schwarzkopf 2022).

ihrer fachlich-medizinischen Kompetenz frei sind, unterstehen sie meist doch der betrieblichen Struktur eines Unternehmens „Krankenhaus“.[36]

In der Gemeinschaft befinden sich auch die Krankenkassen. Die gesetzlichen Krankenkassen sind als Körperschaften öffentlichen Rechts hierarchisch aufgebaut. Für die Ortsebene relevant sind vorrangig die Bereiche Krankenhausabrechnung und Budgetverhandlung. Sie unterliegen bestimmten Maßgaben, die sich aus den Rahmenbedingungen (siehe Abschnitte 4.1 & 4.2) ergeben. Zum anderen gibt es vielfach krankenkasseninterne Vorgaben zu finanziellen Einschränkungen und Vorgaben zum Leistungsumfang für einzelne Krankenhäuser sowie zur Interpretation gesetzlicher Vorgaben. Daneben gibt es weiterhin die privaten Krankenversicherungen, deren interne Struktur und finanziellen Vorgaben sich deutlich von den gesetzlichen Krankenkassen unterscheiden. Auch hinsichtlich der Versichertenstruktur unterscheiden sich die Krankenkassen teils deutlich, was sich spätestens in der Diskussion um den Risikostrukturausgleich und der unterschiedlichen Interpretation der Umsetzung der gesetzlichen Vorgaben zu den einzelnen Bestandteilen der Krankenhausbudgets widerspiegelt (vgl. BMG 2023c).

4.3.2 Regeln

Bei den gebräuchlichen Regeln auf der Ortsebene sind verschiedenste Elemente zu betrachten. Zum einen gilt im internen Geschehen eines Krankenhauses, dass die ärztliche Meinung tendenziell einen sakrosankten Status hat. Die Vorstellung des „Halbgottes in Weiß“ gilt vielfach nicht nur im Umgang von Patientin bzw. Patient und Arzt bzw. Ärztin (Krüger-Brand 2003; Weidmann 1990, S. 197), sondern ebenso in der Kommunikation zwischen Kassenmitarbeitenden, Medizincontrolling, Controlling und Geschäftsführung. Aus diesem Grund wird aus taktischen Gründen manchmal der zuständige Chefarzt (oder Chefärztin) in der Budgetverhandlung hinzugeholt, um die Bedeutung einer bestimmten zu verhandelnden Behandlungsmethode zu erläutern. Der Auftritt des kitteltragenden Experten bzw. der Expertin soll die Argumentation der Klinikseite stützen, dass diese (meist teure oder neue) Behandlung von den Kassen finanziert werden muss. Wirtschaftlichkeitsaspekte und Aspekte der Qualitätssicherung geraten dann in

[36] Der Begriff der „Ökonomisierung“ des Gesundheitswesens ist hier ein Begriff, der oft verwendet wird, um dieses Dilemma zu beschreiben (vgl. z. B. https://www.krankenhaus-statt-fabrik.de/).

den Hintergrund. Auf der anderen Seite wollen Geschäftsführende der Krankenhäuser zudem den Chefärztinnen und Chefärzten diese Behandlungsoption nicht verweigern, weil diese sonst womöglich die Klinik verlassen.[37]

Eine weitere gebräuchliche Regel ist der Ablauf der Budgetverhandlung. Hierzu gibt es seitens der Gesetzgebung nur vage Vorgaben. Eine zeitliche Frist ist lediglich für den Fall geregelt, dass in der Budgetverhandlung (= Pflegesatzverhandlung nach § 18 KHG) keine Einigung erzielt wird (Sechswochenfrist nach Abs. 4) und die Schiedsstellen angerufen werden. Das Verfahren auf Ortsebene ist in § 11 KHEntgG geregelt. Dieser Paragraf enthält aber nur allgemeine Vorgaben über die einzureichenden Unterlagen an die Kassen und die zuständigen Behörden. Üblich, d. h. gebräuchlich, ist eine gemeinsame Terminvereinbarung für mindestens einen Verhandlungstermin vor Ort (meist im jeweiligen Krankenhaus, manchmal auch in Räumlichkeiten der verhandlungsführenden Kasse). Das Krankenhaus sendet dann 2–3 Wochen vor dem Termin die sog. Forderungsunterlagen digital an die verhandlungsführende (= federführende) Kasse, welche diese Unterlagen an die anderen Kassen weiterverteilt. Manchmal gibt es bereits vor dem eigentlichen Verhandlungstermin ein Gegenangebot seitens der Kassen. Dieses Vorverfahren ist nach § 11 Abs. 5 ausdrücklich erwünscht.

Der Verhandlungstermin an sich unterliegt gewissen Ritualen. Üblich ist, dass sich die Verhandelnden der Kassen in einem Raum für eine Vorbesprechung treffen können. Die zuständigen Mitarbeitenden des Krankenhauses tun dies ebenfalls. Dann trifft man sich in einem Verhandlungsraum, der je nach Standard des Krankenhauses (oder Taktik) mit Getränken und Speisen ausgestattet ist, um die Verhandelnden der Kassen wohlwollend zu stimmen. Die Budgetverhandlung wird eingeläutet durch unterschiedliche Begrüßungsrituale. Das kann eine schlichte verbale Begrüßung sein, ab und an werden Führungen durch das Haus eingeplant. Nicht ungewöhnlich ist auch ein Vortrag des Krankenhauses zur derzeitigen Arbeit des Hauses. Sinn und Zweck ist zum einen, dass die Verhandlungsatmosphäre positiv ist, zum anderen dient dies oft dazu, die Forderungsunterlagen durch die Darstellung der Arbeit des Krankenhauses fachlich zu unterlegen. Wenn also z. B. ein neuer Leistungsbereich physisch eingerichtet wurde, dann spiegelt sich das meist in Veränderungen der geforderten Leistungen wider. Dies durch eine Präsentation darzustellen, ist für die Kassenseite hilfreich, um die Forderung zu verstehen. Nach der Begrüßung werden

[37] Beim Thema Budgetverhandlung finden sich kaum öffentlich verfügbare Quellen, sondern Beobachtungen aus der Berufstätigkeit der Autorin, ebenso teilweise in den folgenden Absätzen.

die Gemeinsamkeiten und Differenzen ausgetauscht, je nach Fokus der jeweiligen Partei mit entsprechenden Schwerpunkten. Meist einigt man sich dann auf die Beratungsreihenfolge. Nach dem ersten Austausch gibt es meist eine Beratungspause, in der die Parteien auseinander gehen und sich jeweils intern zu den Gegenforderungen und Fragen beraten. Anschließend trifft man sich wieder und verhandelt. Dann geht es wieder in Beratungspausen und wieder in Verhandlungen. Das geht mehrmals hin und her. Meist dauern die Verhandlungen mindestens einen Tag lang, oft bis in die Nacht hinein, unterbrochen nur durch die Beratungspausen und einem gemeinsamen Mittagessen, welches oft vom Krankenhaus gestellt wird. Diese Vorgehensweise der Verhandlung ist nicht gesetzlich vorgeschrieben, aber gebräuchlich. Zum Ende des Verhandlungstages gibt es entweder die Vertagung von problematischen Punkten auf einen weiteren Verhandlungstermin, eine (Teil-)Einigung oder bereits die Aussage, dass eine Seite nicht bereit ist, auf die Forderungen einzugehen und die Schiedsstellen angerufen werden. Im Falle einer Einigung dauert die Erstellung der gesammelten Budgetunterlagen mit den entsprechenden Daten und Dokumenten noch einige Zeit. Dies wird meist auf digitalem Weg zusammengestellt. Anschließend erfolgt ein sog. Unterschriftenverfahren, bei dem die verantwortlichen Geschäftsführenden des Krankenhauses einen schriftlichen Budgetvertrag mit Anlagen unterzeichnen, ebenso die einzelnen Kassen. Eine der Seiten reicht die vollständigen Unterlagen anschließend mitsamt den Unterschriften bei der zuständigen Behörde ein, die das Verhandlungsergebnis genehmigt (vgl. § 18 Abs. 5 KHG). Erst nach erfolgter Genehmigung erfolgt üblicherweise entsprechend dem Budgetvertrag eine Abrechnung zwischen Krankenhaus und Kasse, wenngleich das Gesetz dies nicht explizit vorgibt, sondern nur festhält: *„Die Vereinbarung muss Bestimmungen enthalten, die eine zeitnahe Zahlung der Entgelte an das Krankenhaus gewährleisten; hierzu sollen insbesondere Regelungen über angemessene monatliche Teilzahlungen und Verzugszinsen bei verspäteter Zahlung getroffen werden. Die Vereinbarung kommt durch Einigung zwischen den Vertragsparteien zustande, die an der Verhandlung teilgenommen haben; sie ist schriftlich abzuschließen“* (§ 11 Abs. 1 Satz 3 und 4 KHEntgG).

Zu den gebräuchlichen Regeln gehört auch die eigentliche Umsetzung der gesetzlichen Vorgaben in der Budgetverhandlung und hier werden die Spielräume dieser formalen Vorgaben oft weit ausgelegt.

Um das Ganze in die IDA-Logik einzusortieren, werden auch hier diese skizzierten Regeln auf der Ortsebene in die verschiedenen Arten von Regeln nach Ostrom eingeordnet (vgl. u. a. Polski/Ostrom 2017, S. 71).

Bei den **Grenzregeln** geht es darum, den für die Inanspruchnahme eines Gutes berechtigten Personenkreis und dessen Zugangsmöglichkeiten bzw. Optionen, den

Handlungsraum zu verlassen, einzugrenzen (Polski/Ostrom 2017). Sie sind auf der Ortsebene in der Finanzierung vor allem über die Budgetverhandlung „abgegrenzt“ von der Landes- und Bundesebene, da lediglich das individuelle konkrete Budget dort bestimmt werden kann sowie das Leistungsangebot im Krankenhaus angepasst wird. Insofern geht es auf der Ortsebene noch viel stärker als auf der Bundes- und Landesebene um Ein- und Austrittsregeln.

Im Rahmen der eigentlichen Budgetverhandlung sind das die entsprechenden Akteure der Verhandlung an sich. Die Teilnehmenden der Budgetverhandlung sind auf der Kassenseite Mitarbeitende derselben, die eigens für diese Tätigkeit eingestellt sind. Insbesondere bei den großen Kassen (gemäß Versichertenzahlen) sind diese nur für die Budgetverhandlungen zuständig und entsprechend spezialisiert. Die Eintrittsgrenze besteht in den Kassenauswahlprozessen und -weiterbildungsmaßnahmen, die die Mitarbeitenden dazu befähigen, diese Verhandlungen zu führen bzw. zu begleiten. Eine eigene spezifische Berufsausbildung für diese Tätigkeit gibt es nicht. Meist handelt es sich um Sozialversicherungsfachangestellte mit oder ohne zusätzlichen (akademischen) Abschluss aus dem Bereich (Gesundheits-)Ökonomie. Aber auch ehemalige medizinisch oder pflegerisch ausgebildete Personen oder Quereinsteigende aus anliegenden Berufen können für diese Tätigkeit eingestellt worden sein. Die Grenze liegt im jeweiligen Prozess der Krankenkasse. Auf der Seite der Krankenhäuser sind die Beteiligten an der Budgetverhandlung durch die internen Prozesse desselben ausgewählt. Kleinere Krankenhäuser haben hier oft ein weniger spezialisiertes Personal. Aber auch in großen Häusern sind die Verhandelnden oft eher per Learning-by-doing in diese Rollen hineingekommen. Hier gibt es ebenso wie bei den Krankenkassen keine spezielle Eintrittsgrenze. Gelegentlich gibt es zwischen den Seiten Wechsel, sodass ehemalige Krankenkassenverhandelnde auf die Seite der Krankenhäuser wechseln und umgekehrt.

Im Kern geht es um Krankenhausleistungen und weniger um das Gut „Budgetverhandlung“. Daher sind die Anspruchsberechtigten der in der Verhandlung vereinbarten Krankenhausleistungen von Bedeutung. Die Anspruchsberechtigen der Krankenhausleistungen sind per se alle, die eine Krankenhausleistung in Anspruch nehmen wollen oder müssen. Grundsätzlich kann ein Krankenhaus die Leistungsinanspruchnahme nur unter sehr begrenzten Umständen verweigern. Verweigerungsgründe beziehen sich lediglich auf Nicht-Kooperation der Patientinnen und Patienten, Hausregeln oder medizinisch-fachliche Gründe. Laut Genfer Gelöbnis – dem Nachfolger des hippokratischen Eides – sind Faktoren wie Alter,

Geschlecht, politische Gesinnung u. a. kein Hindernis für die Behandlung.[38] Letzteres gilt zumindest für Ärztinnen und Ärzte. Was die einzelne Person oder eine Krankenhausverwaltung konkret daraus macht, sei dahingestellt.

Weiterhin muss jemand für die Bezahlung der Leistung bzw. die Übernahme der entstehenden Kosten aufkommen. Bei den gesetzlich Versicherten ist die Zahlungsfähigkeit als „Eintrittsregel" durch die Zahlung von Versicherungsbeiträgen an die gesetzlichen Krankenkassen gegeben. Der Behandlungsvertrag wird dann zwar zwischen Patientin bzw. Patient und Krankenhaus geschlossen, aber die Zahlungspflicht liegt bei den Krankenkassen, solange das Krankenhaus Leistungen erbringt, die mit den Krankenkassen vereinbart sind oder potenziell vereinbar sein könnten. Im stationären Bereich gilt der sog. Verbotsvorbehalt: Leistungen, die nicht explizit verboten sind oder durch den Budgetvertrag ausgeschlossen sind, können zulasten der Krankenkassen erbracht werden (vgl. § 137c Abs. 3 SGB V). Bei privat Versicherten verhält es sich ähnlich. Hier bestehen die Grenzen in den in individuellen Versicherungsverträgen vorgesehen Einschränkungen z. B. hinsichtlich der zu zahlenden Vorleistungen, Eigenbeteiligung und Behandlungsausschlüssen. Menschen mit ausländischen Versicherungen haben ihren Versicherungen entsprechend Zutritts-Begrenzungen. EU-Versicherte erhalten GKV-Leistungen so, als ob sie bei einer deutschen gesetzlichen Krankenversicherung versichert wären.

Eine Eintrittsregel im deutschen Gesundheitswesen manifestiert sich in bestimmten Anreizmechanismen zur Menge- bzw. Ausgabensteuerung. Vor allem durch finanzielle Zugangsregeln soll die Inanspruchnahme von Gesundheitsdienstleistungen verringert werden, um die Ausgaben zu begrenzen (vgl. Braun et al. 2006, S. 14). Ein Beispiel einer solchen Regel sind Zuzahlungsvorgaben, die es sowohl im ambulanten (z. B. bei Arzneimitteln) als auch im stationären Bereich (z. B. Zuzahlung für den Krankenhausaufenthalt) auf der Nachfrageseite und dem Fixkostendegressionsabschlag im Krankenhausbudget auf der Anbieterseite gibt.

Problematisch wird die Betrachtung bei nicht versicherten Menschen und Menschen ohne gesicherten Aufenthaltsstatus oder Asylbewerberinnen und -bewerber in Deutschland. Erstere sollte es theoretisch seit 2007 mit dem GKV-Wettbewerbsstärkungsgesetz (GKV-WSG) nicht mehr geben, da seither eine

[38] Das Genfer Gelöbnis ist der Musterberufsordnung von Ärztinnen und Ärzten vorangestellt und besagt: *„Ich werde nicht zulassen, dass Erwägungen von Alter, Krankheit oder Behinderung, Glaube, ethnischer Herkunft, Geschlecht, Staatsangehörigkeit, politischer Zugehörigkeit, Rasse, sexueller Orientierung, sozialer Stellung oder jeglicher anderer Faktoren zwischen meine Pflichten und meine Patientin oder meinen Patienten treten."* (Bundesärztekammer 2021).

Versicherungspflicht gilt. De facto gibt es auch hier Regelungslücken und -verstöße, sodass gelegentlich unversicherte Menschen in den Krankenhäusern auftauchen. Theoretisch könnten sich Krankenhäuser weigern, diese zu behandeln. Menschen ohne gesicherten Aufenthaltsstatus[39] oder privat Versicherte, die aufgrund von Beitragsschulden aus der Versicherung ausgeschlossen wurden, gehören zu jenen unversicherten Menschen. Wenn diese Menschen krankheitsbedingt in ein Krankenhaus kommen, werden sie aus ethischen und medizinischen Gründen – die somit auch Zutrittsregeln darstellen – meist zwar unentgeltlich behandelt, aber es gab auch Fälle, in denen die Behandlung verweigert wurde (vgl. DKG 2015b; BÄK 2013; Ärzte der Welt 2019).

Krankenhäuser, die nur selbstzahlende Patientinnen und Patienten behandeln – sog. Privatkliniken – unterliegen lediglich der Gewerbeordnung. Reine Privatkliniken zielen tatsächlich nur auf die Behandlung von Selbstzahlenden und solchen mit einer privaten Krankenversicherung. Gesetzlich Versicherte dürfen sich nur in Ausnahmefällen und nur nach Genehmigung durch ihre Krankenkasse aufgrund medizinischer Besonderheiten dort behandeln lassen. Davon abzugrenzen sind die Kliniken in privater Trägerschaft, die zwar private Gewinnerzielungsabsichten haben, aber im Krankenhausplan aufgenommen sind und damit als reguläre Krankenhäuser nach KHG auch gesetzlich Versicherte behandeln sollen (vgl. Wissenschaftlicher Dienst der Deutschen Bundestages 2014, S. 24).

Über die Versicherungsfrage hinaus sind nicht alle Behandlungen als Krankenhausleistung vorgesehen. Sogenannte ambulante Leistungen sollen nur im ambulanten Setting behandelt werden. Diese Sektorengrenzen spielen insbesondere bei der Abrechnung von Leistungen eine Rolle, können aber auch den Eintritt (Behandlungsbeginn im Krankenhaus) und den Austritt (nach Abschluss der für Krankenhäuser vorgesehen Behandlungen) bestimmen.

Zusammenfassend lassen sich im Krankenhausbereich folgende Grenzen feststellen:

- Versicherungsstatus
- Zahlungsfähigkeit
- medizinische Gründe
- zulässiges Behandlungsspektrum
- ethische Gründe

[39] Ohne gesicherten Aufenthaltsstatus meint in diesem Zusammenhang all jene Menschen, die sich in Deutschland nach deutschem Recht „illegal" aufhalten. In Frankreich heißen die Menschen „sans-papier". Im Deutschen gibt es dafür keine adäquate Begrifflichkeit.

- Aufenthaltsstatus
- Abgrenzung zu ambulanten Leistungen

In der Budgetverhandlung als zentrales Element der Krankenhausfinanzierung spielen alle genannten Grenzen eine größere oder kleinere Rolle. Der Versicherungsstatus entscheidet, wer mit am Verhandlungstisch sitzt. Nur Krankenkassen mit einem Mindestanteil von 5 % der Berechnungs- und Belegungstage durch ihre Mitglieder[40] dürfen mitverhandeln (§ 18 Abs. 2 KHG). Umgangen werden kann diese Regelung allerdings durch Bildung von Arbeitsgemeinschaften, sodass auch die privaten Krankenversicherungen und kleine Kassen beteiligt werden können (§ 18 Abs. 2 KHG Nr. 2). Allerdings ist deren Beteiligung oft nur dann finanziell interessant, wenn tatsächlich ein relevanter Leistungsanteil des Krankenhauses durch ihre Versicherte in Anspruch genommen wird.

Medizinische Gründe und das zugelassene Leistungsspektrum spiegeln wider, welche Leistung im Budget an sich verhandelt wird. Zum einen wird seitens der Krankenkassen überprüft, ob das geforderte Leistungsspektrum dem entspricht, was der Krankenhausplan vorsieht. Mit einem Haus ohne genehmigte gynäkologische Fachabteilung (siehe Abschnitt 4.2) werden eher selten geburtshilfliche Leistungen verhandelt.[41] Qualitative Aspekte ergänzen diese Begrenzung des Leistungsspektrums. Diese werden vielfach durch entsprechende Regelungen seitens des G-BA vorgegeben, z. B. in Form von Mindestmengenregelungen, Qualifikationsvorgaben für Mitarbeitende usw. Diese basieren zum Teil auf medizinischen Gründen, teilweise sind sie eher politisch begründet (siehe Abschnitt 4.1). Zahlungsfähigkeit, ethische Gründe und Aufenthaltsstatus haben in der Budgetverhandlung eine sehr untergeordnete Rolle. Die Bezahlung von einzelnen (bereits erfolgten) Leistungen kann zwar im Rahmen der Budgetverhandlung als Begründung für die Aufnahme von bestimmten Leistungen in die Vereinbarung aufgeführt werden – vor allem seitens des Krankenhauses –, hat aber keine gesetzliche Begründung.

---

[40] Notabene: Hier werden Mitglieder genannt, nicht „Versicherte“. Mitglieder sind zahlende Versicherte, d. h. mitversicherte Familienangehörige bleiben unberücksichtigt.

[41] Seltene Ausnahmen werden für Kliniken gemacht, die in peripheren Lagen Notfälle betreuen und bei denen ab und an Geburten betreut werden müssen. In den meisten Fällen werden unvorhersehbare Notfälle, die eine Leistung jenseits des im Budget vereinbarten Leistungsspektrums sind, über die individuelle Abrechnung und weniger über die Budgetvereinbarung geregelt. Das Budget soll im Wesentlichen planbare und prognostizierte Leistungen umfassen.

Positionsregeln umfassen nach Ostrom Regeln, die den Akteuren in einer und durch diese Handlungssituation eine bestimmte Position oder Rolle zusprechen (vgl. u. a. Polski/Ostrom 2017, S. 71.). In der Budgetverhandlung wird die Rolle der Akteure durch die Zugehörigkeit zu den Verhandlungsseiten und deren jeweilige Rolle im vertretenden Unternehmen bestimmt. Allein durch die Rolle als Budgetverhandelnde auf der Kassenseite ist der Rahmen dessen, was die Person verhandeln kann und darf, eingeschränkt, sei es durch Zielvorgaben im eigenen Unternehmen, sei es durch Begrenzung dessen, was aus Sicht der Kassen laut sog. „Wirtschaftlichkeitsgebot" als „ausreichend, zweckmäßig und wirtschaftlich" (§ 12 Abs. 1 SGB 5) angesehen wird. Vor allem Letzteres muss die Krankenkasse im Zweifel vor der Aufsichtsbehörde (und gegebenenfalls den Beitragszahlenden) begründen (§ 12 Abs. 3). Ähnlich verhält es sich für die Krankenhausseite, wobei hinter deren Position neben den unternehmensinternen Strukturen (insb. die behandelnden Ärztinnen bzw. Ärzte und Pflegekräfte) auch vor weiteren Stakeholdern zu sehen ist. Letzteres umfasst in erster Linie theoretisch die potenziellen Patientinnen und Patienten, aber ebenso die zuständige Landesbehörde und die lokale Politik (Kreistag/Gemeinde). So wird vielfach ein lokales Krankenhaus als Arbeitgeber und Prestigeobjekt gesehen und Teil der örtlichen Daseinsvorsorge betrachtet. Dieses soll dann bestimmte Leistungen erbringen, die im Rahmen der Budgetverhandlung zu verteidigen sind. Vor allem beim Thema Geburtshilfe wird dieses Problem deutlich. Während die Kassen (und manchmal die Konzernzentralen von Krankenhäusern) fordern, eine geburtshilfliche Abteilung aus Wirtschaftlichkeitsgründen zu schließen, führt diese vor Ort bei individuellen Krankenhausgeschäftsführenden, Lokalpolitikern und Anwohnenden zu Protesten mit der Begründung, dass man doch noch Kinder mit eben dem Geburtsort auf der Geburtsurkunde haben möchte.[42] Die Positionierung der Stakeholder kommt zu dieser Situation noch hinzu, sei es durch Parteizugehörigkeiten, eigene Erfahrungen oder berufliche Verbundenheit. Jede dieser Positionen ist mit eigenen Regeln ausgestattet.

Grafisch ist diese Positionierung in Abbildung 4.7 dargestellt. Erkennbar ist, dass jede Verhandlungsseite in einer mehrseitigen Position im Gesellschaftsgefüge steht. Die Verhandelnden auf Krankenhausseite sind einerseits als Teil das Krankenhaus, z. B. als Angestellte, andererseits als Teil der Kommune wie auch als potenzieller Patientin bzw. Patient und Beitragszahlende verortet. Ähnlich verhält es sich bei der Kassenseite. Auch dort agieren die Verhandelnden nicht in

[42] Vgl. u. a. Birke/Schlaudt 2016 sowie aktuelle Pressemeldungen zu Krankenhausinsolvenzen 2024.

einem luftleeren Raum. Auch sie sind potenzielle Patientinnen bzw. Patienten, Teil der Kommune und Angestellte der Krankenkassen.

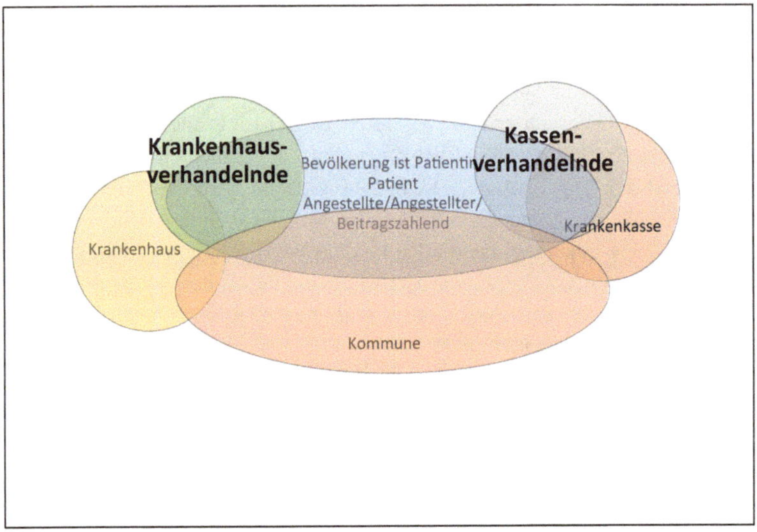

Abbildung 4.7 Venn-Diagramm Position der Krankenhausverhandelnden. (Eigene Darstellung)

Eine weitere Regel ist die **Autoritätsregel**. Während Positionsregeln bestimmen, wie ein Akteur in eine Rolle bzw. Position kommt und dort beeinflusst werden kann (z. B. durch Zugehörigkeit zu einer Verhandlungsseite, regionale Verortung), umfassen Autoritätsregeln die Optionen und Möglichkeiten, die den Akteuren erlaubt oder verboten sind. Kassenverhandelnde dürfen nicht gegen das Wirtschaftlichkeitsgebot verstoßen. Sie dürfen mit Krankenhäusern auch keine Budgets abschließen, die gegen die geltenden Vorgaben des G-BA verstoßen. Implizit dürfen sie auch nicht gegen die zentralen Vorgaben ihres Unternehmens und/oder Vereinbarungen ihres Spitzenverbandes handeln. Diese Vorgaben sind die Autoritätsregeln. In der Budgetverhandlung sind diese Regeln sehr umfangreich. Auf Seite des Krankenhauses sind sie ähnlich verbindlich, was die Vorgaben seitens des G-BA und formalen Vereinbarungen auf Ebene der DKG betrifft. Autoritätsregeln seitens Landeskrankenhausgesellschaften sind in vielen Fällen unverbindlicher als vergleichbare Vereinbarungen der Krankenkassen untereinander, da im Regelfall auf der Kassenseite mehrere Kassen am Tisch sitzen, aber auf Krankenhausseite nur das jeweils verhandelnde Krankenhaus. Verbindliche Vorgaben lassen sich lediglich aus den Feststellungsbescheiden des Krankenhausplans und Vorgaben der zuständigen Aufsichtsbehörde herleiten (vgl. Prütting 2009 & § 6 KHG).

Aggregationsregeln sind jene Regeln, die bestimmen, inwiefern Akteure in einer Handlungssituation Kontrolle über die Handlung haben. Hier geht es also um die Bestimmungen rund um eine Handlungssituation. Für die Krankenhausbudgetverhandlung sind dies auf Seiten der Krankenkassenverhandelnden die Vorgaben der übergeordneten Ebenen innerhalb der Krankenkassen und deren Verbände. Das können quantitative Zielvorgaben für die Budgetsummen sein, aber auch Vorgaben qualitativer Art, z. B. hinsichtlich bestimmter Leistungen, die nur in bestimmen Krankenhäusern vereinbart werden sollen. Abweichungen davon müssen zunächst (gemäß internen Regeln der Kassen) mit Vorgesetzten oder zwischen den Kassen konsentiert werden. Ähnlich sieht es auf Seiten der Krankenhäuser aus. Je nach Position im Krankenhaus müssen die zuständigen Verhandelnden Rücksprache halten, z. B. mit der Geschäfts- oder Konzernführung, ggf. mit den verantwortlichen Chefärzten und Chefärztinnen, wenn bestimmte Abweichungen im Rahmen der Verhandlung unvermeidlich erscheinen (vgl. Dorn 2023).

Eine nicht unerhebliche Rolle spielen zudem die Schiedsstellen nach § 18a KHG bzw. § 114 SGB V. Diese können nach § 13 KHEntgG von der jeweiligen Verhandlungsseite angerufen werden, wenn ein Scheitern der Verhandlung ganz oder in Teilen erfolgt ist, und sollen innerhalb von sechs Wochen eine Lösung herbeiführen. Da die Schiedsstellen paritätisch besetzt sind, kommt der oder dem Vorsitzenden eine entscheidende Bedeutung im Verfahren zu. Über die Arbeitsweise entscheidet die zuständige Landesbehörde. Mithin ist das Anrufen der Schiedsstelle ein Verbindungspunkt zwischen Ort- und Landesebene. Eine umfassende juristische Beschreibung der Schiedsstellen als Konfliktlösungsmechanismus findet sich in Felix 2017.

Einen weiteren Regel-Bereich betreffen **Informationen**. Hier geht es um den Grad der Öffentlichkeit von Informationen. Im Bereich der Krankenhausfinanzierung ist dies ein sehr umfangreiches Regelwerk, da es eine Reihe von Veröffentlichungspflichten mit verschiedensten Informationsempfangenden gibt. Darüber hinaus gibt es ein Teil Informationen, die ein Krankenhaus (und teilweise auch die Krankenkasse) als Betriebsgeheimnis oder aus Gründen der Wettbewerbssituation nicht weitergeben möchte. Im Kontext der Budgetverhandlungen sind nach § 11 Abs. 4 KHEntgG bestimmte Sachverhalte explizit den Krankenkassen nachzuweisen und der zuständigen Landesbehörde ebenfalls zur Kenntnis zu geben.[43] Seitens der Krankenkassen gibt es kaum Informationsregeln im Kontext der Budgetverhandlung. Allerdings ist davon auszugehen, dass zumindest teilweise Informationen unter den Kassen ausgetauscht werden, um die gemeinsame Verhandlung mit dem Krankenhaus im Sinne der Kassen strategisch sinnvoll auszurichten.

Auszahlungsregeln sind jene Regeln, die Kosten und Nutzen von Handlung und deren Ergebnisse betreffen (Polski/Ostrom 2017). In der Budgetverhandlung sind auch diese vielfältig.[44] Die Budgetvereinbarung für das einzelne Krankenhaus umfasst einzelne Vereinbarungsverträge für das Budget an sich (jeweils ein Vertrag für den Bereich der Somatik und der Psychiatrie), das Ausbildungsbudget nach § 17a Abs. 3 KHG und die Vereinbarung Neuer Untersuchungs- und Behandlungsmethoden (NUB). Letzteres wird oft unabhängig vom restlichen Budget verhandelt, um die hohen Kosten für NUB zeitnah zu refinanzieren. Das Budget an sich und das Ausbildungsbudget werden meist zusammen verhandelt, obwohl die Option einer separaten Verhandlung besteht. Theoretisch kann auch das seit 2020 neu existierende Pflegebudget nach § 6a KHEntgG separat verhandelt werden, da die Pflegebewertungsrelationen aber im direkten Zusammenhang mit dem restlichen Budget stehen, wird das selten passieren. Aus den verhandelten Budgets ergeben sich unmittelbar die Auszahlungsregeln. Abgerechnet werden die Leistungen nach den Vorgaben des Budgets per Ausweisung der Budgetbestandteile in der Rechnung des Krankenhauses gegenüber den einzelnen Krankenkassen je Leistung an die Versicherten. Dabei werden die einzelnen Teilsummen über die vereinbarten Leistungen anteilig umgelegt und

[43] Das betrifft die Abschnitte E1 bis E3 (einzelne Budgetbestandteile: DRG, Zusatzentgelt) und B1 (Gesamtbudget). Wenn die Kassen dies gemeinschaftlich wünschen, sind grundsätzlich weitere Nachweise zu erbringen, wobei das Gesetz vage festhält: „*muss der zu erwartende Nutzen den verursachten Aufwand deutlich übersteigen.*" Je nach einzelnem Sachverhalt müssen vom Wirtschaftsprüfer bestätigte Dokumente vorgelegt werden (z. B. die Berechnung der Erlösausgleiche gemäß Jahresabschluss, die Personalkosten und Stellen in der Pflege für das Pflegebudget bzw. das Pflegestellenförderprogramm) (siehe Anlage). Darüber hinaus gibt es allgemeine Veröffentlichungspflichten, insbesondere in Bereich der Qualitätssicherung, aber je nach Rechtsform auch aufgrund dieser (z. B. von Konzernberichtspflichten nach § 315 HGB). Freiwillige Informationen ergänzen das Regelwerk. Solche freiwilligen Informationsregeln können z. B. gegenüber Verbünden (z. B. Clinotel u. a.) sowie potenziellen Patientinnen und Patienten (z. B. durch Veröffentlichung der vereinbarten Entgelte auf der Webseite der Klinik) sein.

[44] Eine ausführliche Beschreibung der einzelnen Bestandteile des Budgets findet sich in der Anlage.

„abfinanziert“, d. h. im Laufe eines Abrechnungszeitraumes verrechnet. Idealerweise wird somit über den Budgetzeitrum und/oder anteilig vereinbarte Zeiträume das Gesamtbudget durch das Krankenhaus erlöst. Nicht oder zu viel ausgezahlte Mittel werden über die Erlösausgleichsberechnung in den Folgejahren berücksichtigt, wobei nach spätestens vier Jahren eine sog. Spitzabrechnung erfolgt, d. h. alle übrig gebliebenen Differenzen aus dem Budget von vier Jahren zuvor werden ausgeglichen und beendet. Dabei ist grundsätzlich egal, welche der Krankenkassen die anteiligen Beträge bezahlt hat. Dies kann zur Benachteiligung derjenigen Kassen führen, die den Löwenanteil der Versicherten im jeweiligen Krankenhaus zu finanzieren hatte. Ausgleiche zwischen den Kassen sind auf der Ebene der direkten Krankenhausfinanzierung nicht vorgesehen, sondern nur im Rahmen des morbiditätsbedingten Risikostrukturausgleiches auf Bundesebene (Morbi-RSA nach SGB V §§ 265–273). Daher ist es für die Krankenkassen vorteilhaft, ein möglichst zielgenaues Budget zu vereinbaren, um nicht für fehlerhafte Budgets in den Folgejahren ausgleichen zu müssen, wenn sich Belegungsanteile der Kassen verändern.

Ausmaßregeln bestimmen den Rechtskreis der Ergebnisse und deren Endgültigkeit (Polski/Ostrom 2017, S. 25). Die Endgültigkeit einer Budgetverhandlung wird durch Unterschriften auf der Budgetvereinbarung und der abschließenden Genehmigung durch die zuständige Behörde gesetzt. Die Budgetvereinbarung wird von Zeichnungsberechtigten der verhandelnden Krankenkassen sowie der Geschäftsführung des Krankenhauses unterzeichnet. Die genehmigende Behörde erteilt postalisch die Genehmigung zum unterschriebenen Vertrag und erst dann können gemäß der neuen Budgetvereinbarung seitens des Krankenhauses Leistungen abgerechnet werden. Sollte in diesem Prozess eine Unterschrift oder die Genehmigung der Behörde versagt werden, gilt die vorherige Budgetvereinbarung bis zu einer neuen Einigung und Genehmigung weiter. Gelegentlich werden Teileinigungen oder vorläufige Vereinbarungen vereinbart und genehmigt, so eine teilweise neue Abrechnung möglich ist. Dies dient vor allem dazu, Planungssicherheit und Liquiditätssicherung zu gewährleisten. Vorläufige Vereinbarungen sind so lange gültig, bis die Vorläufigkeit von beiden Verhandlungsseiten als beendet erklärt wird. Gegen die Entscheidung der Behörde zur Genehmigung gibt es den Klageweg gemäß Verwaltungsrecht (vgl. § 18 KHG). Die genehmigende Behörde darf allerdings nur prüfen, ob die Budgetvereinbarung den gesetzlichen Vorgaben insbesondere aus SGB V, KHG und KHEntgG sowie dem landesspezifischen Landeskrankenhausplan und den Landeskrankenhausgesetzen bzw. -verordnungen entspricht. Für Klagen im Zusammenhang mit der

Budgetverhandlung ist nach der Anrufung der Schiedsstelle ebenfalls die Verwaltungsgerichtsbarkeit zuständig. Für Fragen der Abrechnung von Leistungen sind hingegen die Sozialgerichte zuständig. Das Ausmaß der Ergebnisse spiegelt sich vorrangig im spröden Zahlenwerk der Budgetvereinbarung wider und ist klar durch die Abrechnungsbestimmung und die gesetzlichen Grundlagen zur Verbindlichkeit der Vereinbarung geregelt. Abweichungen von ursprünglich vereinbarten Summen und Leistungen bedürfen einer gesonderten Vereinbarung mit den Kassen oder einer individuellen Kasse, wenn es sich um einzelne Leistungen handelt. In der der erwähnten Spitzabrechnung wird abschließend verglichen, wie weit die eigentlich erbrachten Leistungen von der Planung in der Budgetverhandlung abweichen. Im Rahmen dieser letzten Erlösausgleichsrechnung finden die finalen Bemessungen der Auszahlungen statt. Erst ab diesem Punkt wissen beide Seiten, welche finanziellen Ausmaße die Verhandlung und das Leistungsgeschehen für die jeweilige Kasse und das Krankenhaus letztendlich haben. Die Spitzabrechnung erfolgt wie erwähnt erst vier Jahre nach dem eigentlichen Budgetjahr, d. h., finanzielle Vor- und Nachteile der Vereinbarung können erst mit einer Verzögerung von bis zu vier Jahren deutlich werden. Allein dadurch können Krankenhäuser mit einem eher schwachen finanziellen Hintergrund (siehe physische und materiale Bedingungen) benachteiligt sein, eben weil diese vier Jahre gegebenenfalls überbrückt werden müssen (vgl. Osterloh 2021).

4.3.3 Handlungsraum und Akteure

Der Handlungsraum besteht auf der Ortsebene aus verschiedenen Teilräumen mit jeweils abgrenzbaren, aber auch überschneidenden Akteuren. Da ist zum einen der Raum „Budgetverhandlung“, zum anderen der Raum „Verhandlungsvorbereitung Kasse“ und „Verhandlungsvorbereitung der Kassen untereinander“ sowie parallel dazu der Raum „Verhandlungsvorbereitung Krankenhaus“. Darüber hinaus gibt es den Raum „Finanzierungsverteilung/Mitteleinsatz/-verwaltung im Krankenhaus“ (siehe Abbildung 4.8).

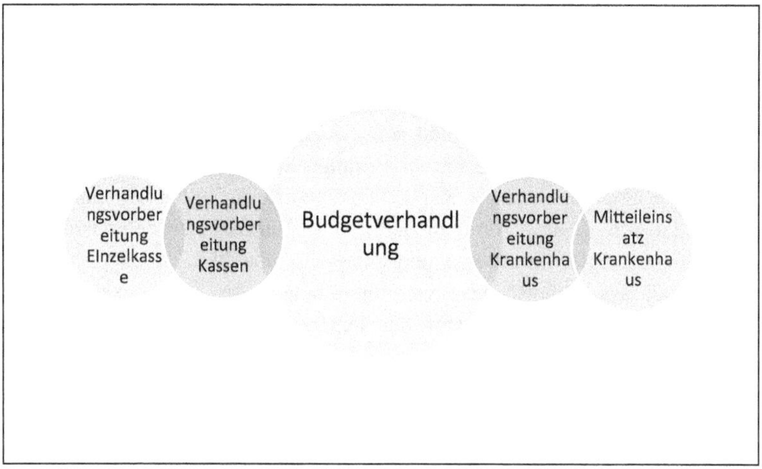

Abbildung 4.8 Handlungsräume. (Eigene Darstellung)

Der Handlungsraum „Verhandlungsvorbereitung Kasse" betrifft zunächst die jeweilige Vorbereitung auf die Budgetverhandlung innerhalb der einzelnen Kassen. Hier werden vor allem die eigenen Abrechnungsdaten für das zu verhandelnde Krankenhaus betrachtet, um eine Folgeabschätzung möglicher Budgetszenarien berechnen zu können. Eine Kasse, die nur gelegentlich und eher günstige Patienten und Patientinnen im jeweiligen Krankenhaus unterbringt, bringt dem Budgetabschluss eine andere Sichtweise entgegen als eine Kasse, die für viele und eher teure Patientinnen und Patienten in jenem Krankenhaus Leistungen bezahlen muss. Berücksichtigt werden bei der Vorbereitung auch die jeweilige interne Kassenhierarchie und Entscheidungsfreiheit innerhalb der Kasse. Gegebenenfalls werden von Vorgesetzten Zielvorgaben gemacht, die der oder die Budgetverhandelnde einzuhalten hat. Im weiteren Handlungsraum muss unterschieden werden zwischen Verhandlungen unter einzelnen Kassengruppen und den allen gemeinsam verhandelnden Kassen. Kassengruppen bilden vor allem die Ersatzkassen und die Kooperationsgemeinschaft Unternehmensnahe Krankenkassen (sog. kuk-Kassen).[45] Von den Gruppen sitzen meist nur

[45] Letztere bestehen aus einem losen Zusammenschluss der Betriebskrankenkassen (BKK-DV), der Sozialversicherung für Landwirtschaft, Forsten und Gartenbau (SVLFG), der Innungskrankenkassen (IKKen) und der Knappschaft. Die Ersatzkassen sind formal zusammengeschlossen im Verband der Ersatzkassen (vdek e. V.) und umfassen die Techniker

einzelne Vertreterinnen und Vertreter in der Verhandlung selbst und haben die Verhandlungsvollmacht für ihre jeweilige Gruppe. Außerdem bilden die privaten Krankenkassen eine Gruppe im Verband der privaten Versicherung (PKV). Die PKV sitzt aufgrund ihrer geringen Belegung in den meisten Verhandlungen allerdings nicht mit im Raum und spielt selbst in den Verhandlungsvorbereitungen nahezu keine Rolle. Die allgemeinen Ortskrankenkassen bilden regionale Organisationen und bilden daher keine Krankenkassengruppen. In der Vor-(und Nach-) bereitung der Verhandlung kommunizieren die Krankenkassen untereinander zur Verhandlungsstrategie, -angeboten und zum Abschluss der Budgetverhandlung. Das Verhandlungsergebnis muss von allen beteiligten Krankenkassen unterzeichnet werden, ehe es (mitsamt der Unterschrift des Krankenhauses) der genehmigenden Behörde vorgelegt werden kann.

Der Handlungsraum „Vorbereitung der Budgetverhandlung Krankenhaus" umfasst sämtliche Aktivitäten und Beteiligten an der Erstellung der Forderungsunterlagen. Je nach Größe und Leistungsspektrum des Krankenhauses sind an der Erstellung der Unterlagen das Controlling, das Medizincontrolling, das Personalcontrolling, einzelne Chefärzte und -ärztinnen, Pflegedienstleitung(en), Ausbildungskoordinierende, das Qualitätsmanagement, externe Berater usw. beteiligt. Bei kleinen Krankenhäusern ist der Beteiligtenkreis eher klein, da Funktionen oft in Personalunion ausgeführt werden. Bei größeren Krankenhäusern sind die Funktionen ausdifferenzierter und auch die Forderungsunterlagen umfassender und komplexer. Aufgrund des Umfangs der Beteiligten sind die kommunikativen Beziehungen zwischen den Beteiligten entsprechend vielschichtig. Aus dem Handlungsraum „Mittelverwendung" gibt es eine direkte Beziehung zum Handlungsraum „Vorbereitung der Verhandlung", da zum einen Forderungsunterlagen meist auf Basis der IST-Daten des laufenden Jahres (und des Vorjahres) bestehen und zudem einige Budgetbestandteile einer Eins-zu-eins-Refinanzierung unterliegen, die im Rahmen der Mittelverwendung Verwendung finden müssen. Wenn schon vorab bekannt ist, dass die Mittel nicht regelkonform verwendet werden können, z. B. weil der Stellenaufbau mangels Bewerbenden nicht umzusetzen ist, braucht dieser Budgetbestandteil so auch nicht in die Verhandlungsvorbereitung einzufließen. Bei Budgetbestandteilen, deren Mittelverwendung keines formalen Nachweises bedarf, können im Handlungsraum „Mittelverwendung" die Beteiligten über das Budget hingegen relativ frei verfügen.

Ein indirekt abzugrenzender Raum ist der Raum um die Krankenhäuser und Krankenhäuser herum, der hier keinen eigenen Raum darstellt. Die regionalen

Krankenkasse (TK), die BARMER, die DAK, die Kaufmännische Krankenkasse (KKH), die Handelskrankenkasse (hkk) und die Hanseatische Krankenkasse (HEK).

Stakeholder umfassen die Region, in der sich die Budgetverhandlung befindet. Da ein Krankenhaus fest verbunden ist mit einer Immobilie, bezieht sich der Raum auf die physische Ebene der Region. Im weiteren Sinne können die Budgetverhandlungen allerdings auch überregionale Folgen haben, indem sie z. B. wegweisend sind für Verhandlungen in anderen Regionen. Für den direkten Kontext „Budgetverhandlung“ sind die unmittelbaren Wirkungen und Rückkoppelungen auf der regionalen Ebene bedeutsam. Als Institution „Krankenhaus“ dient dieses als Arbeitgeber, zu beliefferndes Unternehmen und mehr in einer Region. Die Ergebnisse einer Budgetverhandlung wirken sich z. B. durch Arbeitsplatzabbau unmittelbar auf die wirtschaftliche Situation der Region aus. Gleichzeitig wirken sich regionale Veränderungen wie z. B. Bevölkerungszuwachs oder neue Autobahnen in der Region auf das potenzielle Leistungsspektrum aus. Zusätzlich zu diesen Interdependenzen sind auch veränderte politische Konstellationen zu berücksichtigen sowie die Trägerschaft. Für die Budgetverhandlungen eines Krankenhauses in kommunaler Trägerschaft wird sich ein Landrat eher interessieren als für ein Krankenhaus eines privaten Konzerns, allein schon deshalb, weil er über den Aufsichtsrat der kommunalen Klinik eine Eingriffsmöglichkeit besitzt. Ähnliches gilt für Krankenhäuser in kirchlicher und anderer freigemeinnütziger Trägerschaft, wo gegebenenfalls die entsprechende Kirche als Stakeholder aktiv sein kann. Dabei geht es nicht zwangsläufig um die aktive Beteiligung oder den Eingriff in die Budgetverhandlung. Vielmehr kann es eine indirekte Einflussnahme durch das Setzen von impliziten oder expliziten Vorgaben sein, die die Verhandelnden auf Krankenhausseite berücksichtigen wollen oder müssen. In Krankenhäusern in privater Trägerschaft kann diese Einflussnahme durch die Eigentümer und/oder die Aktionärinnen und Aktionäre erfolgen, die im Vergleich zu öffentlichen und freigemeinnützigen Trägern der Budgetverhandlung eine andere Note – vermutet wird eine eher renditeorientierte Stoßrichtung – verleihen können. Hinzu kommen die möglichen Einflüsse seitens der Bevölkerung und anderer regionaler Akteure wie z. B. Unternehmen, die direkt oder indirekt mit dem Krankenhaus verbunden sind. Insbesondere wenn das Leistungsspektrum reduziert wird – z. B. der Wegfall der Geburtshilfe, die zwar in der Krankenhausplanung des Landes vorgesehen, aber letztlich über die Verhandlung der Leistungen in der Budgetverhandlung umgesetzt wird –, fühlen sich regionale Stakeholder betroffen. Gleichzeitig kann im Rahmen der Verhandlung die Krankenhausseite diese Betroffenheit möglicherweise bereits implizieren und die Verhandlungsstrategie entsprechend anpassen. Selbst die Kassenseite kann bei größeren Veränderungen diese regionale Betroffenheit oft nicht ignorieren (vgl. Birke et al. 2016).

In den jeweiligen Räumen gibt es verschiedene Akteure und Handlungssituationen, die bereits kurz beschrieben wurden: Kassen, Krankenhaus und regionale Stakeholder.

Die Krankenkassen sind per Gesetz dazu verpflichtet, gemeinschaftlich Budgetverhandlungen zu führen und Vereinbarungen zu schließen (sog. Kontrahierungszwang nach § 108 Abs. 4 Satz 3 SGB V). In den Krankenkassen, die als einzelne Einrichtungen Körperschaften des öffentlichen Rechts sind oder sich als Verbände in Form eingetragener Vereine konstituieren, arbeiten Personen unterschiedlichster Prägung. Budgetverhandelnde sind dabei keine Ausnahme, zumal es den Beruf „Budgetverhandelnde" nicht als Ausbildung per se gibt. Sie bringen – neben den Unterschieden in der Ausbildung – eigene Charaktereigenschaften, politische Vorstellungen und individuelle Überzeugungen mit, die gegebenenfalls in die Budgetverhandlungen einfließen.

Auch auf der Krankenhausseite gibt es Akteure mit eigenen Charaktereigenschaften, politischen Vorstellungen und individuellen Überzeugungen. Allerdings ist der Bildungshintergrund oftmals ein wenig anders als bei den Verhandelnden auf Krankenkassenseite. Je nach Zusammensetzung der Verhandelnden und Vorbereitende können diese sehr medizinisch geprägt sein (z. B. bei Ärztinnen und Ärzten) oder sehr finanzwirtschaftlich (z. B. bei Controllern) oder kodiertechnisch (z. B. Medizincontroller). Das Spektrum der Möglichkeiten ist hier deutlich breiter. Allerdings haben die Kassen nicht selten auch Zugriff auf ein ähnliches Wissenspotenzial, da bei den Kassen selbst auch Medizincontrollerinnen und -controller, Bucherhalterinnen und Buchhalter sowie Ärzte und Ärztinnen arbeiten.

Anders sieht es bei den regionalen Stakeholdern aus. Hier ist das Spektrum der Beteiligten nahezu unendlich. Da kann der bürokratische Landrat in Erscheinung treten, ebenso wie die populistische Bürgermeisterin und die aktivistische Lehrerin.

Diese ausgeführten Elemente ergeben zusammen ein Interaktionsmuster bestehend aus der eigentlichen Budgetverhandlung und deren konkreten Akteuren, der dazugehörigen Vorbereitung auf Seiten der Kassen und des Krankenhauses und deren jeweiligen Akteuren, wie in den Abbildungen 4.9 bis 4.11 dargestellt. Da aufgrund der verschiedensten Bestandteile der Budgetverhandlungen eine allumfassende Darstellung nicht sinnvoll erscheint, werden für die detaillierte Darstellung drei Elemente herausgegriffen und in einzelnen Interaktionsdiagrammen jeweils für die unterschiedlichen Handlungsräume grob dargestellt.

Im ersten Handlungsraum erfolgen Interaktionen in der Vorbereitung der Budgetverhandlung bei jeder der einzelnen Kassen individuell. Hier muss die unterschiedliche Struktur der Kassen und deren Verbände berücksichtigt werden. Bei den AOKen gibt es eine klare Struktur, in der die Regionen der AOK-Gemeinschaft jeweils zu einer einzelnen AOK zugeordnet sind und mithin genau eine AOK für ein Krankenhausbudget zuständig ist. Diese zuständige AOK muss lediglich für die Krankenhausfälle in der eigenen Region durch in einer anderen AOK-Region Versicherte eine interne Regelung finden. Die eigenen Fälle im jeweiligen Krankenhaus können in der Vorbereitung auf die Budgetverhandlung als Datengrundlage mit etwaigen Hochrechnungen mit den vom Krankenhaus vorgelegten Forderungen und ergänzenden Daten verglichen werden. Daraus werden dann Strategien im Umgang mit dem Krankenhaus entwickelt. Darüber hinaus kann es auch übergreifende Strategien aus der Arbeit des AOK-Bundesverbandes geben, die in der regionalen AOK berücksichtigt werden können. Anders sieht es bei den Krankenkassen aus, die keine spezifische regionale Verortung haben und/oder in Verbünden an der Budgetverhandlung agieren. Dort müssen erst Daten der einzelnen Kassen zusammengespielt werden, ehe eine Analyse erfolgt. So werden z. B. die Daten der Ersatzkassen jeweils zusammen analysiert und innerhalb des Verbandes der Ersatzkassen (vdek) gemeinsame Strategien entwickelt. Die Ersatzkassen haben für diesen Zweck regionale Strukturen des vdek. Darüber hinaus gibt es in jeder einzelnen Ersatzkasse – und insbesondere denen mit einer starken Belegung im jeweiligen Krankenhaus[46] – interne Zielvorgaben, die bei der Festlegung der Strategie eine Rolle spielen. Beispielsweise kann eine der Vorgaben lauten, dass die Steigerung des gesamten Budgets (inklusive aller Zu- und Abschlage und sonstiger Budgetbestandteile) nicht den Veränderungswert/Orientierungswert nach § 10 Abs. 6 KHEntgG überschreiten soll. Eine Zeit lang war es außerdem z. B. den Ersatzkassen wichtig, im Rahmen der Budgetverhandlung darauf zu achten, dass eine kathetergestützte Aortenklappenimplantation (TAVI) nur bei älteren Patientinnen und Patienten mit Begleiterkrankungen angewandt wird, weil die Diskussion zu dieser Leistung im Unterausschuss Qualitätssicherung im G-BA noch nicht abgeschlossen war (vgl. u. a. vdek 2013; G-BA 2015) (Abbildung 4.9).[47]

[46] Das sind meist die TK, die Barmer oder die DAK. Die drei anderen Ersatzkassen haben deutlich weniger Versicherte und damit innerhalb des Gefüges der Ersatzkassen außer in regionalen Schwerpunkten keine große Stimmkraft.

[47] Seit 2015 gibt es zu dieser Leistung eine G-BA-Richtlinie, die strenge Qualitätsvorgaben macht und die Diskussion in den Budgetverhandlungen strukturiert (vgl. MHI-Richtlinie des G-BA).

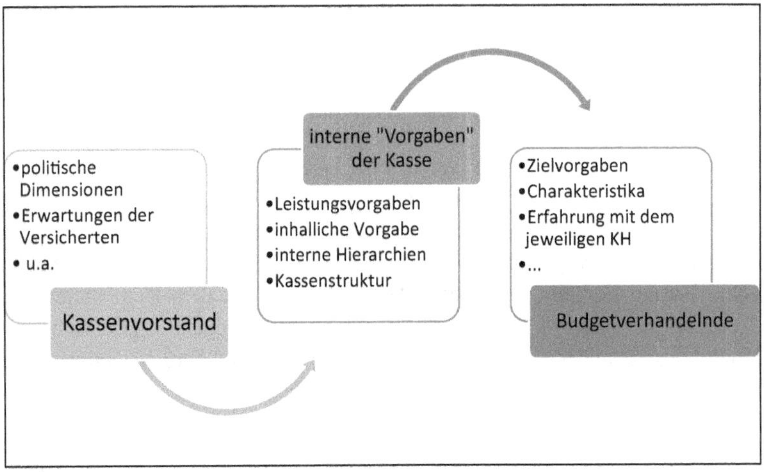

Abbildung 4.9 Interaktionen im Handlungsraum Einzelkasse. (Eigene Darstellung)

In der weiteren Vorbereitung der Budgetverhandlung setzen sich die einzelnen Krankenkassen zusammen, um eine gemeinsame Vorgehensweise zu beraten. Dabei können Fragen an das Krankenhaus bzw. die Forderungsunterlagen zusammengetragen oder ein gemeinsames Gegenangebot entwickelt werden. Für die gemeinsame Arbeit der Krankenkassen in der Budgetverhandlungsvorbereitung gibt es seitens der Bundesebene sogenannte „Umsetzungsempfehlungen“[48], die durch die Kassenverbände auf Bundesebene (AOK-BV, vdek, BBK DV, IKK e. V., Knappschaft, SVLFG) jährlich erarbeitet werden. Darin enthalten sind Hinweise zu Gesetzesänderungen, gemeinsame strategische Ziele (z. B. hinsichtlich bestimmter Qualitätsanforderungen, die forciert werden sollen) und allgemeine Empfehlungen zum Umgang mit Argumenten der Krankenhäuser.

Ähnliche Empfehlungen gibt es für die Verhandlungsvorbereitung auf Seiten der Krankenhäuser. Dort werden Empfehlungen durch die DKI erarbeitet (Abbildung 4.10, Abbildung 4.11).[49]

[48] Diese sind nicht öffentlich verfügbar, ebenso wenig wie ähnliche Dokumente der DKG. Die Autorin hat während ihrer Berufstätigkeit für den vdek e. V. mit diesen Dokumenten gearbeitet.

[49] Die Umsetzungsempfehlungen sind in der Regel interne Dokumente und stehen nicht öffentlich zur Verfügung. Die Autorin kenn diese aus der eigenen Berufstätigkeit vor allem beim vdek.

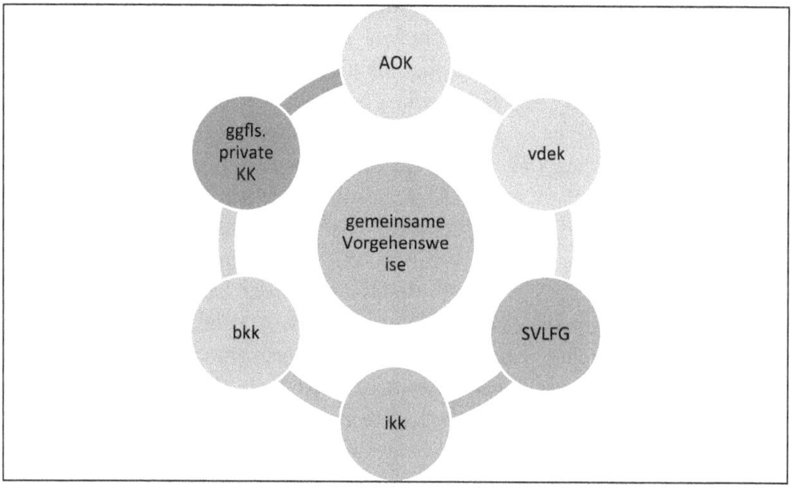

Abbildung 4.10 Interaktionen im Handlungsraum Kassen untereinander. (Eigene Darstellung)

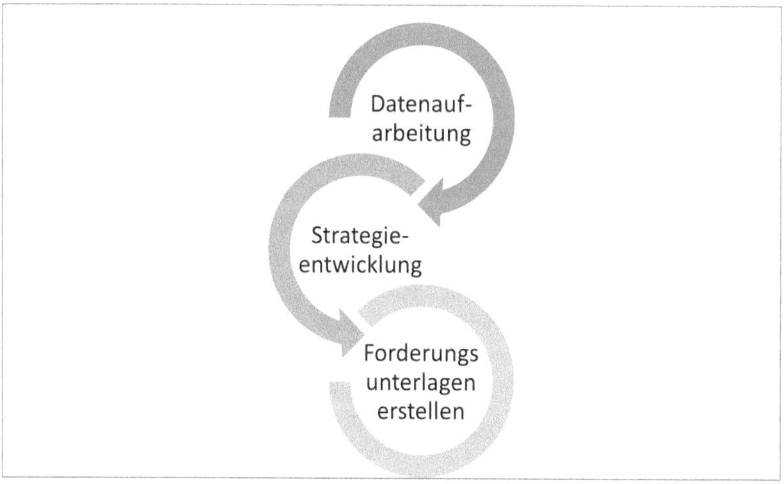

Abbildung 4.11 Interaktionen im Handlungsraum Krankenhaus. (Eigene Darstellung)

In der Budgetverhandlung sind vielfältige Interaktionspunkte vorhanden. An nahezu jeder Stelle der Budgetverhandlung sind Momente zu finden, in denen andere IDA-Elemente eine größere oder kleine Rolle spielen.

Bereits an dem Punkt, wo das Krankenhaus oder die Krankenkasse eine Aufforderung zur Aufnahme der Budgetverhandlung ausspricht oder erhält, können strategische Entscheidungen getroffen werden. Diese betreffen Zeitpunkt der Aufforderung und/oder Inhalt dieser. Üblicherweise gibt es jedoch zunächst eine Terminabsprache, bei der eine oder beide Seiten Terminvorschläge unterbreiten und sich auf einen, zwei oder gar mehr Termine einigen. Die Kassenseite kann dabei beachten, dass z. B. auf Bundesebene oder kassenintern noch Entscheidungen ausstehen, die sie erst abwarten möchte, ehe sie Verhandlungen konkret beginnen möchte. Eine ähnliche Entscheidungsgrundlage kann auf Seite des Krankenhauses zugrunde gelegt werden. So können die aktuellen IST-Daten abgewartet werden, Rückmeldungen vom Wirtschaftsprüfer ausstehen, die Krankenhauspläne bzw. Feststellungsbescheide noch berücksichtigt werden wollen, lokale Akteure eine Mitsprache geltend machen wollen, die Einstellung eines neuen Operateurs erhofft werden usw. Interne betriebliche Veränderungen können erhebliche Auswirkungen auf das Budget eines Jahres haben und daher ist es gegebenenfalls – aus Sicht des Krankenhauses – sinnvoll, Budgetverhandlungen hinauszuzögern. Gleichzeitig kann es auch aufgrund zu erwartender Veränderungen taktisch klug sein, frühzeitiger zu verhandeln, um sich ein Budgetvolumen und damit Liquidität zu sichern.[50] Aus Sicht der Kassen gibt es kaum Anreize, frühzeitig zu verhandeln, weil tendenziell die Budgets mit den Jahren an Volumen zunehmen und damit die Ausgaben der Kassen steigen. IST-Daten zu verhandeln, scheint dabei klüger, sodass Termine zu Jahresanfang für das Vorjahr oder nach erfolgreichem Jahresabschluss zu vereinbaren sind. Das KHG bzw. das KHEntgG sowie diverse Vereinbarungen der Bundesebene geben im Wesentlichen vor, welche Unterlagen für die Budgetverhandlung durch das Krankenhaus vorzulegen sind. Spielräume bestehen allerdings in der Aktualität der Daten, der Form der Nachweise, die nicht explizit definiert sind, und im Zeitpunkt der Übermittlung. Die Aktualität der Daten kann sich – vor allem bei einer nicht prospektiven Verhandlung – auf alle IST-Daten des laufenden Jahres oder nur einige Monate beschränken. Da kann es z. B. taktisch sinnvoll erscheinen, nur die ersten paar Monate vorzulegen, wenn diese ein bestimmtes Leistungsgeschehen zeigen, was für das ganze Jahr zwar im Budget gewünscht ist, aber nicht ganz den aktuellen IST-Daten entspricht. Die Form der Nachweise für bestimmte Budgetbestandteile

[50] Mit dem Krankenhauspflegeentlastungsgesetz 2022 wurde diese strategische Option durch starrere Termin- Vorgaben reduziert.

sind oft nicht genau definiert. Anders als z. B. beim Pflegebudget, wo explizit ein Testat der Wirtschaftsprüfung gefordert wird (§ 6a Abs. 3 KHEntgG), sind bei den Kosten für die besonderen Aufgaben für einen Zentrumszuschlag keine Details vorgegeben (§ 5 Abs. 3 KHEntgG). Da steht es den Krankenhäusern frei, in welcher Art und Weise sie Nachweise führen möchten. Gleichzeitig kann die Krankenkassenseite bestimmte Nachweise (z. B. Rechnungen, Teilnahmelisten) fordern, um die Grundlagen der Krankenhausforderung zu prüfen. Der Zeitpunkt der Übermittlung ist nicht klar gesetzlich vorgegeben. Erst wird lediglich formuliert, dass nach der Aufforderung zur Verhandlung, diese „unverzüglich" (§ 11 Abs. 3 KHEntgG) aufgenommen werden sollen. Das heißt, dass theoretisch das Krankenhaus sehr kurzfristig vor einem Verhandlungstermin in Präsenz Unterlagen versenden kann, um den Kassen weniger Zeit zur gründlichen Analyse der Daten zu geben. Ob das in jedem Fall sinnvoll ist, sei dahingestellt, zumal die Kassen einen angesetzten Verhandlungstermin absagen können. Nach einer erfolgreichen Verhandlung gibt es Einigungsdateien bzw. letztlich einen Vereinbarungsvertrag. Dieser wird von beiden Seiten unterschrieben und von einer Seite dem Ministerium vorgelegt. Hier kann es von beiden Seiten ebenfalls zu (gewollten oder ungeplanten) Verzögerungen kommen. Ob gegebenenfalls taktische Lücken ausgenutzt werden können, ist eine Frage des Geschicks der jeweiligen Akteure und damit sowohl auf Seiten der Kassen als auch beim Krankenhaus individuell. Gleiches gilt für die Verhandlung selbst. Inwiefern sich daraus Benachteiligungen ergeben, ist jedoch schwer einzuschätzen.

Nach der Einreichung beim Landesministerium bzw. der jeweils zuständigen Behörde ist der zeitliche Ablauf durch dieses bestimmt. Je nach Arbeitsbelastung und/oder Personalausstattung der zuständigen Stelle, kann die Genehmigung zeitlich unterschiedliche Dimensionen haben. Bei 16 Bundesländern mit unterschiedlicher Ausstattung und Arbeitsweise der Ministerien liegt eine regionale Benachteiligung im Rahmen des Möglichen.

Selbst die letztendliche Abrechnung der Leistungen nach erfolgter Genehmigung durch das Ministerium kann Friktionen enthalten. Die einzelnen Bestandteile des Budgets müssen in sogenannte Entgeltschlüssel umformuliert werden, die die digitale Abrechnung ermöglichen. Entgeltschlüssel werden auf der Bundesebene über das Datenaustauschverfahren vereinbart (vgl. GKV-SV 2023 g). Für Leistungen, bei denen noch keine Entgeltschlüssel vorhanden sind, müssen diese neu beantragt werden, ehe sie umgesetzt werden können. Vorher kann die dazugehörige Leistung nicht von den Krankenhäusern bei den Krankenkassen abgerechnet werden. Zudem müssen die entsprechenden Entgeltschlüssel jeweils auf Seiten der Kassen wie auch des Krankenhauses in die entsprechenden Systeme eingepflegt werden. Hier kann es zu Benachteiligungen kommen, wenn aufgrund der materiellen Ausstattung ein Krankenhaus nur verzögert in der Lage ist, Letzteres zu tun. Das kann z. B. bei sehr kleinen Krankenhäusern der Fall sein, die erst externe Experten dafür einschalten müssen. Aber auch sehr große Häuser könnten aufgrund der Menge der neu zu verarbeitenden Entgeltschlüssel Probleme bekommen.[51]

Noch nicht betrachtet wurden hier die Interaktionen im Raum „Verhandlungsvorbereitung im Krankenhaus". Hier kommt es auf die personelle Ausstattung, die Wünsche der Geschäftsführung, aber auch auf mögliche Stakeholder an, wie die Vorbereitungen erfolgen können. Das kann für jedes Krankenhaus ganz anders aussehen. Die Optionen reichen von Einzelpersonen, die alle Vorbereitung selbst machen, über Verhandlungsteams oder auch die Einbindung externer Beratungsunternehmen in die Vorbereitung. Allen ist gemein, dass die im Krankenhaus vorhandenen Daten aufgearbeitet und tatsächlich erst erstellt oder beschafft werden müssen, sodass sie die gewünschte Form für die Budgetverhandlung haben. Je nach Komplexität des Leistungsgeschehens und der Menge kann das eine durchaus anspruchsvolle und aufwändige Tätigkeit sein. Zudem müssen Taktiken bzw. Strategie entwickelt werden, wie die Daten in Forderung gegenüber den Kassen dargestellt werden, um bestimmte betriebswirtschaftlich Ziele zu erreichen.

Beispielsweise werden für der Ermittlung der zu fordernden Zusatzentgelte (ZE) die bisher abgerechneten Zusatzentgelte des laufenden und vielleicht der Vorjahre ermittelt, die dazugehörigen geforderten Preise für krankenhausindividuell zu verhandelnde ZE analysiert und im medizinischen Bereich erfragt, ob weitere ZE eingesetzt werden sollen. Je nach Machtverhältnissen im jeweiligen Krankenhaus kann der zuständige Chefarzt bzw. die zuständige Chefärztin eine umfangreiche Liste der ZE vorlegen, die er/sie gerne einsetzen möchte, und dies dann auch für die Forderung durchsetzen. Dabei spielt es in der Forderung zunächst keine Rolle, ob die ZE jemals tatsächlich eingesetzt werden. Die Verhandelnden des Krankenhauses könnten aber intern in einer solchen Position sein, dass diese Forderung aus dem medizinischen Bereich vorher abgewehrt wird. Gleichzeitig kann es strategisch sinnvoll sein, zunächst eine umfangreichere Forderung aufzumachen, um davon im Sinne eines „Entgegenkommens" im Laufe der Verhandlungen mit den Kassen davon sukzessive abzuweichen. Auch gegenüber dem medizinischen Bereich kann argumentiert werden, dass die Kassen dieses oder jenes ZE nicht verhandeln wollten, sodass es im Krankenhaus nicht eingesetzt werden soll. Und das betrifft zuerst nur die Frage nach

[51] Mit Verbesserung der Datenbanksysteme und Softwareanwendungen kann das vermutlich eine zu vernachlässigende Friktion sein, die sich nicht in einer Benachteiligung niederschlägt.

dem Umfang der ZE-Leistungen. Daneben werden einige ZE der Höhe nach verhandelt. Das sind dann klassische Preisverhandlungen ergänzt um die zu vereinbarenden Mengen (und/oder Dosis-Größen). Dafür werden ebenso interne Analysen und gegebenenfalls Verhandlungen notwendig sein, um eine Forderungsmenge zu haben. Die Höhe der Forderungspreise kann sich an vereinbarten oder geforderten Preisen der Vorjahre, Vergleichspreise aus anderen Krankenhäusern, den eigenen Einkaufspreisen oder der Lauter-Taxe[52] orientieren. Sofern das Krankenhaus eine eigene Krankenhausapotheke besitzt, kann diese bei der Preisermittlung eingebunden sein.

Schlussendlich liegt es im Wesentlichen in der Hand des Krankenhauses, wie das vereinbarte Budget verwendet wird, wenngleich die Abrechnungsprüfung seitens der einzelnen Krankenkassen dies mit beeinflussen kann.

Im Handlungsraum der Mittelverwendung geht es um die operative bzw. betriebswirtschaftliche Umsetzung der Mittel im Krankenhaus. Das Krankenhaus selbst kann durch Schulungen der kodierenden Mitarbeiter die Leistungsabrechnung im eigenen Sinne optimieren. Das muss nicht zwangsläufig als sogenanntes „Upcoding" erfolgen. Manchmal ist es strategisch sinnvoll, anders zu kodieren, um Rechnungsprüfungen zu umgehen oder bestimmte Leistungsbereiche zu fördern. Das Krankenhaus kann außerdem per se zunächst ein vereinbartes Budget, das ja nicht als Ganzes ausgezahlt, sondern über die einzelnen Leistungsabrechnungen verrechnet wird, intern nach Wunsch verteilen. Wie die Einnahmen aus den abgerechneten Leistungen im Haus selbst verwendet werden, unterliegt der Entscheidung des Krankenhauses – mit Ausnahme zweckgebundener Elemente wie dem (neuen) Pflegebudget, das nur für das Gehalt der „Pflegekräfte am Bett" verwendet werden darf, sowie das Ausbildungsbudget und der Hygienezuschlag. Das heißt, ob mit dem nicht zweckgebundenen Budget Mullbinden gekauft werden oder der hochdekorierte Chefarzt bezahlt wird, entscheidet das Krankenhaus intern.

Durch eine Kasse (oder Kassenverbünde) können nur durch eine gezielte Prüfung einzelner OPS-Codes (Operationen- und Prozedurenschlüssel) die damit in Rechnung gestellten Leistungen bestimmter Leistungsbereiche „heruntergerechnet" werden, sofern Auffälligkeiten nachweisbar sind. Das kann dann wiederum in der jeweiligen Budgetverhandlung thematisiert werden, um diesen Leistungsbereich anders oder gar nicht mehr zu vereinbaren. So kann z. B. (theoretisch) gezielt der OPS-Code 5–822 (Implantation einer Endoprothese am Kniegelenk

[52] Die Lauer-Taxe ist ein kostenpflichtiges Preisverzeichnis für pharmazeutische Mittel und Medizinprodukte.

nach OPS-2021) in der Abrechnungsprüfung hinterfragt werden, um die Mindestmengenvorgaben in einem Haus bewusst zu „drücken“ oder beim OPS 8–98f (aufwendige multimodale Komplexbehandlung/Basisprozedur) gezielt zu prüfen, ob die Kurzfristigkeit der Behandlung auf der Intensivmedizin (weniger als 24 Stunden) gegeben ist.

Entscheidend für die Interaktionen in diesem Bereich sind wiederum die materiellen und auch physischen Bedingungen des Krankenhauses. Beispielsweise kann der Sicherstellungszuschlag zwar nur von bestimmten Krankenhäusern vereinbart bzw. abgerechnet werden, wie das Geld dann verwendet wird, hängt davon ab, wie das Krankenhaus materiell aufgestellt ist. Es kann das Geld zur Verringerung des Bilanzdefizits verwenden oder für egal welche andere Maßnahme, z. B. zur Aufstockung der Gehälter, um die Attraktivität als Arbeitgeber zu erhöhen, weil es sonst keine Ärztinnen und Ärzte attrahieren kann.

Abschließend ist im Sinne der aufgeworfenen Fragestellung dieser Arbeit zu prüfen, an welchen Stellen Benachteiligungen im Zusammenhang mit dem Fall „Budgetverhandlungen“ in Krankenhäusern entstehen.

4.4 Benachteiligungen in und durch die Krankenhausfinanzierung

Aus der vorangehenden systematisierten Betrachtung der Finanzierung der Krankenhäuser lassen sich folgende Fokuspunkte erkennen.

Auf der Bundesebene sind – ähnlich wie im ambulanten Bereich – der demokratische Prozess und mithin die Mehrheitsverhältnisse relevant für die Bestimmung von Vor- und Nachteilen für Regionen. Damit einher geht die Priorisierung von Geldmitteln für oder zulasten von Finanzierungstatbeständen in Form von Budgetbestandteilen (Betriebskosten) und Investitionen (über Sondertatbestände/Förderprogramme). Dabei können bestimmte Nachteile in Kauf genommen werden, weil Mittel undifferenziert oder aufgrund bestehender Nach- und Vorteile (bewusst) verteilt werden, z. B. beim Hygieneförderprogramm. Die gesundheitspolitischen Entscheidungen müssen dabei nicht primär durch das Gesundheitswesen an sich bestimmt sein. Lediglich die Trennung von Betriebs- und Investitionskostenfinanzierung kann hierbei zu Vor- und Nachteilen führen, wenn die Landesebene nicht adäquat mit einbezogen wird, z. B. aufgrund von Ko-Förderbedingungen durch die Landesregierungen. Überlegenswert wäre hier die Aufgabe der dualen Finanzierung hin zu einer monistischen Finanzierung durch die Krankenkassen mit Zuschüssen aus Steuermitteln in den Gesundheitsfonds. Wichtig für potenzielle Benachteiligungen sind die Stärken und Schwächen der an der Gesundheitsselbstverwaltung beteiligten Akteure. Hier können sich die internen Unterschiede in den untergesetzlichen Bestimmungen (Vereinbarungen, Richtlinien) manifestieren. Bedeutsam sind dabei die unterschiedlichen Interpretationen dessen, was als „gleichmäßig“, „wirtschaftlich“ und „ausreichend“ definiert wird. Dies konkreter zu definieren wäre eine Aufgabe der Gesetzgebung und / oder auch der Exekutive durch z. B. Verordnungen seitens des Bundesministeriums für Gesundheit. „Ausreichend“ kann dabei z. B. definiert werden als, „so dass die Grundversorgung an Leistungen der Inneren Medizin, Geburtshilfe und Allgemeinchirurgie an allen Krankenhausstandorten personell und materiell gesichert ist.“ Damit werden zwar nicht alle Diskussionen aufgehoben, aber eingeschränkt.

Am wichtigsten für die Bundesebene scheint die Bestimmung der Fallpauschalen zu sein. Aufgrund der pauschalisierten Kalkulationslogik auf einer Kostenträgerrechnung werden bestimmte Krankenhausarten immanent benachteiligt, weil insbesondere durch kleinere Krankenhäuser (ohne umfassende Controlling-Potenziale) der Yardstick-Wettbewerb nicht mitbestimmt werden kann. Auch bestimmte einzelne regulative Elemente wie der Fixkostendegressionsabschlag hat benachteiligende Wirkung für Krankenhäuser, deren Nachfragesteuerung gering ist. Ähnliche Kritikpunkte finden sich auch in Knieps/Reiners 2015; Klauber et al. 2020 und an vielen anderen Stellen. Die Kalkulation sollte idealerweise also künftig anhand der IST-Daten aller Krankenhäuser z. B. unter Nutzung der ohnehin zu liefernden statistischsten Daten erfolgen, statt anhand eines fiktiven Wettbewerbs um die geringsten Kosten.

Auf der Landesebene erfolgen Benachteiligungen in mehrfacher Hinsicht. Unterschiede der Finanzstärke perpetuieren Nachteile einmal direkt, da diese die Investitionskraft des Bundeslandes überhaupt bestimmen. Zum anderen durch die Verteilung von Sonderfördermittel seitens der Bundesebene über den Königsteiner Schlüssel. Ersteres hat nicht primär ein dem Gesundheitssystem inhärenten Grund, wird aber durch die Trennung von Betriebskosten- und Investitionskostenfinanzierung verschärft. Letztlich wird aber der Kreislauf finanzschwach gleich versorgungsschwach insgesamt im Gesundheitswesen durch diese Trennung und die Verteilung zusätzlich mitgetragen. Hinzu kommen die unterschiedlich auf die Länder verteilten, größtenteils historisch gewachsenen Krankenhausstrukturen, die zusätzliche Finanzmittelakquise begünstigen oder benachteiligen. Gleiches gilt bei der Bestimmung des Leistungsbezogenen Krankenhausbudgets, das eher aufgrund der Vorjahre als des aktuellen Bedarfs bestimmt wird. Weder die LBFW noch die unterschiedlich gestaltete Einbindung der Akteure auf Landesebene verbessern die bestehenden Unterschiede. Hinzu kommt die unterschiedliche Besetzung/Vorgaben der Landesministerien bei der Beantragung von Mitteln sowie die Genehmigung von Budgets. Neben der Aufgabe der dualen Finanzierung, ist die Verwendung von Alternativem zum Konigsteiner Schlüssel (z. B. ein GKV-Versicherten-Schlüssel) und insgesamt andere Finanzierungs – und Betreibermodelle für Krankenhäuser zu überlegen (z. B. Krankenhäuser als Körperschaften des öffentlichen Rechts).

Vor Ort wird die Ausstattung des individuellen Krankenhauses entscheidend sein. Bereits nachteilig ausgestattete Krankenhäuser werden durch verschiedenste Elemente benachteiligt (oder haben entsprechend einen Vorteil): Größenklasse, Finanzkraft aus sich heraus, Lage, Physis, Verhandlungsgeschick. Dabei spielen einzelne regulative Bestandteile der Budgets eine Rolle, aber auch der Umfang und die Bürokratie des Budgetverhandlungsprozesses. Ausgleichsmechanismen sind hierbei nicht zu erkennen. Beispielsweise sind aufgrund der Konsolidierung nach den Wiedervereinigung 1990 die Krankenauslandschaften in den ostdeutschen Bundesländern massiv konsolidiert worden (u. a. durch Fördermittel und eine ergänzende Investitionsfinanzierung durch die Krankenversicherungen). Ähnliches wäre sinnvoll, um Zusammenschlüsse und andere Transformationen in anderen Regionen zu fördern, mithin um „alte" Häuser neu aufzustellen. Dazu muss allerdings ein sinnvolles Finanzierungsmodel vorgelegt werden.

Für eine künftige Überarbeitung der Krankenhausfinanzierung mit dem Willen, Benachteiligungen im und durch diese zu beseitigen, müssen demnach diese genannten Fokuspunkte auf allen Ebenen angegangen bzw. berücksichtigt werden. Allerdings bedarf es dazu zum einen politischen Willens als auch zum anderen der Bereitschaft zu Veränderungen auf allen drei Ebenen der Krankenhausfinanzierung.

5 Aktuelle Veränderungen und künftige Benachteiligungen

Die aktuelle Bundesregierung hat in der Krankenhausfinanzierung eine „große Reform“ angekündigt (BMG 2022b) und mit dem Gesundheitsversorgungstärkungsgesetz sowie dem Krankenhausversorgungsverbesserungsgesetz die Verwirklichung auf den Weg gebracht (vgl. BMG 2024c). Am 17.10.2024 wurde das Gesetz zur Verbesserung der Versorgungsqualität im Krankenhaus und zur Reform der Vergütungsstrukturen (Krankenhausversorgungsverbesserungsgesetz – KHVVG) im Bundestag in einer namentlichen Abstimmung mehrheitlich beschlossen (Deutscher Bundestag 2024d). Sechs Landesregierungen haben bereits erklärt, im Bundesrat gegen das Gesetz zu stimmen. Kritisiert wird vordergründig das fehlende Vorliegen der vom Bundesgesundheitsminister versprochenen Auswirkungsanalyse und die unzureichende Beteiligung der Landesebenen (vgl. Deutsches Ärzteblatt 2024a).

In der Gesundheitspolitik 2023 und 2024 machte die Krankenhausfinanzierung einen großen Teil der Debatte aus[1] (vgl. u. a. Tenta 2023; Klöckner 2023). Hierbei zeigte sich abermals die Resistenz oder Resilienz des Systems gegenüber Veränderungen. Allein durch die „ungeordnete“ bzw. „kalte“ Strukturbereinigung (vgl. Lauterbach 2023) sind zusätzliche regionale Benachteiligungen zu erwarten. Diese sind wie im Abschnitt 4.4 zusammengefasst bereits angelegt. An verschiedenen Stellen wird jetzt sogar öffentlich davor gewarnt, dass ein „unkontrolliertes Krankenhaussterben“ die Versorgungslandschaft nachhaltig (zer-)stören könnte (vgl. Otto 2023). Die niedergelassenen Ärztinnen und Ärzte kommentieren ähnlich, ohne dass dort Reformen überhaupt angekündigt worden sind (KVB 2023).

---

[1] Weitere Themen waren u. a.: das Gesundheitsversorgungsstärkungsgesetz mit der Einführung der sog. „Gesundheitskioske“ sowie PPR.2.0 als neuer Maßstab für die Besetzung der Pflege in Krankenhäusern.

© Der/die Autor(en), exklusiv lizenziert an Springer Fachmedien Wiesbaden GmbH, ein Teil von Springer Nature 2026

I. Köppe, *Regionale Benachteiligungen in der Gesundheitspolitik Deutschlands*,
https://doi.org/10.1007/978-3-658-51039-8_5

Kern der Änderungen ist zunächst eine Anpassung der Krankenhausplanung. Sogenannte Level und dazugehörige Leistungsgruppen sollen einzelnen Häusern zugesprochen werden. Die Leistungsgruppen bestimmen dann die Finanzierung von „Vorhaltekosten". Die Leistungsgruppen orientieren sich an den in der neuen Krankenhausplanung in Nordrhein-Westfallen bereits in der Umsetzung befindlichen Leistungsgruppen. Dabei werden sehr konkrete Vorgaben zu Mindestfallzahlen, vorzuhaltenden anderen Leistungsgruppen und Vollkräften im fachärztlichen Bereich gemacht. Insbesondere bei den Mindestfallzahlen und den Vollkräften werden kleine Krankenhäuser und Krankenhäuser in weniger dicht besiedelten Regionen mit der Erfüllung der Vorgaben Schwierigkeiten haben. Zudem ist vorgesehen, dass die Vorhaltkosten weiterhin leistungsorientiert berechnet werden, sodass Krankenhäuser – und damit mithin Regionen – mit geringem Leistungspotenzial voraussichtlich benachteiligt werden.

Die Level sind derzeit gemäß der von der Regierungskommission vorgeschlagenen Pyramide des Versorgungsstufenmodels konzipiert und bereits im Krankenhaustransparenzgesetz im März 2024 festgelegt worden (BMG 2022a, Bundesregierung 2024). Von den gängigen Versorgungsstufen wie Grund-, Regel- und Maximalversorger unterscheidet sich diese Pyramide vorrangig durch das Level L1i-Krankenhaus. Die Idee dieses Versorgungstyps scheint die eines fachärztlichen Primärversorgungszentrums zu sein. Dort sollen Leistungen, die vielfach vom stationären in den ambulanten Sektor verschoben werden, erbracht werden. Diese „Ambulantisierung" soll somit noch mehr gestützt werden. Auch die sogenannte sektorübergreifende Versorgung, bei der es um die reibungslosen Übergänge von der stationären in die ambulante (Weiter-)Versorgung und vice versa geht, soll so vorangetrieben werden.

Vor dem Hintergrund der beschriebenen allgemeinen Probleme sowohl im ambulanten wie stationären Sektor vor allem hinsichtlich der Fachkräftebindung scheint diese Idee nahezu revolutionär. Ein neues Finanzierungskonzept ist damit allerdings nicht verbunden. Vielmehr wird durch die Ausweitung der sog. AOP-Kataloge die Vergütung von Leistungen nach ambulanten Prinzipien ausgeweitet. Die Einführung der Hybrid-DRG eröffnet lediglich ein anderes Feld, um Leistungen abzurechnen.

Problematisch ist zudem, dass es noch keine umfassenden Finanzierungskonzepte gibt und mithin weiterhin an der Sektorentrennung sowohl bei Finanzierung als auch bei der Versorgungsplanung festgehalten wird. Die Bedarfsplanung wird gar nicht angefasst.[2] Dass zudem die Umgestaltung von bestimmten Einrichtungen der vormals rein stationären Versorgung in integrierte Grundversorgungseinrichtungen grundlegend konzipiert sowie finanziert werden muss, wird ebenfalls (noch) nicht mitgedacht – ganz zu schweigen von möglichen Folgen für schon heute benachteiligte Regionen.

2025 steckte die „große Reform“ noch in der Auseinandersetzung zwischen der Bundesebene (bzw. der Bundesregierung) und der Landesebene (bzw. den Landesregierungen) fest. Das KHVVG ist als nicht-zustimmungspflichtiges Gesetz konzipiert, d. h., der Bundesrat kann die Ausführung lediglich durch Anrufung des Vermittlungsausschusses verzögern. Es gibt allerdings Stimmen aus den Ländern, die einen Klageweg ankündigen. Die damit verbundenen Unsicherheiten sind fatal für Krankenhäuser wie auch für die ambulante Versorgung.

Mangelnde Planungssicherheit bezüglich der angekündigten (möglichen) Veränderungen der Leistungsstruktur durch Zuweisung oder Wegnahme von Leistungsgruppen wirken sich mittelbar auf die Wirtschaftsplanung und Finanzsituation einzelner Häuser aus. Hinzu kommen Unsicherheiten auch für die Personalplanung und Fachkräftesicherung, weil auch potenziell Bewerbende abgeschreckt sind. Banken stellen außerdem die Kreditfähigkeit infrage. Der ambulante Bereich erwartet, Leistungsausfälle durch Krankenhäuser in den eigenen Praxen kompensieren zu müssen, ohne dass die Finanzierung geklärt ist. Die Weiterbildungsstrukturen sind ebenso wenig auf die als tiefgreifend erscheinenden Änderungen eingerichtet. Mitgedacht und angegangen werden bereits existierenden Elemente für regionale Benachteiligungen zudem gar nicht.

Die fehlende umfassende Auswirkungsanalyse, insbesondere bezogen auf Verschiebungen von Leistungen durch die neuen Leistungsgruppenzuordnungen, wäre der Ansatz dazu gewesen. Einige Beratungsunternehmen haben bereits digitale Werkzeuge (Tools) entwickelt, die einzelnen Krankenhäuser gegen Entgelt nutzen können, um die individuellen Chancen und Risiken der Reform zu berechnen (vgl. vebeto 2024, mediqon 2024). Die Bundesregierung hinkt da mit ihrem angekündigten Tool (Deutsches Ärzteblatt 2024b) weit hinterher und verschiebt damit gesellschaftliche Probleme der Versorgungsplanung auf individuelle betriebswirtschaftliche Kalkulationen der Krankenhäuser. Regionale Ungleichheiten, die durch eine konsequente Versorgungsplanung eine Bedarfsplanung für den ambulanten wie den stationären Bereich umfasst, werden damit auf die betriebswirtschaftliche Ebene der einzelnen Akteure der Landes- und insbesondere der

[2] Vgl. z. B. BMG 2024c, S. 4: Gesundheitsversorgungsstärkungsgesetz. Das im Referentenentwurf enthaltene Mitberatungsrecht der Landesbehörden im Zulassungsausschuss fehlt im Kabinettsbeschluss einen Monat später.

Ortsebene delegiert. Damit werden voraussichtlich Ungleichheiten, die bereits bestehen, eher noch verschärft als ausgeglichen. Künftige Untersuchungen werden zeigen, wie bedeutsam die aktuelle Reform in dieser Hinsicht gewesen sein wird – sofern sie angesichts des Scheiterns der Ampelkoalition am 06.11.2024 noch vollständig ausgeführt werden kann.[3]

Der Verband der Krankenhausdirektoren fasste die Ausgangslage am 11.11.2024 zusammen mit der Frage: „*Welche Folgen wird das Gesetz tatsächlich haben, das zudem auf mehr Zentralisierung setzt, statt – auch dies ein wesentlicher Mangel – die unterschiedlichen Bedingungen der Bundesländer und innerhalb dieser auch der Regionen stärker zu berücksichtigen*?" (VKD 11.11.2024)

[3] Die neue Bundesregierung hat im Sommer 2025 einen Referentenentwurf zu einem Krankenhausanpassungsgesetzt vorgelegt, dass die Krankenhausreform nochmals anpasst (BMG 2025). Darin zeichnet sich eine Verzögerung und Veränderung der Reformvorhaben der vorherigen Regierung ab.

Schluss

6

Die vorliegende Arbeit hat sich mit dem Gesundheitswesen in Deutschland beschäftigt. Dabei wurde mithilfe einer strukturierten Analyse die Wirkungsweise der Gesundheitspolitik auf regionale Ungleichheiten untersucht. Diese sollte als Blick von der Makro- und weniger von einer Mikroebene erfolgen und vorrangig verhältnisbezogene Ursachen von regionalen Benachteiligungen beleuchten – eine Art der Ursachenanalyse, die insbesondere in der deutschen Versorgungsforschung kaum oder sehr wenig aufgegriffen wird.

Als strukturierte Methode wurde das IDA von Elinor Ostrom herangezogen, nachdem ein kurzer Blick auf andere Herangehensweisen aus den Disziplinen der Politikwissenschaften, Wirtschaftswissenschaften und Soziologie geworfen wurde. Diese Herangehensweise ist neu und die hier vorgelegte systematische Aufarbeitung schließt damit zumindest einen Teil der großen Forschungslücke zu Benachteiligungen durch und im Gesundheitswesen. Neu an sich ist auch die Verwendung des IDA für einen anderen Bereich als der Umwelt- und Ressourcenforschung. Bisher erfolgte dies nur in rudimentären Ansätzen (vgl. Abimbola et al. 2017; Harris 2023) mit deutlich anderen Schwerpunkten als Benachteiligungen (vgl. Sanderson et al. 2019; Paniagua 2022;) sowie für außereuropäische Kontexte (vgl. Abimbola et al. 2014).

Kritisch anzumerken ist, dass die verwendete Methode nur einen groben Abriss über alle Ebenen und nur über die hier ausgewählten Bestandteile des Gesundheitswesens bietet. Die Bedarfsplanung in der ambulanten Akutversorgung sowie die Krankenhausfinanzierung machen nur einen Teil des Gesundheitswesens aus. Der ganze Bereich der Rehabilitation, Medikamentenversorgung etc. sowie die Versorgung psychischer Erkrankungen wurde ausgeklammert. Auch die Krankenhausplanung und Finanzierung der ambulanten Akutversorgung wurde nur dort berücksichtigt, wo sie im Zusammenhang mit Krankenhausfinanzierung

© Der/die Autor(en), exklusiv lizenziert an Springer Fachmedien Wiesbaden GmbH, ein Teil von Springer Nature 2026

I. Köppe, *Regionale Benachteiligungen in der Gesundheitspolitik Deutschlands*,
https://doi.org/10.1007/978-3-658-51039-8_6

und Bedarfsplanung steht. Da hier nur der Bereich der ambulanten Akutversorgung und der Krankenhauslandschaft aufgegriffen wurde, sollten künftig Analysen zu anderen Teilbereichen der Gesundheitsversorgung wie unter anderem der Rehabilitation und der häuslichen Krankenpflege erfolgen. Bei der Analyse hat sich außerdem gezeigt, dass das IDA nicht zwangsläufig der einzige und vielleicht ideale Ansatz für alle Fragestellungen im Kontext einer Betrachtung des Gesundheitswesens ist.

Weitergehende Forschung

Interessant wäre eine detailliertere Betrachtung einzelner beschriebener Elemente. So könnte z. B. das Thema Budgetverhandlung auf Ortsebene (siehe Abschnitt 4.3) und auch die Entscheidung im Zulassungsausschuss auf Landesebene (siehe Abschnitte 3.2) spieltheoretisch ausgearbeitet werden. Das wäre dann ein Blick auf die Mikroebene. Ein detaillierter Vergleich einzelner Bestandteile mit Lösungen für regionale Benachteiligungen in anderen Ländern wäre ebenso spannend. Ungleichheiten bei der ambulanten Versorgung finden sich auch in anderen Ländern (vgl. z. B. Kraus et al. 2024 für Österreich). Insofern wären auch Strukturvergleiche und die entsprechenden Unterschiede bzw. Benachteiligungen für einzelne Aspekte wie Wartezeiten in Regionen interessant. Damit ließe sich untersuchen, inwiefern bestimmte Systemelemente zu mehr oder weniger Benachteiligungen führen.

Darüber hinaus ist das IDA kein völlig durchstrukturiertes (Forschungs-) Programm, sondern nur ein grober Rahmen für eine Analyse. Nicht auszuschließen ist, dass trotz des Bemühens um eine rigorose Anwendung Grundelemente des IDA (wichtige und weniger wichtige) Elemente außen vor gelassen oder übermäßig betont wurden. Dass subjektive Komponenten eingeflossen sind, ist nicht ausgeschlossen.

Der Nutzen der verwendeten Rahmenanalyse besteht auch darin, dass einzelne Aspekte aufgegriffen werden, ohne dass das Gesamtsystem aus dem Blick gerät. Deutlich wurde beispielsweise das Zusammenspiel zwischen ökonomischen bzw. haushälterischen Rahmenbedingungen in den Regionen und der Krankenhausfinanzierung (Investitionsmitteln aus Steuern) ebenso wie der Versorgung im ambulanten Bereich (mithin Niederlassungsentscheidung) durch die Rahmenbedingungen der regionalen Infrastruktur sowie Kaufkraft (Privatversicherte). Damit eng zusammen hängen weitere sozialpolitische Aspekte aus der Wohnraumversorgung, der Bildung und vielem mehr.

Auch die Übertragung der IDA- Herangehensweise auf andere sozialpolitische Systeme und Strukturen ist überlegenswert. Gut vorstellbar wäre es zum Beispiel für die aktive Arbeitsmarktpolitik oder die Wohnraumversorgung.

Konkrete Maßnahmen

Nichtsdestotrotz konnten einige konkrete Punkte für verhältnisbezogene regionale Benachteiligungen im Gesundheitswesen gefunden werden. Die These, dass das deutsche Gesundheitssystem aufgrund von strukturellen und systematischen Benachteiligungen ein schlechteres gesundheitliches Ergebnis in Regionen begünstigt, konnte damit verdeutlicht werden. Die Punkte, die zu regionalen Benachteiligungen führen, sind dabei vielfältig (Abbildung 6.1).

Abbildung 6.1 Zusammenfassung möglicher Reformansätze. (Eigene Darstellung)

Bei der Bedarfsplanung hat sich zum einen die Bedeutung Gesundheitsselbstverwaltung gezeigt. Hier kommt es massiv auf die Verhandlungsstärke und Positionen der entsprechenden Seiten an, welche konkrete Ausgestaltung der Bedarfsplanungsrichtlinie als Rahmen angesetzt wird. Es gibt dabei keine Vorgaben hinsichtlich einer Konzentration auf „gleichwertige Lebensverhältnisse" oder eines Ausgleichs von (bereits existierenden) Nach- und Vorteilen. Auch die gesetzgeberische Betonung auf die Begrenzung einer „Überversorgung" widerspricht einer konzeptionellen Umsetzung von Nachteilsausgleichen. Eine politische Stellungnahme und Vorgabe seitens der Gesetzgebung können helfen, regionale Benachteiligungen in den Fokus von Veränderungen zu setzen.

Großen Einfluss auf die Ergebnisse der konkreten Ausgestaltung von Veränderungen haben die Netzwerkfähigkeiten der beteiligten Akteure sowie deren

Verhandlungsgeschick. Hinzu kommt die unterschiedliche Klientelpolitik von Krankenkassen durch einen gewünschten Wettbewerb der Kassen um Mitglieder. Auch ein fehlender Anreiz für die Kassen, die Beitragsstabilität außen vor zu lassen und im Sinne einer besseren Verteilung von niedergelassenen Ärztinnen und Ärzten Maßnahmen zu ergreifen, ist ein Faktor.

Auf der Landesebene sind im Rahmen der Bedarfsplanung und Umsetzung derselben weitere Elemente zu finden, die Benachteiligungen begünstigen. Ob Sicherstellung und sozioökonomische Faktoren eine Bedeutung im konkreten Bedarfsplan haben, wie die Stellung der Notdienste ist, welche Datengrundlagen verwendet wurden, inwiefern Mitversorgung aus anderen Regionen relevant ist und die Ausgestaltung der Honorarverteilungsmaßstäbe, ist regional unterschiedlich. Gleiches gilt für die Stellung der Notdienste, der verwendeten Datengrundlagen, die Bedeutung der Mitversorgung und der Bestimmung des Honorarverteilungsmaßstabes. Hinzu kommen die regionalen Besonderheiten und die eigentlichen Unterschiede der Länder untereinander, die dieses Problem verschärfen und bestehende Vor- und Nachteile gegenüber Veränderungen resilient machen. Darüber hinaus sind positive Diskriminierung von ländlichen Regionen und insgesamt subjektive Entscheidungen bei Zulassungsentscheidungen möglich – was sich im Sinne von regionalen Differenzierungen positiv wie negativ auswirken kann.

Auf der Ortsebene werden lokale Nachteile (und Vorteile) bei der Niederlassung in einer Art Teufelskreis wiederholt. Orte (und Regionen) mit schlechten Standortbedingungen sind per se benachteiligt. Auch die Förderung durch die Gemeinde ist nur bei entsprechenden finanziellen Bedingungen im Gemeindehaushalt möglich, sodass finanzschwächere Kommunen einen Nachteil haben. Insgesamt spielt die lokale Wirtschaftssituation eine (vielleicht sogar zu) entscheidende Rolle. Die Bedarfsplanung rechnet mit der Anzahl der Einwohnerinnen und Einwohner pro Arzt bzw. Ärztin. Eine Praxis kalkuliert den Mix aus gesetzlich und privat Versicherten. Damit sind die Regionen mit weniger privat Versicherten per se benachteiligt. Der einfachste (aber nicht einzige) Weg aus diesem Teufelskreis wäre die Berechnung der Verhältniszahlen anhand der Versicherten in der GKV statt der Anzahl der Einwohnerinnen und Einwohner.

Im Bereich der Bedarfsplanung sind somit zusammenfassend folgende Veränderung anzugehen, wenn regionale Benachteiligungen im Mittelpunkt von Reformen stehen sollen:

Zum einen – das wäre eine grundsätzliche politische Entscheidung – müsste auf der Bundesebene entweder seitens der Gesetzgebung oder in der Gesundheitsselbstverwaltung ein Konsens hergestellt werden, dass auch *in der Gesundheitspolitik die Devise von gleichwertigen Lebensverhältnissen eine (stärkere) Rolle spielen* soll.

Ist dies der Fall, könnten Detailentscheidungen anhand eben jenes Kriteriums beurteilt und auch in Anpassungen der Bedarfsplanungsrichtlinie berücksichtigt werden. Derzeit spielt dieses Thema keine Rolle bei Entscheidungen auf dieser Ebene. An der Stelle muss dann auch über die Sinnhaftigkeit des Wettbewerbs der Krankenkassen um Mitglieder nachgedacht werden. Dabei ist die Frage zu stellen, ob dieser Wettbewerb nicht sogar hinderlich bei der Herstellung von gleichwertigen Lebensverhältnissen ist, wenn dies die Entscheidungen in der Gesundheitsselbstverwaltung zulasten bestimmter Regionen beeinflusst. Dann ist es vielleicht auch möglich, die Berechnung der Verhältniszahlen so anzupassen, dass real die gesetzlich Versicherten eine größere Rolle spielen als die Einwohnerinnen und Einwohner insgesamt, von denen ja regional unterschiedlich verteilt ein großer oder kleiner Anteil PKV-versichert ist und nicht aus den HVM der Kassenärzte finanziert wird. Als weitere Option ist auch die Verringerung oder Abschaffung der privaten Krankenversicherung oder die Angleichung der GOÄ an den EBM (oder vice versa) zur Aufhebung der Finanzierungsunterschiede möglich.

Auch die *Rolle der KVen* sollte näher betrachtet werden. Auf der Landesebene stellen sie einen großen, teilweise intransparenten Machtfaktor dar, der massiv die Bedarfsplanung in den Ländern beeinflusst. Wenngleich davon auszugehen ist, dass regionale Besonderheiten besser regional ermittelt werden können und somit eine subsidiäre Entscheidungsmacht sinnvoll sein kann, besteht die Gefahr, dass die KVen sich als autopoietische Systeme nicht auf notwendige Veränderungen einlassen. Kurzfristige Anpassungen sind nahezu unmöglich und mittelfristige extrem schwer zu bewerkstelligen. Im Grunde hätten Anpassungen der Bedarfspläne schon vor zwanzig Jahren erfolgen müssen, um z. B. das Ausscheiden der Babyboomer aus der (ärztlichen) Berufstätigkeit, die jetzt gerade erfolgt, aufzufangen. Das ist nicht ein singuläres Problem im Gesundheitswesen, wird aber durch die langen Anpassungszeiträume in der ambulanten Bedarfsplanung verstärkt. Heute ist eher Unterversorgung als Überversorgung ein Problem. Die KVen sind für schnellere Anpassungen nicht ausgelegt, vor allem, wenn persönliche Aspekte eine Rolle spielen. Hier bieten sich mehre Optionen für Veränderungen an: Zum einen könnten die Rahmenvorgaben so optimiert werden, dass Spielräume verringert werden und bestimmte Sachverhalte immer mit bedacht werden müssen. Dazu gehört die Vereinheitlichung von Bedarfsplänen hinsichtlich der Bedeutung von Sicherstellung und sozioökonomischer Faktoren als Grundlage von Entscheidungen, ebenso, welche Datengrundlagen verwendet und inwiefern Mitversorgung aus anderen Regionen mit einbezogen werden müssen. Über eine Vereinheitlichung der Berechnung der Honorarverteilungsmaßstäbe könnten regional benachteiligende Elemente ausgeräumt werden. Im Weiteren könnten die KVen selbst oder die Entscheidungsmethoden der KVen reformiert werden. Eine kreative Idee wäre dabei, dass die Zulassungsausschüsse und die Feststellung der HVM nicht mehr durch die jeweilige Landes-KVen, sondern im Rotationsprinzip durch eine andere Landes-KV festgelegt werden. Aber auch hierbei gibt es sicher weniger revolutionäre Lösungen.

Neben den KV-bezogenen Veränderungen sind andere Elemente wichtig, um regionale Benachteiligungen zu vermindern. *Ökonomisch benachteiligte Regionen benötigen schlicht und ergreifend zusätzliche Finanzmittel*, die (auch) für die Finanzierung und Förderung der Gesundheitsversorgung vor Ort verwendet werden können, z. B. für die Anschubfinanzierung von ärztlichen Niederlassungen und Subventionierung von bedarfsnotwendigen ambulanten Einrichtungen. Hier ist es wenig hilfreich, neue Strukturen aufzubauen, die möglicherweise in Konkurrenz zu bereits existierenden Angeboten treten können, wie z. B. Gesundheitskioske, die die Arbeit von Pflegeberatungen, Hausärzten und Sozialberatungen übernehmen sollen. Wichtiger wäre es, die einzelnen Angebote vor Ort besser zu finanzieren. Insbesondere dort, wo der Bedarf am höchsten ist, sind die Kommunen aber oft in schwierigen ökonomischen Situationen. Gleiches gilt für die ambulante Akutversorgung und die Krankenhausfinanzierung. Letztlich wird aber der Kreislauf finanzschwach gleich versorgungsschwach insgesamt im Gesundheitswesen mitbestimmt. Hinzu kommen die größtenteils historisch gewachsenen Krankenhausstrukturen, die zusätzliche Finanzmittelakquise unterschiedlich verteilt auf die Länder begünstigen oder benachteiligen. Gleiches gilt bei der Bestimmung der Leistungsbezogenen Krankenhausbudgets, die eher aufgrund der Vorjahre als aktuellem Bedarf nach bestimmt werden. Bereits nachteilig ausgestattete Krankenhäuser werden durch verschiedenste weitere Elemente benachteiligt (oder haben entsprechend einen Vorteil): Größenklasse, Finanzkraft aus sich heraus, Lage, Physis, Verhandlungsgeschick. Dabei spielen einzelne regulative Bestandsteile der Budgets eine Rolle, aber auch der Umfang und die Bürokratie des Budgetverhandlungsprozesses. Ausgleichsmechanismen zwischen Regionen gibt es nicht. Mögliche Veränderungen wären erreichbar durch die Aufgabe der dualen Finanzierung der Krankenhäuser, sodass zumindest die Finanzierungskraft der Länder keine unmittelbare Auswirkung auf die Krankenhäuser hat. Auch die Verteilung von gesonderten Finanzmitteln sollte nicht mehr anhand des Königsteinerschlüssels erfolgen, sondern durch eine konkrete Bedarfsermittlung ersetzt werden.

In der Analyse wurde weiterhin deutlich, dass der *Kassenwettbewerb* an diversen Stellen sowohl in der Krankenhausfinanzierung als auch in der ambulanten Bedarfsplanung hinderlich ist und Regionen systematisch benachteiligt. Das betrifft einerseits die ungleiche Verteilung von Mitteln der Kassen, die über die Kassenarztbudgets verteilt werden, anderseits indirekt die Krankenhausfinanzierung über Positionierung in der Selbstverwaltung und Budgetverteilungen in den Ländern. Als Lösung wäre die Abschaffung des Krankenkassenwettbewerbs möglich, indem z. B.

neu zu Versichernde per Zufallslos den derzeit bestehenden Krankenkassen zugeordnet und alle bereits Versicherten alle fünf Jahre neu zugeordnet werden. Das löst allerdings interne Rechenprobleme der Kassen aus, weil die Versichertenstruktur (insb. Alter und Geschlecht) dann für rein versicherungsmathematische Kalkulationen schwieriger wird. Im Gegenzug fallen strategische Rechnungen zur Verwertung in Verhandlungen möglicherweise weg. Zusätzlich könnten die Budgetverhandlungen nur noch alle fünf Jahre erfolgen. Budgets werden stattdessen jährlich anhand eines neu berechneten Orientierungswertes erhöht.

In der Krankenhausfinanzierung sind – ähnlich wie im ambulanten Bereich – der demokratische Prozess und mithin die Mehrheitsverhältnisse relevant für die Priorisierung von Geldmitteln für oder zulasten von Finanzierungstatbeständen in Form von Budgetbestandteilen (Betriebskosten) und Investitionen (über Sondertatbestände/Förderprogramme). Dabei können bestimmte Nachteile in Kauf genommen werden, weil Mittel undifferenziert oder aufgrund bestehender Nacht- und Vorteile (bewusst) verteilt werden. Einzelne regulative Elemente wie der Fixkostendegressionsabschlag haben benachteiligende Wirkungen für Krankenhäuser, deren Nachfragesteuerung regional bedingt gering ist. Am wichtigsten für die Bundesebene scheint die *Bestimmung der Fallpauschalen* zu sein. Aufgrund der pauschalisierten Kalkulationslogik auf eine Kostenträgerrechnung werden bestimmte Krankenhausarten immanent benachteiligt, weil insbesondere durch kleinere Krankenhäuser (ohne umfassende Controlling-Potenziale) der Yardstick-Wettbewerb nicht gelenkt werden kann. Eine erste Reform zur Behebung dieser Benachteiligungen wäre es, die Fallpauschalenberechnung zu fixieren und die Finanzierung von *Vorhaltekosten bedarfsorientiert* umzusetzen – weniger auf IST-Kosten, sondern auf Soll-Ausstattungsbasis. Dazu muss auch nicht zwangsläufig auf Finanzierungsmodelle aus dem Gesundheitswesen zurückgegriffen werden. Auch andere Wirtschaftsbereiche planen mit Vorhaltekosten, z. B. bei der Kalkulation der Kosten für den Nutzungsausfall von gewerblichen Fahrzeugen.[1]

Politischer Mut

Für eine künftige Überarbeitung der Krankenhausfinanzierung mit dem Willen, Benachteiligungen im und durch diese zu beseitigen, müssen demnach diese genannten Fokuspunkte auf allen Ebenen angegangen bzw. berücksichtigt werden. Dazu

[1] Vgl. z. B. https://www.iww.de/va/zivilrecht/vorhaltekosten-olg-celle-zu-den-voraussetzungen-von-vorhaltekosten-f154479; https://www.kfz-gutachter-sawalha-muenchen.de/vorhaltekosten-2/

bedarf es auch mehr Geld im System für die Umsetzung der Veränderungen. Sozialpolitik und mithin Gesundheitspolitik müsste zur Priorität des Bundeshaushaltes[2] ernannt und zulasten von Großprojekten wie Autobahnneubauten und Flughäfen gestärkt werden. Wünschenswert wäre ein Art Vision einer idealen Welt der Gesundheitsversorgung. Dazu ist die Anerkennung der regionalen Unterschiede in der Versorgungslandschaft nötig und die Entwicklung einer konkreten Zielvorstellung, wie die ärztlich-medizinische sowie pflegerische Versorgung optimal und flächendeckend aussehen sollte. Damit verbunden werden sollte ein Fahrplan, der als Art Strategie 2040 dieses Ziel avisiert. Eng damit verbunden sind ebenso die Veränderungen in weiteren *verhältnisbedingten Ursachen* wie mangelhafter Wohnraum, Bildungsungleichheiten, negative Umweltfaktoren etc., die mittelbar auf gesundheitliche Unterschiede wirken und nicht unmittelbar aus dem Gesundheitswesen herrühren.

Allerdings bedarf es dazu zum einen den politischen Willen als auch zum anderen die Bereitschaft zu Veränderungen auf allen drei Ebenen der Gesundheitspolitik. Dieser ist derzeit nicht zu erkennen.

[2] Neben Bildungspolitik u. a. als weiterer zukunftsorientierter Politikzweig.

Literatur

Abimbola, Seye; Negin, Joel; Jan, Stephen; Martiniuk, Alexandra (2014): Towards people-centred health systems: a multi-level framework for analysing primary health care governance in low- and middle-income countries. In: *Health policy and planning* 29 Suppl 2 (Suppl 2), ii 29–39. https://doi.org/10.1093/heapol/czu069.

Abimbola, Seye; Negin, Joel; Martiniuk, Alexandra L.; Jan, Stephen (2017): Institutional analysis of health system governance. In: *Health policy and planning* 32 (9), S. 1337–1344. https://doi.org/10.1093/heapol/czx083.

Antunes, Micaela (2023): Die AOK – Gemeinschaft. Online verfügbar unter https://www.aok.de/pp/gemeinschaft/, zuletzt geprüft am 19.11.2023.

AOK-Bundesverband (2023): Arbeitsgemeinschaft der obersten Landesbehörden (AOLG). Online verfügbar unter https://www.aok.de/pp/lexikon/arbeitgemeinschaft-der-obersten-landesgesundheitsbehoerden-aolg/, zuletzt geprüft am 20.11.2023.

AOK-Bundesverband (2020): Was Zentren können müssen. Blickpunkt Klinik. Online verfügbar unter https://www.blickpunkt-klinik.de/imperia/md/blickpunktklinik/pdf/bp_klinik_ausg20_1_feb_2020neu.pdf, zuletzt geprüft am 19.11.2023.

Arentz, Christine (2017): Regionale Verteilung von Ärzten in Deutschland und anderen ausgewählten OECD-Ländern. 2/2017. Hg. v. Wissenschaftliches Institut der PKV (WIP-DISKUSSIONSPAPIER). Online verfügbar unter https://www.wip-pkv.de/veroeffentlichungen/detail/regionale-verteilung-von-aerzten-in-deutschland-und-anderen-ausgewaehlten-oecd-laendern.html, zuletzt geprüft am 14.08.2024.

Aretz, Benjamin; Frey, Silke; Weltermann, Birgitta (2024): Regional socioeconomic characteristics and density of general practitioners in Germany: A nationwide cross-sectional and longitudinal spatial analysis. In: *Public health* 236, S. 338–346. https://doi.org/10.1016/j.puhe.2024.09.010.

Ärzte der Welt (2019): Notfallhilfe im Krankenhaus. Arbeitspapier der Bundesarbeitsgruppe Gesundheit/ Illegalität. Hg. v. Ärzte der Welt. Online verfügbar unter https://www.aerztederwelt.org/sites/default/files/BAG%20Gesundheit_Illegalität_Arbeitspapier%20Notfallhilfe%20im%20Krankenhaus_August%202019_Web.pdf, zuletzt geprüft am 19.11.2023.

© Der/die Herausgeber bzw. der/die Autor(en), exklusiv lizenziert an Springer Fachmedien Wiesbaden GmbH, ein Teil von Springer Nature 2026

I. Köppe, *Regionale Benachteiligungen in der Gesundheitspolitik Deutschlands*,
https://doi.org/10.1007/978-3-658-51039-8

Ärzteblatt (2021): Gesundheitsfonds soll 2022 weitere sieben Milliarden Euro bekommen. Online verfügbar unter https://www.aerzteblatt.de/nachrichten/128263/Gesundheitsfonds-soll-2022-weitere-sieben-Milliarden-Euro-bekommen; 1, zuletzt aktualisiert am 18.10.2021, zuletzt geprüft am 20.11.2023.

Ärztezeitung (2015): Rein rechtlich gibt es Polikliniken noch immer. Online verfügbar unter https://www.aerztezeitung.de/Wirtschaft/Rein-rechtlich-gibt-es-Polikliniken-noch-immer-249268.html, zuletzt aktualisiert am 02.10.2015, zuletzt geprüft am 17.09.2023.

Augurzky, Boris; Krolop, Sebastian; Hollenbach, Johannes (2023): Die Revolution?! Heidelberg: medhochzwei Verlag (Krankenhaus-Rating-Report, 2023). Online verfügbar unter https://www.rwi-essen.de/presse/wissenschaftskommunikation/pressemitteilungen/detail/krankenhaus-rating-report-2023.

Bahnsen, Lewe; Wild, Frank: Mehrumsatz und Leistungsausgaben von PKV-Versicherten. Köln (WIP-Analyse). Online verfügbar unter https://www.wip-pkv.de/fileadmin/DATEN/Dokumente/Studien_in_Buchform/WIP-2023-Mehrumsatz_und_Leistungsausgaben_der_Privatversicherten_Jahresbericht_2023_Mai.pdf, zuletzt geprüft am 30.01.2023.

Baldwin, Robert; Cave, Martin; Lodge, Martin (2011): Understanding regulation. Theory, strategy, and practice. 2. ed. Oxford: Oxford Univ. Press.

Bandelow, Nils C.; Hornung, Johanna (2019): Mehr Staat wenige Selbstverwaltung, weniger Wettbewerb, Mut zur Evidenz – auch bei Governance-Fragen! Online verfügbar unter https://observer-gesundheit.de/mehr-staat-weniger-selbstverwaltung-weniger-wettbewerb-mut-zur-evidenz-auch-bei-governance-fragen/, zuletzt aktualisiert am 06.03.2019, zuletzt geprüft am 20.11.2023.

Barth, Niklas.; Linde, Klaus.; Schneider, Antonius (2017): Niederlassungsmotive – Die Bereitschaft zur Niederlassung in eigener Praxis von Ärztinnen und Ärzten in Weiterbildung zum Facharzt für Allgemeinmedizin. In: *Gesundheitswesen (Bundesverband der Ärzte des Öffentlichen Gesundheitsdienstes (Germany))* 79 (8–09), S. 638–644. https://doi.org/10.1055/s-0035-1547299.

Bauer, Ullrich; Bittlingmayer, Uwe H.; Richter, Matthias (Hg.) (2008): Health Inequalities: Determinanten und Mechanismen gesundheitlicher Ungleichheit: VS Verlag für Sozialwissenschaften.

Bayrisches Landesgericht (2022): Rückforderungen von durch ungenehmigte Assistenten erbrachten GKV-Leistungen und von fehlerhaft abgerechneten Gebühren des EBM. In: *MedR* 40 (10), S. 852–861. https://doi.org/10.1007/s00350-022-6319-2.

BDO AG (2015): Investitionsfähigkeit der deutschen Krankenhäuser. Hg. v. Deutsches Krankenhausinstitut.

Beckfield, Jason; Bambra, Clare; Eikemo, Terje A.; Huijts, Tim; McNamara, Courtney; Wendt, Claus (2015): An institutional theory of welfare state effects on the distribution of population health. In: *Soc Theory Health* 13 (3–4), S. 227–244. https://doi.org/10.1057/sth.2015.19.

Beckfield, Jason; Olafsdottir, Sigrun; Sosnaud, Benjamin (2013): Healthcare Systems in Comparative Perspective: Classification, Convergence, Institutions, Inequalities, and Five Missed Turns. In: *Annual review of sociology* 39, S. 127–146. https://doi.org/10.1146/annurev-soc-071312-145609.

Beerheide, Rebecca (2017): Praxisgründung: Das Votum im Zulassungsausschuss. 114(43): A-1994 / B-1682 / C-1648. Dtsch. Arztebl. Online verfügbar unter https://www.aerzteblatt.de/archiv/194185/Praxisgruendung-Das-Votum-im-Zulassungsausschuss.

Behrens, Johann; Zimmermann, Markus (2017): Sozial ungleich behandelt? A. Sens und P. Bourdieus Theorien und die soziale Ungleichheit im Gesundheitswesen – am Fallbeispiel präventiver Rehabilitation. Unter Mitarbeit von Anne Dreyer-Tümmel, Gero Langer und Andreas Weber. 1. Auflage. Bern: Hogrefe.

Birke, Sebastian; Schlaudt Hans-Peter: Das Krankenhaus im ländlichen Raum – Wirtschaftsinstitution und Imagefaktor. In: Das Krankenhaus, Bd. 4.2016. Online verfügbar unter https://www.jomec.de/fileadmin/user_upload/jomec/Daten/Das_Krankenhaus_4.2016_Das_Krankenhaus_im_laendlichen_Raum_v_SBI_u_HPS_Fr._Daniels_zur_Pruefung_u_ggfs_Korrektur_gesandter_Artikel.pdf, zuletzt geprüft am 14.08.2024.

Bittlingmayer, Uwe H. (2023): Strukturorientierte Perspektiven auf Gesundheit und Krankheit. In: Matthias Richter und Klaus Hurrelmann (Hg.): Soziologie von Gesundheit und Krankheit. Wiesbaden: Springer Fachmedien Wiesbaden, S. 23–41.

Bittlingmayer, Uwe H.; Ziegler, Holger (2012): Public Health und das gute Leben: Der Capability-Approach als normatives Fundament interventionsbezogener Gesundheitswissenschaften? WZB Discussion Paper. Berlin (SP I 2012–301). Online verfügbar unter http://hdl.handle.net/10419/56930., zuletzt geprüft 30.01.2025

BKK-Dachverband (2015): Stellungnahme des BKK Dachverbandes e.V. vom 12. Mai 2015 zum Referentenentwurf eines Gesetzes zur Reform der Krankenhausversorgung (Krankenhaus-Strukturgesetz – KHSG). Online verfügbar unter https://www.bundesgesundheitsministerium.de/fileadmin/Dateien/3_Downloads/Gesetze_und_Verordnungen/Stellungnahmen_WP18/KHSG/BKK_DV_Stellungnahme.pdf, zuletzt geprüft am 03.03.2024.

BKK-Dachverband (26.05.2021): BKK Dachverband fordert: Kein Verschieben der Manipulationsbremse! Andrea Röder. Online verfügbar unter https://www.bkk-dachverband.de/presse/pressemitteilungen/pressemitteilung/bkk-dachverband-fordert-kein-verschieben-der-manipulationsbremse, zuletzt geprüft am 20.11.2023.

Blum, Sonja; Schubert, Klaus (2018): Politikfeldanalyse. Eine Einführung. 3., überarbeitete Auflage. Wiesbaden: Springer VS (Elemente der Politik).

Bock, Freia de; Geene, Raimund, Stang, Andreas, Hoffmann, Wolfgang (2017): Vorrang für Verhältnisprävention. Handreichung aus der Steuerungsgruppe des Zukunftsforums Public Health für alle mit Prävention in Praxis und Politik befassten Akteure. Hg. v. Zukunftsforum Public Health. Berlin.

Bockhorst, Kerstin (2021): Qualitätsverbesserung der onkologischen Versorgung mit einem Zentrumszuschlag? In: *Onkologe* 27 (10), S. 957–968. https://doi.org/10.1007/s00761-021-01003-9.

Böhm, Karin; Beck, Martin; Klemt, Sandra (9/2012): Orientierungswert für Krankenhäuser. Methodische Grundlagen. Bonn.

Borgetto, Bernhard (2016): Soziologie des kranken Menschen: Krankenrollen und Krankenkarrieren. In: Matthias Richter und Klaus Hurrelmann (Hg.): Soziologie von Gesundheit und Krankheit. Wiesbaden: Springer Fachmedien Wiesbaden, S. 369–382.

Braun, Bernhard; Reiners, Hartmut; Rosenwirth, Melanie; Schlette, Sophie (2006): Anreize zur Verhaltenssteuerung im Gesundheitswesen. Effekte bei Versicherten und Leistungsanbietern Chartbook. Hg. v. Universität Bremen und Bertelsmann Stiftung. Gütersloh.

Online verfügbar unter https://www.bertelsmann-stiftung.de/fileadmin/files/BSt/Publikationen/GrauePublikationen/GP_Anreize_zur_Verhaltenssteuerung_im_Gesundheitswesen.pdf, zuletzt geprüft am 10.08.2021.

Bundesamt für Bauwesen und Raumordnung (Hg.) (2015): Anpassungsstrategien zur regionalen Daseinsvorsorge. Empfehlungen der Facharbeitskreise Mobilität, Hausärzte, Altern und Bildung. Deutschland. Berlin: BMVI (MORO-Praxis, Heft 2). Online verfügbar unter https://www.bbsr.bund.de/BBSR/DE/veroeffentlichungen/ministerien/moro-praxis/2015/DL_MORO_Praxis_2_15.pdf?__blob=publicationFile&v=1.

Bundesärztekammer

Bundesärztekammer (2024): Gehaltstarifvertrag für Medizinische Fachangestellte/Arzthelferinnen. Online verfügbar unter https://www.bundesaerztekammer.de/themen/gesundheitsberufe/medizinische-fachangestellte-mfa/gehaltstarifvertrag, zuletzt geprüft am 09.07.2024.

Bundesärztekammer (2023): Themen-MFA. Online verfügbar unter https://www.bundesaerztekammer.de/themen/mfa, zuletzt geprüft am 21.11.2023.

Bundesärztekammer (2022a): Aufgaben. Online verfügbar unter https://www.bundesaerztekammer.de/baek/ueber-uns/aufgaben, zuletzt geprüft am 30.12.2020.

Bundesärztekammer (2022b): Geschichte der Bundesärztekammer. Online verfügbar unter https://www.bundesaerztekammer.de/baek/ueber-uns/geschichte-der-bundesaerztekammer, zuletzt geprüft am 30.12.2022.

Bundesärztekammer (05.05.2021): (Muster-)Berufsordnung für die in Deutschland tätigen Ärztinnen und Ärzte. MBO-Ä 1997, vom 1997. Online verfügbar unter https://www.bundesaerztekammer.de/recht/berufsrecht/muster-berufsordnung-aerzte/muster-berufsordnung/, zuletzt geprüft am 09.08.2021.

Bundesärztekammer (2013): Fallblatt Patienten ohne legalen Aufenthaltsstatus. Online verfügbar unter https://www.bundesaerztekammer.de/fileadmin/user_upload/_old-files/downloads/Faltblatt_Patienten-ohne-Aufenthaltsstatus_30112013.pdf, zuletzt aktualisiert am 11/2013, zuletzt geprüft am 19.11.2023.

Bundesregierung (2024 I Nr. 105 vom 27.03.2024): Gesetz zur Förderung der Qualität der stationären Versorgung durch Transparenz (Krankenhaustransparenzgesetz), vom 2024. Fundstelle: Bundesgesetzblatt.

Bundesministerium für Gesundheit

Bundesministerium für Gesundheit (2025): Entwurf eines Gesetzes zur Anpassung der Krankenhausreform. Online verfügbar unter https://www.bundesgesundheitsministerium.de/service/gesetze-und-verordnungen/detail/krankenhausreformanpassungsgesetz.html, zuletzt geprüft am 08.10.2025.

Bundesministerium für Gesundheit (2024a): Gesundheitsfonds. Online verfügbar unter https://www.bundesgesundheitsministerium.de/gesundheitsfonds/, zuletzt aktualisiert am 30.05.2024, zuletzt geprüft am 08.08.2024.
Bundesministerium für Gesundheit (2024b): Aufgaben und Organisation der gesetzlichen Krankenversicherung. Online verfügbar unter https://www.bundesgesundheitsministerium.de/themen/krankenversicherung/grundprinzipien/aufgaben-und-organisation-der-gkv/, zuletzt aktualisiert am 30.07.2024, zuletzt geprüft am 08.08.2024.
Bundesministerium für Gesundheit (22.05.2024c): Gesundheitsversorgungsstärkungsgesetz, vom Kabinettsbeschluss. Online verfügbar unter https://www.bundesgesundheitsministerium.de/ fileadmin/Dateien/3_Downloads/Gesetze_und_Verordnungen/GuV/G/GVSG_GE_Kabinett.pdf, zuletzt geprüft am 09.07.2024.
Bundesministerium für Gesundheit (13.02.2023a). Berlin. Online verfügbar unter https://www.bundesgesundheitsministerium.de/presse/pressemitteilungen/neues-reformkonzept-fuer-notfallversorgung-13-02-2023.html, zuletzt geprüft am 02.11.2023.
Bundesministerium für Gesundheit (2023b): Risikostrukturausgleich. Online verfügbar unter https://www.bundesgesundheitsministerium.de/risikostrukturausgleich.html, zuletzt aktualisiert am 08.08.2023, zuletzt geprüft am 19.11.2023.
Bundesministerium für Gesundheit (2023c): Risikostrukturausgleich. Online verfügbar unter https://www.bundesgesundheitsministerium.de/risikostrukturausgleich.html, zuletzt aktualisiert am 08.08.2023, zuletzt geprüft am 20.11.2023.
Bundesministerium für Gesundheit (2022a): Organigramm. Online verfügbar unter https://www.bundesgesundheitsministerium.de/ministerium/aufgaben-und-organisation/organisationsplan-organigramm.htm, zuletzt geprüft am 19.09.2022.
Bundesministerium für Gesundheit (2022b): Stellungnahme Regierungskommission Grundlegende Reformen der Krankenhausvergütung vom 06.12.2022. Online verfügbar unter https://www.bundesgesundheitsministerium.de/fileadmin/Dateien/3_Downloads/K/Krankenhausreform/3te_Stellungnahme_Regierungskommission_Grundlegende_Reform_KH-Verguetung_6_Dez_2022_mit_Tab-anhang.pdf, zuletzt aktualisiert am 27.11.2023.
Bundesministerium für Gesundheit (2020): Daten des Gesundheitswesens. Online verfügbar unter https://www.bundesgesundheitsministerium.de/service/publikationen/details/daten-des-gesundheitswesens-2020.html, zuletzt geprüft am 30.01.2025.
Bundesministerium für Gesundheit (2019a): Stellungnahmen TSVG. Online verfügbar unter https://www.bundesgesundheitsministerium.de/service/gesetze-und-verordnungen/detail/terminservice-und-versorgungsgesetz-tsvg.html, zuletzt aktualisiert am 11.05.2019, zuletzt geprüft am 19.11.2023.
Bundesministerium für Gesundheit (2019b): Fragen und Antworten zum Präventionsgesetz. Hg. v. Bundesministerium für Gesundheit. Online verfügbar unter https://www.bundesgesundheitsministerium.de/service/begriffe-von-a-z/p/praeventionsgesetz/fragen-und-antworten-zum-praeventionsgesetz.html, zuletzt geprüft am 11.02.2019.
Bundesministerium für Gesundheit (2015): Stellungnahmen zum Referentenentwurf eines Gesetzes zur Reform der Strukturen der Krankenhausversorgung. Krankenhaus-Strukturgesetz – KHSG. Online verfügbar unter https://www.bundesgesundheitsministerium.de/service/gesetze-und-verordnungen/detail/krankenhausstrukturgesetz-khsg.html#dwn-105, zuletzt aktualisiert am 17.12.2015, zuletzt geprüft am 19.11.2023.
Bundessozialgericht, vom 17.11.2022, Aktenzeichen B 6 KA 9/21 R.

Bundesverwaltungsgericht (2014): Krankenhausfinanzierung; Zuschläge für besondere Leistungen von Brustzentren in Nordrhein-Westfalen. Hg. v. Urteile im Netz. Online verfügbar unter 3 C 8/13 – Urteil BVerwG vom 22.05.2014 (urteile-gesetze.de), zuletzt geprüft am 19.11.2023.

Bundeszentrale für Politische Bildung; Deutschland; Wissenschaftszentrum Berlin für Sozialforschung; Deutsches Institut für Wirtschaftsforschung (2018): Datenreport 2018. Ein Sozialbericht für die Bundesrepublik Deutschland. Bonn: Bundeszentrale für politische Bildung.

Cole, Daniel H.; McGinnis, Michael D. (Hg.) (2017): A framework for policy analysis. Lanham, Boulder, New York, Toronto, Plymouth UK: Lexington Books (Elinor Ostrom and the Bloomington School of political economy, edited by Daniel H. Cole and Michael D. McGinnis; Volume 3).

Dahlgren, Göran; Whitehead, Margaret (2021): The Dahlgren-Whitehead model of health determinants: 30 years on and still chasing rainbows. In: *Public health* 199, S. 20–24. https://doi.org/10.1016/j.puhe.2021.08.009.

Dahlgren, Göran; Whitehead, Margaret (2007): Policies and Strategies to Promote Social Equity in Health. Hg. v. Institute for Futures Studies. Stockholm.

DAK Gesundheit (27.10.2022): Klinikum Aschaffenburg-Alzenau gewinnt Förderpreis für gesundes Arbeiten. Tanja Mayinger. 19.11.2023. Online verfügbar unter https://www.dak.de/dak/landesthemen/klinikum-aschaffenburg-alzenau-gewinnt-bgm-foerderpreis-2581530.html/.

Deppe, Hans-Ulrich (2002): Zur sozialen Anatomie des Gesundheitssystems. Neoliberalismus und Gesundheitspolitik in Deutschland. 2., überarb. u. erw. Aufl. Frankfurt (Main): VAS Verl. für Akad. Schriften (Reihe psychosoziale Aspekte in der Medizin).

Der Paritätische Gesamtverband (2017): Stellungnahme des Paritätischen Gesamtverbandes zum Antrag der Bundestagsfraktion DIE LINKE „Solidarische und gerechte Finanzierung von Gesundheit und Pflege" (BT-DR 18/11722). Hg. v. Der Paritätische Gesamtverband. Online verfügbar unter https://www.der-paritaetische.de/fachinfos/stellungnahmen-und-positionen/stellungnahme-des-paritaetischen-gesamtverbandes-zum-antrag-der-bundestagsfraktion-die-linke-solidar/, zuletzt geprüft am 11.02.2019.

Der Paritätische Gesamtverband (2018): Koalitionsverhandlungen: Das Land sozialpolitisch gestalten. offener Brief an die Verhandlungsteams von CDU, CSU und SPD. Unter Mitarbeit von Rolf Rosenbrock und Ulrich Schneider. Hg. v. Der Paritätische Gesamtverband. Online verfügbar unter https://www.der-paritaetische.de/fachinfos/stellungnahmen-und-positionen/koalitionsverhandlungen-das-land-sozialpolitisch-gestalten/, zuletzt geprüft am 11.02.2019.

Deutsche Krankenhausgesellschaft

Deutsche Krankenhausgesellschaft (2020a): Bestandsaufnahme zur Krankenhausplanung und Investitionsfinanzierung in den Bundesländern 2020. Hg. v. Deutsche Krankenhausgesellschaft. Online verfügbar unter https://www.dkgev.de/fileadmin/default/2020_DKG_Bestandsaufnahme_KH-Planung_Investitionsfinanzierung.pdf_.pdf, zuletzt geprüft am 13.09.2021.

Deutsche Krankenhausgesellschaft (2020b): Stellungnahme zum Referentenentwurf Ausgleichszahlungsverordnung. Online verfügbar unter https://www.dkgev.de/fileadmin/default/Mediapool/1_DKG/1.3_Politik/Stellungnahmen/2020-06-09_DKG-Stellungnahme_Referentenentwurf_AusglZAEV.pdf, zuletzt geprüft am 13.07.2020.

Deutsche Krankenhausgesellschaft (19.04.2018): Sicherstellungszuschläge helfen Geburtsabteilungen nicht. Online verfügbar unter https://www.dkgev.de/dkg/presse/details/sicherstellungszuschlaege-helfen-geburtsabteilungen-nicht/, zuletzt geprüft am 31.01.2025.

Deutsche Krankenhausgesellschaft (15.11.2016): Demografie gibt den Ton an. Online verfügbar unter https://www.dkgev.de/dkg/presse/details/demografie-gibt-den-ton-an/, zuletzt geprüft am 19.11.2023.

Deutsche Krankenhausgesellschaft (2015a): Stellungnahme der Deutschen Krankenhausgesellschaft zum Referentenentwurf eines Gesetzes zur Reform der Strukturen der Krankenhausversorgung (Krankenhaus-Strukturgesetz – KHSG). Online verfügbar unter https://www.bundesgesundheitsministerium.de/fileadmin/Dateien/3_Downloads/Gesetze_und_Verordnungen/Stellungnahmen_WP18/KHSG/DKG_Stellungnahme.pdf, zuletzt geprüft am 03.03.2024.

Deutsche Krankenhausgesellschaft (2015b): Hinweise zur medizinischen Versorgung von Flüchtlingen und Asylsuchenden in Krankenhäusern. Online verfügbar unter https://www.dkgev.de/fileadmin/default/Mediapool/1_DKG/1.4_Internationales/1.4.4_AuslaendischePatienten/2015_Hinweise_Gesundheitsversorgung_von_Fluechtlingen_und_Asylsuchenden.pdf, zuletzt aktualisiert am 11/2015, zuletzt geprüft am 19.11.2023.

Deutscher Bundestag

Deutscher Bundestag (20/11853.): Entwurf eines Gesetzes zur Stärkung der Gesundheitsversorgung in der Kommune (Gesundheitsversorgungsstärkungsgesetz – GVSG). Online verfügbar unter https://dserver.bundestag.de/btd/20/118/2011853.pdf, zuletzt geprüft am 09.07.2024.

Deutscher Bundestag (20/8): Verordnung zur Festsetzung des ergänzenden Bundeszuschusses nach § 221a Absatz 3 Satz 3 des Fünften Buches Sozialgesetzbuch für das Jahr 2022 (Bundeszuschussverordnung 2022). Online verfügbar unter https://dserver.bundestag.de/btd/20/000/2000008.pdf, zuletzt geprüft am 08.08.2024

Deutscher Bundestag (18/10605): Entwurf eines Gesetzes zur Verbesserung der Handlungsfähigkeit der Selbstverwaltung der Spitzenorganisationen in der gesetzlichen Krankenversicherung sowie zur Stärkung der über sie geführten Aufsicht (GKV-Selbstverwaltungsstärkungsgesetz). Online verfügbar unter https://dip.bundestag.de/drucksache/entwurf-eines-gesetzes-zur-verbesserung-der-handlungsf%C3%A4higkeit-der-selbstverwaltung-der/63699?term=18%2F10605&f.herausgeber_dokumentart=Bundestag-Drucksache&rows=25&pos=1&ctx=a, zuletzt geprüft am 30.01.2025.

Deutscher Bundestag (18/5867): Entwurf eines Gesetzes zur Reform der Strukturen der Krankenhausversorgung (Krankenhausstrukturgesetz – KHSG). Online verfügbar unter https://www.bundesgesundheitsministerium.de/fileadmin/Dateien/3_Downloads/Gesetze_und_Verordnungen/GuV/K/150826_KHSG_GE.pdf, zuletzt geprüft am 30.01.2025.

Deutscher Bundestag (18/5372): Entwurf eines Gesetzes zur Reform der Strukturen der Krankenhausversorgung (Krankenhausstrukturgesetz -KHSG). Online verfügbar unter https://dip.bundestag.de/drucksache/entwurf-eines-gesetzes-zur-reform-der-strukturen-der-krankenhausversorgung-krankenhausstrukturgesetz/55717?term=18%2F5372&f.herausgeber_dokumentart=Bundestag-Drucksache&rows=25&pos=1&ctx=a, zuletzt geprüft am 30.01.2025.

Deutscher Bundestag (18/4282): Entwurf eines Gesetzes zur Stärkung der Gesundheitsförderung und der Prävention (Präventionsgesetz – PrävG). Gesetzentwurf der Bundesregierung. Online verfügbar unter https://dip.bundestag.de/drucksache/entwurf-eines-gesetzes-zur-st%C3%A4rkung-der-gesundheitsf%C3%B6rderung-und-der-pr%C3%A4vention/54132?fld.0.0=all&fld.0.0.term=18%2F4282&op.0=AND&f.wahlperiode=18&f.herausgeber_dokumentart=Bundestag-Drucksache&rows=25&pos=1&ctx=a, zuletzt geprüft am 30.01.2025.

Deutscher Bundestag (18/4095): Entwurf eines Gesetzes zur Stärkung der Versorgung in der gesetzlichen Krankenversicherung (GKV-Versorgungsstärkungsgesetz – GKV-VSG). Online verfügbar unter https://dip.bundestag.de/drucksache/entwurf-eines-gesetzes-zur-st%C3%A4rkung-der-versorgung-in-der-gesetzlichen/53911?term=18%2F4095&f.herausgeber_dokumentart=Bundestag-Drucksache&rows=25&pos=1&ctx=a, zuletzt geprüft am 30.01.2025.

Deutscher Bundestag (18/1307): Entwurf eines Gesetzes zur Weiterentwicklung der Finanzstruktur und der Qualität in der gesetzlichen Krankenversicherung (GKV-Finanzstruktur- und Qualitäts-Weiterentwicklungsgesetz – GKV-FQWG). Online verfügbar unter https://dip.bundestag.de/drucksache/entwurf-eines-gesetzes-zur-weiterentwicklung-der-finanzstruktur-und-der-qualit%C3%A4t/49714?term=18%2F1307&f.herausgeber_dokumentart=Bundestag-Drucksache&rows=25&pos=1&ctx=a, zuletzt geprüft am 30.01.2025.

Deutscher Bundestag (14/6893): Entwurf eines Gesetzes zur Einführung des diagnose-orientierten Fallpauschalensystems für Krankenhäuser (Fallpauschalengesetz-FPG). Online verfügbar unter https://dip.bundestag.de/drucksache/entwurf-eines-geseztes-zur-einf%C3%BChrung-des-diagnose-orientierten-fallpauschalensystems-f%C3%BCr-krankenh%C3%A4user/97977?term=14%2F6893&f.herausgeber_dokumentart=Bundestag-Drucksache&rows=25&pos=1&ctx=a, zuletzt geprüft am 30.01.2025.

Deutscher Bundestag (Drucksache 12/3608): Entwurf eines Gesetzes zur Sicherung und Strukturverbesserung der gesetzlichen Krankenversicherung (Gesundheits-Strukturgesetz). Online verfügbar unter https://dip.bundestag.de/drucksache/entwurf-eines-gesetzes-zur-sicherung-und-strukturverbesserung-der-gesetzlichen-krankenversicherung/137248?fld.0.0=all&fld.0.0.term=12%2F3608&op.0=AND&f.wahlperiode=12&f.herausgeber_dokumentart=Bundestag-Drucksache&rows=25&pos=1&ctx=a, zuletzt geprüft am 30.01.2025.

Deutsches Ärzteblatt

Deutsches Ärzteblatt (2024a): Bundestag beschließt Krankenhausreform. Online verfügbar unter https://www.aerzteblatt.de/nachrichten/155005/Bundestag-beschliesst-Krankenhausreform, zuletzt geprüft am 30.10.2024.

Deutsches Ärzteblatt (2024b): Krankenhausreform: Tool soll Ländern in Kürze auch Finanzierungsanalyse ermöglichen. Online verfügbar unter https://www.aerzteblatt.de/nachrichten/154817/Krankenhausreform-Tool-soll-Laendern-in-Kuerze-auch-Finanzierungsanalyse-ermoeglichen, zuletzt geprüft am 30.10.2024.

Deutsches Ärzteblatt (2022): Zehn Jahre ASV: Bürokratie bremst Ausbau. Hg. v. Deutsches Ärzteblatt. Online verfügbar unter https://www.aerzteblatt.de/nachrichten/133136/Zehn-Jahre-ASV-Buerokratie-bremst-Ausbau, zuletzt geprüft am 04.09.2024.

Döhler, Marion (2014): Verwaltungswissenschaftliche Problemperspektiven in der Politikfeldanalyse. In: Klaus Schubert und Nils C. Bandelow (Hg.): Lehrbuch der Politikfeldanalyse. 3., aktualisierte und überarbeitete Auflage. München: De Gruyter Oldenbourg (Lehr- und Handbücher der Politikwissenschaft), S. 41–72.

Dorn, Christopher (2023): Das Krankenhaus als Organisation. In: Maja Apelt und Veronika Tacke (Hg.): Handbuch Organisationstypen. Wiesbaden: Springer Fachmedien Wiesbaden, S. 377–397.

Dräther, Hendrik; Kneißl, Veronika (2019): Wenn Annahmen Zu Ergebnissen Werden: Zu: Ziehen Privatversicherte Ärzte An? In: Gesundheits- Und Sozialpolitik, 73; no. 4/5, 2019, S. 97–101. Online verfügbar unter https://www.jstor.org/stable/27172962, zuletzt geprüft am 17.09.2023.

Drösler, Saskia; Greiner, Wolfang; Läer, Stephanie; Nuscheler, Robert; Stingl, Julia; Sundmacher, Leonie et al. (2024): Gutachten zu den Wirkungen der regionalen Merkmale im Risikostrukturausgleich. Hg. v. Bundesamt für Soziale Sicherung. Bundesministerium für Gesundheit. Bonn. Online verfügbar unter https://www.bundesgesundheitsministerium.de/service/publikationen/details/gutachten-zu-den-wirkungen-der-regionalen-merkmale-im-risikostrukturausgleich, zuletzt aktualisiert am Januar 2024, zuletzt geprüft am 08.08.2024.

Eum, Youngseob; Yoo, EunHye; Bowen, Elizabeth (2019): Socioeconomic determinants of pediatric asthma emergency department visits under regional economic development in western New York. In: *Social Science & Medicine* 222, S. 133–144. https://doi.org/10.1016/j.socscimed.2019.01.001.

Felix, Dagmar (2017): Konfliktlösungsinstrumente bei dreiseitigen Verträgen und Beschlüssen der Selbstverwaltung im System der gesetzlichen Krankenversicherung. Bestandsaufnahme, Problemanalyse und Weiterentwicklung. Gutachten, erstellt im Auftrag des Bundesministeriums für Gesundheit. Hamburg. Online verfügbar unter https://www.bundesgesundheitsministerium.de/service/publikationen/details/konfliktloesungsinstrumente-bei-dreiseitigen-vertraegen-und-beschluessen-der-selbstverwaltung-im-system-der-gesetzlichen-krankenversicherung-bestandsaufnahme-problemanalyse-und-weiterentwicklung.html, zuletzt geprüft am 19.11.2023.

Fiori, Wolfgang.; Renner, Stefan. P. (2016): Das Krankenhausstrukturgesetz (KHSG) und seine Auswirkungen auf das Fachgebiet. In: *Gynäkologe* 49 (7), S. 520–526. https://doi.org/10.1007/s00129-016-3901-6.

Futterer, Andrea (2023): Die voraussetzungsvolle lokale Bekämpfung des ›Landarztmangels‹. In: Johanna Betz, Hans-Jürgen Bieling, Andrea Futterer, Matthias Möhring-Hesse und Melanie Nagel (Hg.): Konflikte um Infrastrukturen: transcript Verlag, S. 127–152.

Geest, Gerrit de (2013): Removing Rents: Why the Legal System is Superior to the Income Tax at Reducing Income *Inequality. In: Washington University in St. Louis Legal Studies Research Paper (No. 13-10-02). Online verfügbar unter* https://doi.org/10.2139/ssrn.2337720.

Gemeinsamer Bundesausschuss

Gemeinsamer Bundesausschuss (02.02.2024): Geschäftsordnung des Gemeinsamen Bundesausschusses. Online verfügbar unter https://www.g-ba.de/richtlinien/historie/3345/, zuletzt geprüft am 31.02.2025.

Gemeinsamer Bundesausschuss (2024b): Tragende Gründe zum Beschluss des Gemeinsamen Bundesausschusses über eine Änderung der Bedarfsplanungs-Richtlinie: Änderungen der Bedarfsplanungs-Richtlinie. Online verfügbar unter https://www.g-ba.de/downloads/40-268-10517/2024-05-16_BPL-RL_Aenderungen_TrG.pdf, zuletzt geprüft am 09.07.2024.

Gemeinsamer Bundesausschuss (2023a): Beratungsverfahren. Online verfügbar unter https://www.g-ba.de/ueber-den-gba/arbeitsweise/beratungsantrag/, zuletzt geprüft am 02.11.2023.

Gemeinsamer Bundesausschuss (2023b): Bedarfsplanungsrichtlinie. Online verfügbar unter https://www.g-ba.de/themen/bedarfsplanung/bedarfsplanungsrichtlinie/, zuletzt geprüft am 05.09.2023.

Gemeinsamer Bundesausschuss (2023c): Zentrums-Regelung Historie. Online verfügbar unter https://www.g-ba.de/richtlinien/117/historie/, zuletzt geprüft am 19.11.2023.

Gemeinsamer Bundesausschuss (2022): Grafik Plenum & Unterausschüsse. Online verfügbar unter https://www.g-ba.de/downloads/17-98-2436/2022-05-10_Grafik_Plenum-Unterausschuesse_bf.pdf, zuletzt geprüft am 02.11.2023.

Gemeinsamer Bundesausschuss: Geschäftsbericht 2021. Hg. v. Gemeinsamer Bundesausschuss. Online verfügbar unter https://www.g-ba.de/downloads/17-98-5334/2022-07-01_G-BA_Geschaeftsbericht_2021_bf.pdf, zuletzt geprüft am 16.11.2022.

Gemeinsamer Bundesausschuss (2019a): Tragende Gründe zum Beschluss "Bedarfsplanungs-Richtlinie: Änderungen zur Weiterentwicklung der Bedarfsplanungs-Richtlinie" vom 16.05.2019. Online verfügbar unter https://www.g-ba.de/downloads/40-268-5762/2019-05-16_BPL-RL_Weiterentwicklung_TrG_Anlage.pdf, zuletzt geprüft am 07.09.2023.

Gemeinsamer Bundesausschuss (2019b): Zentrumsregelung Erstfassung – Tragende Grüne. Online verfügbar unter https://www.g-ba.de/downloads/40-268-6225/2019-12-05_Zentrums-Regelungen_Erstfassung_TrG.pdf, zuletzt geprüft am 19.11.2023.

Gemeinsamer Bundesausschuss (2018a): Endbericht Gutachten Bedarfsplanung. Online verfügbar unter https://www.g-ba.de/downloads/39-261-3493/2018-09-20_https://www.g-ba.de/downloads/39-261-3493/2018-09-20_Endbericht-Gutachten-Weiterentwicklung-Bedarfsplanung.pdf.pdf, zuletzt geprüft am 10.10.2023.

Gemeinsamer Bundesausschuss (2018b): Veranstaltung zum Gutachten Bedarfsplanung 15. Oktober 2018. Online verfügbar unter https://www.g-ba.de/service/veranstaltungen/bedarfsplanung-gutachten/, zuletzt geprüft am 07.09.2023.

Gemeinsamer Bundesausschuss (24.11.2016): Regelungen für die Vereinbarung von Sicherstellungszuschlägen: Erstfassung. Online verfügbar unter https://www.g-ba.de/beschluesse/2782/, zuletzt geprüft am 31.01.2025.

Gemeinsamer Bundesausschuss (2015): Richtlinie des Gemeinsamen Bundesausschusses über Maßnahmen zur Qualitätssicherung bei der Durchführung von minimalinvasiven Herzklappeninterventionen gemäß § 136 Absatz 1 Satz 1 Nummer 2 für nach § 108 SGB

V zugelassene Krankenhäuser- Richtlinie zu minimalinvasiven Herzklappeninterventionen. MHI-RL, vom 01.04.2021. Fundstelle: https://www.g-ba.de/richtlinien/84/.

Gesundheit Berlin-Brandenburg (2018): Politik macht Gesundheit. Diskussionspapier zum Kongress Armut und Gesundheit 2019. Online verfügbar unter https://www.armut-und-gesundheit.de/fileadmin/user_upload/MAIN-dateien/Kongress_A_G/A_G_19/Diskussionspapier_Armut_und_Gesundheit_2019.pdf, zuletzt geprüft am 04.02.2019.

Gibis, Bernhard; Fix, Elisabeth (2022): Planung und gesundheitliche Versorgung in sozialen Brennpunkten. In: *GuS* 76 (3), S. 7–13. https://doi.org/10.5771/1611-5821-2022-3-7.

Ginsburg, P. B.; Koretz, D. M. (1983): Bed availability and hospital utilization: estimates of the "Roemer effect". In: *Health care financing review* 5 (1), S. 87–92.

GKV-Spitzenverband

GKV-Spitzenverband (2023): Orientierungswert. Online verfügbar unter https://www.gkv-spitzenverband.de/krankenversicherung/krankenhaeuser/budgetverhandlungen/orientierungswert/orientierungswert.jsp, zuletzt aktualisiert am 07.11.2023, zuletzt geprüft am 19.11.2023.

GKV-Spitzenverband (2021): Fokus: Sprechzeiten niedergelassener Ärzte. Online verfügbar unter https://gkv-spitzenverband.de/gkv_spitzenverband/presse/fokus/sprechzeiten.jsp.

GKV-Spitzenverband (06.12.2018): Klinikabrechnungen: Tragfähige Lösung für Patienten und Beitragszahler. Lanz, Florian. Online verfügbar unter https://www.gkv-spitzenverband.de/gkv_spitzenverband/presse/pressemitteilungen_und_statements/pressemitteilung_784128.jsp, zuletzt geprüft am 26.06.2024.

GKV-Spitzenverband (2017): Bieten Zentren eine höhere Versorgungsqualität? Vortrag auf dem Versorgungs- und Forschungskongress 2017. Unter Mitarbeit von Johannes Wolff. Online verfügbar unter https://www.bifg.de/versorgungs-und-forschungskongress/versorgungs-und-forschungskongress-2017, zuletzt geprüft am 21.09.2022.

Gunningham, Neil; Grabosky, Peter N.; Sinclair, Darren (1998): Smart regulation. Designing environmental policy. Oxford: Clarendon Press (Oxford socio-legal studies).

Haas, Christoph; Larbig, Mathias, Schöpke, Timo; Lübke-Naberhaus, Klaus-Dieter; Schmidt, Christop; Brachmann; Matthias, Dodt, Christoph (2015): Gutachten zur ambulanten Notfallversorgung im Krankenhaus. Fallkosten und Strukturanalyse. Hg. v. Deutsche Gesellschaft interdisziplinäre Notfall- und Akutmedizin e. V. und Management Consult Kestermann GmbH. Hamburg. Online verfügbar unter https://www.dkgev.de/fileadmin/default/Mediapool/2_Themen/2.2_Finanzierung_und_Leistungskataloge/2.2.4._Ambulante_Verguetung/2.2.4.4._Ambulante_Notfallvehandlung_durch_Krankenhaeuser/2015-02-17_Hintergrund-und-Zielsetzung-des-Gutachtens.pdf, zuletzt geprüft am 21.07.2021.

Hagemeister, Sonja; Wild, Frank (2019): Mehrumsatz und Leistungsausgaben von PKV-Versicherten. Jahresbericht 2019. 1. Auflage. Köln: Verband der privaten Krankenversicherung (WIP-Analyse).

Hall, Peter A.; Lamont, Michèle (Hg.) (2009): Successful societies. How institutions and culture affect health. New York: Cambridge University Press. Online verfügbar unter http://gbv.eblib.com/patron/FullRecord.aspx?p=461091.

Hall, Peter A. (1993): Policy Paradigms, Social Learning, and the State: The Case of Economic Policymaking in Britain. In: *Comparative Politics* 25 (3), S. 275. https://doi.org/10.2307/422246.

Hansen, Heike; Schäfer, Ingmar; Porzelt, Sarah; Kazek, Agata; Lühmann, Dagmar; Scherer, Martin (2020): Regional and patient-related factors influencing the willingness to use general practitioners as coordinators of the treatment in northern Germany – results of a cross-sectional observational study. In: *BMC family practice* 21 (1), S. 110. https://doi.org/10.1186/s12875-020-01180-3.

Harris, Patrick (2023): Health Policy Analysis Requires Attending to Institutions Comment on "Modelling the Health Policy Process: One Size Fits All or Horses for Courses?". In: *International journal of health policy and management* 12, S. 8085. https://doi.org/10.34172/ijhpm.2023.8085.

Hessisches Landesamt für Gesundheit und Pflege (01.02.2024): Budget für Krankenhäuser. HLfGP genehmigt neuen Landesbasisfallwert für 2024. Online verfügbar unter https://hlfgp.hessen.de/presse/hlfgp-genehmigt-neuen-landesbasisfallwert-fuer-2024, zuletzt geprüft am 14.08.2024.

Hoffmann, Falk.; Icks, A. (2012): Unterschiede in der Versichertenstruktur von Krankenkassen und deren Auswirkungen für die Versorgungsforschung: Ergebnisse des Bertelsmann-Gesundheitsmonitors. In: *Gesundheitswesen (Bundesverband der Ärzte des Öffentlichen Gesundheitsdienstes (Germany))* 74 (5), S. 291–297. https://doi.org/10.1055/s-0031-1275711:

Hoffmann, Falk; Koller, Daniela (2017): Verschiedene Regionen, verschiedene Versichertenpopulationen? Soziodemografische und gesundheitsbezogene Unterschiede zwischen Krankenkassen. In: *Gesundheitswesen (Bundesverband der Ärzte des Öffentlichen Gesundheitsdienstes (Germany))* 79 (1), e1–e9. https://doi.org/10.1055/s-0035-1564074.

Hoffmann, Rasmus; Thielemann, F.; Wirtz, D. C.; Niethard, F. U.; Siebert, H. (2008): Delegation ärztlicher Leistungen: Ein trojanisches Pferd? In: *Der Unfallchirurg* 111 (5), S. 367–370. https://doi.org/10.1007/s00113-008-1423-y.

Höhne, Andreas (2008): Hausarztzentrierte Versorgung in Deutschland. Für wen kommt das Hausarztprogramm in Frage? In: *Gesundheitswesen (Bundesverband der Ärzte des Öffentlichen Gesundheitsdienstes (Germany))* 70 (07). https://doi.org/10.1055/s-0028-1086233.

Hölterhoff, Marcel; Klein, Ronny (2017): Nutzen, Mehraufwand und Finanzierung von Onkologischen Spitzenzentren, Onkologischen Zentren und Organkrebszentren. Endbericht. Unter Mitarbeit von Markus Anders, Melanie Henkel, Christina Resnischek, Wolfgang Riedel und Janko Vollmer. Hg. v. Deutsche Krebsgesellschaft und Deutsche Krebshilfe. Prognos AG. Berlin, Düsseldorf.

Hübener, Dieter (2007): Brandenburgs provinzialer und kommunaler Krankenhausbau der Moderne. Der Architekt Theodor Goecke. In: Kristina Hübener (Hg.): Krankenhäuser in Brandenburg. Vom mittelalterlichen Hospital bis zum Krankenhaus in der Moderne. Berlin: Be.bra Wiss.-Verl. (Einzelveröffentlichung des Brandenburgischen Landeshauptarchivs, 5), S. 37–50.

Hübener, Kristina (Hg.) (2007): Krankenhäuser in Brandenburg. Vom mittelalterlichen Hospital bis zum Krankenhaus in der Moderne. Berlin: Be.bra Wiss.-Verl. (Einzelveröffentlichung des Brandenburgischen Landeshauptarchivs, 5).

Huber, Johanna.; Lampert, Thomas.; Mielck, Andreas. (2012): Unterschiede bei Gesundheitsrisiken, Morbidität und gesundheitlicher Versorgung zwischen Kindern GKV- bzw. PKV-versicherter Eltern: Ergebnisse aus dem Kinder- und Jugendgesundheitssurvey (KiGGS). In: *Gesundheitswesen (Bundesverband der Arzte des Öffentlichen Gesundheitsdienstes (Germany))* 74 (10), S. 627–638. https://doi.org/10.1055/s-0031-1301268.

Hülz, Martina; Krätzig, Sebastian; Siegloch, Sebastian; Streng, Martin (2024): Multidimensionale regionale Ungleichheit in Deutschland: Eine Analyse aus ökonomischer und raumwissenschaftlicher Perspektive (Multi-dimensional regional Inequality in Germany: An analysis from an economic perspective and spatial science perspective). In: *SSRN Journal*. https://doi.org/10.2139/ssrn.4775958.

IKK e. V. (2015): Stellungnahme des IKK e. V. zum Entwurf eines Gesetzes zur Reform der Strukturen der Krankenhausversorgung. Online verfügbar unter https://www.bundesgesundheitsministerium.de/fileadmin/Dateien/3_Downloads/Gesetze_und_Verordnungen/Stellungnahmen_WP18/KHSG/IKKev_Stellungnahme.pdf, zuletzt geprüft am 03.03.2024.

Immergut, Ellen M. (1992): Health politics. Interests and institutions in Western Europe. Cambridge: Univ. Press (Cambridge studies in comparative politics). Online verfügbar unter http://www.loc.gov/catdir/description/cam025/92008128.html.

Institut Arbeit und Qualifikation der Universität Duisburg-Essen (2023): Datensammlung Abb. VI51. Hg. v. sozialpoltik-aktuell. Online verfügbar unter https://www.sozialpolitik-aktuell.de/files/sozialpolitik-aktuell/_Politikfelder/Gesundheitswesen/Datensammlung/PDF-Dateien/abbVI51.pdf, zuletzt geprüft am 20.11.2023.

Institut für das Entgeltsystem im Krankenhaus (InEK GmbH) (2007–2023): Wir über uns. Online verfügbar unter https://www.g-drg.de/das-institut/wir-ueber-uns, zuletzt geprüft am 20.11.2023.

Janßen, Christian; Frie, Kirstin Grosse; Dinger, Hanna; Schiffmann, Lars; Ommen, Oliver (2009): Der Einfluss von sozialer Ungleichheit auf die medizinische und gesundheitsbezogene Versorgung in Deutschland. In: Matthias Richter und Klaus Hurrelmann (Hg.): Gesundheitliche Ungleichheit: Grundlagen, Probleme, Perspektiven. Wiesbaden: VS Verlag für Sozialwissenschaften, S. 149–165. Online verfügbar unter https://doi.org/10.1007/978-3-531-91643-9_8.

Junkernheinrich, Martin (2019): Gleichwertigkeit der Lebensverhältnisse und die Kommunalfinanzen. In: *Wirtschaftsdienst* 99 (S1), S. 36–43. https://doi.org/10.1007/s10273-019-2430-z.

Kassenärztliche Bundesvereinigung

Kassenärztliche Bundesvereinigung (2023a): EBM. Online verfügbar unter https://www.kbv.de/html/ebm.php, zuletzt geprüft am 21.11.2023.

Kassenärztliche Bundesvereinigung (2023b): Satzung. Online verfügbar unter https://www.kbv.de/media/sp/Satzung_der_KBV.pdf, zuletzt geprüft am 19.11.2023.

Kassenärztliche Bundesvereinigung (2023c): Praxiskollaps. Online verfügbar unter https://www.kbv.de/html/praxenkollaps.php, zuletzt aktualisiert am 30.11.2023, zuletzt geprüft am 30.11.2023.

Kassenärztliche Bundesvereinigung (2019a): Die Bedarfsplanung. Grundlagen, Instrumente und Umsetzung. Hg. v. Kassenärztliche Bundesvereinigung. Kassenärztliche Bundesvereinigung. Berlin. Online verfügbar unter https://www.kbv.de/media/sp/Instrumente_Bedarfsplanung_Broschuere.pdf, zuletzt geprüft am 29.01.2025.

Kassenärztliche Bundesvereinigung (2019b) – Dezernat Versorgungsmanagement: Vertragsärzte und -psychotherapeuten je 100.000 Einwohner nach Fachgruppen und Regionen für die Jahre 2014 bis 2018 – Statistische Informationen aus dem Bundesarztregister der Kassenärztlichen Bundesvereinigung.

Kassenärztliche Bundesvereinigung (2008): Hinweise zur Bewertung von Arztpraxen. Unter Mitarbeit von Kassenärztliche Bundesvereinigung – Bundesärztekammer. Hg. v. Deutsches Ärzteblatt. Online verfügbar unter https://www.aerzteblatt.de/archiv/62849/Bekanntmachungen-Hinweise-zur-Bewertung-von-Arztpraxen-Stand-9-September-2008, zuletzt geprüft am 21.11.2023.

Klauber, Jürgen; Geraedts, Max; Friedrich, Jörg; Wasem, Jürgen; Beivers, Andreas (Hg.) (2020): Finanzierung und Vergütung am Scheideweg. Springer-Verlag GmbH. Berlin: SpringerOpen (Krankenhaus-Report, 2020). Online verfügbar unter http://www.springer.com/.

Klein, Jens; von dem Knesebeck, Olaf (2022): Soziale Ungleichheiten in der gesundheitlichen Versorgung. In: Johannes Siegrist, Ulrich Stößel und Alf Trojan (Hg.): Medizinische Soziologie in Deutschland. Entstehung und Entwicklungen. Wiesbaden, Heidelberg: Springer VS (Gesundheit und Gesellschaft).

Klein, Jens; dem Knesebeck, Olaf von (2016a): Soziale Einflüsse auf die gesundheitliche Versorgung. In: Matthias Richter und Klaus Hurrelmann (Hg.): Soziologie von Gesundheit und Krankheit. Wiesbaden: Springer Fachmedien Wiesbaden, S. 341–352. Online verfügbar unter https://doi.org/10.1007/978-3-658-11010-9_23.

Klein, Jens; dem Knesebeck, Olaf von (2016b): Soziale Unterschiede in der ambulanten und stationären Versorgung. In: *Bundesgesundheitsblatt – Gesundheitsforschung – Gesundheitsschutz* 59 (2), S. 238–244. https://doi.org/10.1007/s00103-015-2283-6.

Knieps, Franz; Reiners, Hartmut (Hg.) (2015): Gesundheitsreformen in Deutschland. Geschichte – Intentionen – Kontroversen. Stuttgart, · New York: Georg Thieme Verlag KG (77).

Klöckner, Jürgen (2023): Länder stellen sich einstimmig gegen Lauterbachs Krankenhausreform. Hg. v. Handelsblatt, zuletzt aktualisiert am 13.11.2023, zuletzt geprüft am 14.11.2023.

Knoepfel, Peter (Hg.) (2007): Public Polcy Analysis // Public policy analysis. ebrary, Inc. Bristol: Policy Press.

Kopetsch, Thomas: Wartezeiten in der ambulanten Versorgung. Wartezeiten: Versorgungsmangel oder Luxusproblem. In: *Gesundheits- und Sozialpolitik* 2015 (Vol. 69), Artikel No.5, S. 7–14.

Köppe, Irene (2022): German Hospitals in the Covid-19 Crisis. Return to State Control and Regulation. Online verfügbar unter http://ciriec.es/valencia2022/wp-content/uploads/COMUN-038.pdf; http://ciriec.es/valencia2022/en/comunicaciones-eje05-en/.

Krankenkasse direkt (2023): Gesundheitsfonds / Bundeszuschuss. Online verfügbar unter https://www.krankenkassen-direkt.de/themen/Gesundheitsfonds-Bundeszuschuss-474948.html, zuletzt geprüft am 20.11.2023.

Kraus, Markus; Stacherl, Barbara; Czypionka, Thomas and Mayer, Susanne (2024): Equal waiting times for all? Empirical evidence for elective surgeries in the Austrian public healthcare system. In: *Public health* 236, S. 216–223. https://doi.org/10.1016/j.puhe.2024.08.007.

Krüger-Brandt, Heike E. (2003;): Ärzteimage im Fernsehen: Abschied vom „Halbgott in Weiß“. https://www.aerzteblatt.de/archiv/39244/Aerzteimage-im-Fernsehen-Abschied-vom-Halbgott-in-Weiss. Unter Mitarbeit von Deutsches Ärzteblatt (100(45): A-2928 / B-2426 / C-2280).

Kübler, Agnes (2017): Der Begriff Zentrum erfordert eine Konkretisierung. Hg. v. Verband der Ersatzkassen (vdek) e.V. Online verfügbar unter https://www.vdek.com/magazin/ausgaben/2017-0910/politik-krankenhaus.html, zuletzt aktualisiert am 25.10.2017, zuletzt geprüft am 19.11.2023.

Kümpel, Lisa; Oslislo, Sarah; Resendiz Cantu, Rebecca; Möckel, Martin; Heintze, Christoph; Holzinger, Felix (2024): “I do not know the advantages of having a general practitioner” – a qualitative study exploring the views of low-acuity emergency patients without a regular general practitioner toward primary care. In: *BMC health services research* 24 (1), S. 629. https://doi.org/10.1186/s12913-024-10977-2.

Kassenärztliche Vereinigungen

Bayern

KVBay (2023): Vertragsärztin/-arzt werden. Online verfügbar unter https://www.kvb.de/kuenftige-mitglieder/praxisstart/zulassung, zuletzt geprüft am 21.11.2023.

KVBay (2023): Bedarfsplan. Online verfügbar unter https://www.kvb.de/praxis/niederlassung/bedarfsplanung/bedarfsplan/, zuletzt geprüft am 18.01.2023.

KVBay (2023): Honorarverteilungsmaßstab. Online verfügbar unter https://www.kvb.de/service/rechtsquellen/h/#jfmulticontent_c29332-10, zuletzt geprüft am 02.07.2023.

KVBay (2023): Satzung. Online verfügbar unter https://www.kvb.de/service/rechtsquellen/s/, zuletzt geprüft am 18.01.2023.

KVBay (2023): Landesausschuss. Online verfügbar unter https://www.kvb.de/ueber-uns/zusammenarbeit-mit-gesundheitspartnern/landesausschuss, zuletzt aktualisiert am 25.08.2023, zuletzt geprüft am 23.11.2023.

Brandenburg

KVBB (2024): Freie Arztsitze. Online verfügbar unter https://www.kvbb.de/praxiseinstieg/zulassung/freie-arztsitze, zuletzt aktualisiert am 09.07.2024.

KVBB: Honorarverteilungsmaßstab (2023). Online verfügbar unter https://www.kvbb.de/praxis/praxiswissen/abrechnung-honorar/honorar, zuletzt geprüft am 28.05.2023.

KVBB (2020): Bedarfsplanung 2020 für den Bereich der Kassenärztlichen Vereinigung Brandenburg. Online verfügbar unter https://www.kvbb.de/praxiseinstieg/zulassung/bedarfsplanung, zuletzt aktualisiert am Mai 2020, zuletzt geprüft am 03.08.2023.

KVBB (2022). Online verfügbar unter https://www.kvbb.de/praxis/praxiswissen/qualitaetssicherung/genehmigungspflichtige-anzeigepflichtige-leistungen, zuletzt aktualisiert am 16.11.2022, zuletzt geprüft am 20.11.2023.

KVBB (2022): Wege in die Niederlassung. Online verfügbar unter https://www.kvbb.de/praxiseinstieg/weg-in-die-niederlassung, zuletzt aktualisiert am 10.11.2022, zuletzt geprüft am 31.01.2025.

KVBB (2023): Beschlüsse des Landesausschusses. Online verfügbar unter https://www.kvbb.de/praxis/landesausschuss/, zuletzt geprüft am 18.01.2023.

KVBB (2023): Satzung. Online verfügbar unter https://www.kvbb.de/praxis/vertraege-und-recht/rechtsquellen/, zuletzt geprüft am 18.01.2023.

KVBB (2023): Termine Zulassungsausschuss. Online verfügbar unter https://www.kvbb.de/praxiseinstieg/zulassung/termine-zulassungsausschuss.

KVBB (2023): Antragsformulare. Online verfügbar unter https://www.kvbb.de/praxiseinstieg/zulassung/antragsformulare, zuletzt aktualisiert am 14.11.2023, zuletzt geprüft am 20.11.2023.

KVBB (2023): Landesausschuss. Online verfügbar unter kvbb.de/wir/gremien-der-selbstverwaltung/landesausschuss, zuletzt aktualisiert am 14.11.2023, zuletzt geprüft am 23.11.2023.

Berlin

KVBerlin (2023): Bedarfsplan. Online verfügbar unter https://www.kvberlin.de/fuer-praxen/zulassen-niederlassen-in-berlin/bedarfsplan-fuer-berlin, zuletzt geprüft am 18.01.2023.

KVBerlin (2023): Honorarverteilung. Online verfügbar unter https://www.kvberlin.de/fuer-praxen/alles-fuer-den-praxisalltag/vertraege-und-recht/rechtsquellen#c1808, zuletzt geprüft am 28.05.2023.

KVBerlin (2023): Satzung. Online verfügbar unter https://www.kvberlin.de/fuer-praxen/alles-fuer-den-praxisalltag/vertraege-und-recht/rechtsquellen#c5303, zuletzt geprüft am 18.01.2023.

Bremen

KVBremen (2023). Online verfügbar unter https://www.kvhb.de/download-item-detail//honorarverteilungsmassstab-hvm, zuletzt geprüft am 28.05.2023.

KVBremen: Bedarfsplan (2023). Online verfügbar unter https://www.kvbawue.de/praxis/vertraege-recht/bekanntmachungen/bedarfsplanung/, zuletzt geprüft am 06.08.2023.

KVBremen (2023): Bedarfsplan. Online verfügbar unter https://www.kvhb.de/download-item-detail//niederlassung-bedarfsplan-sitzungstermine-abgabefristen, zuletzt geprüft am 18.01.2023.

KVBremen (2023): Satzung. Online verfügbar unter https://www.kvhb.de/download-item-detail//satzung, zuletzt geprüft am 18.01.2023.

Baden-Württemberg

KVBW (2023): Bedarfsplan. ZuZ: Ziel und Zukunft. Online verfügbar unter https://www.kvbawue.de/praxis/niederlassung/foerderung-informationsangebot/zuz-ziel-und-zukunft, zuletzt geprüft am 19.01.2023.

KVBW (2023): Satzung. Online verfügbar unter https://www.kvbawue.de/praxis/vertraege-recht/rechtsquellen/kvbw-satzung-rechtsquellen, zuletzt aktualisiert am 26.07.2022, zuletzt geprüft am 19.01.2023.

KVBW (2023): Honorarverteilungsmaßstab. Online verfügbar unter https://www.kvbawue.de/praxis/vertraege-recht/bekanntmachungen/honorarverteilungsmassstab, zuletzt aktualisiert am 22.03.2023, zuletzt geprüft am 28.05.2023.

Hessen

KVHessen (2023): Bedarfsplanung. Online verfügbar unter https://www.kvhessen.de/praxismanagement/bedarfsplanung, zuletzt geprüft am 01.02.2023.

KVHessen (2023): Honorar. Archiv. Online verfügbar unter https://www.kvhessen.de/honorar/hvm-archiv.

KVHessen (2023): Bedarfsplanung. Online verfügbar unter https://www.kvhessen.de/praxismanagement/bedarfsplanung.

KVHessen (2023): Satzung. Online verfügbar unter https://www.kvhessen.de/fileadmin/user_upload/kvhessen/Mitglieder/Recht_Vertrag/KVH-Satzung_Kassenaerztliche_Vereinigung_Hessen_2020.pdf, zuletzt geprüft am 01.02.2023.

KVHessen (2018): Honorarverteilungsmaßstab. Online verfügbar unter https://www.kvhessen.de/fileadmin/user_upload/kvhessen/Mitglieder/Recht_Vertrag/VERTRAG_Honorarverteilungsmassstab_HVM_Q2-2018_Beschluss_VV_5-2015_AdP-Sonderausgabe.pdf, zuletzt geprüft am 04.07.2023.

Hamburg

KVHH (2023): Bedarfsplanung. Online verfügbar unter https://www.kvhh.net/de/praxis/zulassung/bedarfsplanung.html, zuletzt geprüft am 18.01.2023.

KVHH (2023): Satzung. Online verfügbar unter https://www.kvhh.net/de/praxis/recht-vertraege/rechtsquellen.html, zuletzt geprüft am 18.01.2023.

KVHH (2023): Honorar. Online verfügbar unter https://www.kvhh.net/de/praxis/recht-vertraege/rechtsquellen.html, zuletzt aktualisiert am 29.03.2023, zuletzt geprüft am 28.05.2023.

Mecklenburg-Vorpommern

KVMV (2023): Bedarfsplan. Online verfügbar unter https://www.kvmv.de/mitglieder/niederlassung-anstellung/bedarfsplanung/index.html, zuletzt geprüft am 18.01.2023.

KVMV (2023): Satzung. Online verfügbar unter https://www.kvmv.de/ueber-uns/satzungen/, zuletzt geprüft am 18.01.2023.

Niedersachsen

KVN (2023): Anträge. Online verfügbar unter https://www.kvn.de/Mitglieder/Antr%C3%A4ge/Zulassungsausschuss.html, zuletzt geprüft am 21.11.2023.

KVN (2023): Honorarverteilungsmaßstab. Online verfügbar unter https://www.kvn.de/Mitglieder/Abrechnung_+Honorar+und+Vertrag/Honorarverteilung.html, zuletzt geprüft am 28.05.2023.

KVN (2023): Zulassungsausschuss Verfahrensordnung. Online verfügbar unter https://www.za-hessen.de/fileadmin/user_upload/za-hessen/ZULASSUNGSAUSSCHUSS_Verfahrensordnung.pdf, zuletzt geprüft am 21.11.2023.

KVN (2023): Bedarfsplan. Online verfügbar unter https://www.kvn.de/Mitglieder/Zulassung/Bedarfsplanung.html, zuletzt geprüft am 18.01.2023.

KVN (2023): Satzung. Online verfügbar unter https://www.kvn.de/%C3%9Cber+uns/Aufgaben+und+Ziele/KVN_Recht.html, zuletzt geprüft am 18.01.2023.

Nordrhein (NRW)

KVNO (2023): Honorarverteilung. Online verfügbar unter https://www.kvno.de/praxis/abrechnung-honorar/hvm, zuletzt geprüft am 28.05.2023.

KVNO (2023): Bedarfsplan. Online verfügbar unter https://www.kvno.de/praxis/niederlassung-kooperation/bedarfsplanung, zuletzt geprüft am 19.01.2023.

KVNO (2023): Satzung. Online verfügbar unter https://www.kvno.de/ueber-uns, zuletzt geprüft am 19.01.2023.

Rheinland-Pfalz

KVRP (2023): Honorar. Online verfügbar unter https://www.kv-rlp.de/mitglieder/verguetung/honorar/, zuletzt geprüft am 28.05.2023.

KVRP (2023): Bedarfsplanung. Online verfügbar unter https://www.kv-rlp.de/mitglieder/niederlassung/bedarfsplanung/, zuletzt geprüft am 19.01.2023.

KVRP (2023): Hauptsatzung. Online verfügbar unter https://www.kv-rlp.de/mitglieder/service/kv-normen/, zuletzt geprüft am 19.01.2023.

Sachsen

KVS (2023): Bedarfsplan. Online verfügbar unter https://www.kvs-sachsen.de/mitglieder/arbeiten-als-arzt/bedarfsplanung-und-saechsischer-bedarfsplan/, zuletzt geprüft am 18.01.2023.

KVS (2023): Satzung. Online verfügbar unter https://www.kvs-sachsen.de/ueber-uns/vertreterversammlung/, zuletzt geprüft am 18.01.2023.

KVS (2023): Bedarfsplan. Online verfügbar unter https://www.kvsachsen.de/fuer-praxen/zulassung-und-niederlassung/bedarfsplanung/bedarfsplanung-und-saechsischer-bedarfsplan, zuletzt geprüft am 06.08.2023.

KVS (2023): Honorarverteilungsmaßstab. Online verfügbar unter https://www.kvs-sachsen.de/mitglieder/vertraege/hvm-2022-2-beschluss-der-vv-vom-2192022/, zuletzt aktualisiert am 21.09.2023, zuletzt geprüft am 28.05.2023.

Sachsen-Anhalt

KVSA (2023): Bedarfsplanung. Online verfügbar unter https://www.kvsa.de/praxis/allgemeines_zur_vertragsaerztlichen_taetigkeit/existenzgruendung/bedarfsplanung/aktuelle_fortschreibung.html, zuletzt geprüft am 18.01.2023.

KVSA (2023): Satzung. Online verfügbar unter https://www.kvsa.de/praxis/recht/traegerseiten_recht/satzung.html, zuletzt geprüft am 18.01.2023.

KVSA (2023): Honorarverteilung. Online verfügbar unter https://www.kvsa.de/praxis/abrechnung_honorar/honorarverteilung.html, zuletzt aktualisiert am 2/2023, zuletzt geprüft am 28.05.2023.

Saarland

KVSaarland: Honorar. Online verfügbar unter https://www.kvsaarland.de/honorarverteilungsma-stab, zuletzt geprüft am 28.05.2023.

KVSaarland (2023): Bedarfsplan. Online verfügbar unter https://www.kvsaarland.de/bedarfsplanung, zuletzt aktualisiert am 26.11.2018, zuletzt geprüft am 19.01.2023.

KVSaarland (2023): Satzung. Online verfügbar unter https://www.kvsaarland.de/webdav/guest/document_library/Dokumente/Praxis/Recht/KVS-Rechtsquellen/Satzung%20der%20KVS.pdf, zuletzt aktualisiert am 2021-02-16T09:48:49Z, zuletzt geprüft am 19.01.2023.

Schleswig-Holstein

KVSH (2023): Bedarfsplan. Online verfügbar unter https://www.kvsh.de/praxis/zulassung/bedarfsplan, zuletzt aktualisiert am 18.01.2023.

KVSH (2023): Satzung. Online verfügbar unter https://www.kvsh.de/praxis/rechtsvorschriften/satzung, zuletzt geprüft am 18.01.2023.

KVSH (2023): Honorarverteilungsmaßstab. Online verfügbar unter https://www.kvsh.de/praxis/rechtsvorschriften/honorarverteilungsmassstab-hvm, zuletzt aktualisiert am 22.02.2023, zuletzt geprüft am 28.05.2023.

Thüringen

KVT (2023): Bedarfsplanung. Online verfügbar unter https://www.kv-thueringen.de/mitglieder/themen-a-z/b/bedarfsplanung, zuletzt geprüft am 18.01.2023.

KVT (2023): Satzung. Online verfügbar unter https://www.kv-thueringen.de/fileadmin/media2/Justitiariat/Rechtsquellen/Satzung_2020-06-03.pdf, zuletzt geprüft am 18.01.2023.

KVT (2023): Zulassungsmöglichkeiten. Online verfügbar unter https://www.kv-thueringen.de/praxisberatung/zulassungsmoeglichkeiten/aktuelle-zulassungsmoeglichkeiten, zuletzt geprüft am 18.01.2023.

KVT: Honorar. Online verfügbar unter https://www.kv-thueringen.de/mitglieder/honorar, zuletzt geprüft am 28.05.2023.

Westfalen-Lippe (NRW)

KVWL. Online verfügbar unter https://www.kvwl.de/mitglieder/rechtsquellen-vertraege/honorarverteilungsmassstab-hvm-rlv-vertrag, zuletzt geprüft am 28.05.2023.

KVWL: Honorarverteilungsmaßstab. Online verfügbar unter https://www.kvwl.de/mitglieder/abrechnung-honorar/honorarverteilung-und-berechnung, zuletzt geprüft am 04.07.2023.

KVWL (2023): Bedarfsplan. Online verfügbar unter https://www.kvwl.de/themen-a-z/bedarfsplanung, zuletzt geprüft am 19.01.2023.

KVWL (2023): Satzung. Online verfügbar unter https://www.kvwl.de/kvwl/geschaeftsordnung-und-satzung, zuletzt geprüft am 19.01.2023.

Ladurner, Andreas; Walter, Ute; Jochimsen, Beate (2020): Rechtsgutachten Stand und Weiterentwicklung der gesetzlichen Regelungen zu medizinischen Versorgungszentren (MVZ). erstattet dem Bundesministerium für Gesundheit. Aalen, München, Berlin. Online verfügbar unter https://www.bundesgesundheitsministerium.de/fileadmin/Dateien/5_Publikationen/Ministerium/Berichte/Stand_und_Weiterentwicklung_der_gesetzlichen_Regelungen_zu_MVZ.pdf, zuletzt geprüft am 30.01.2025.

Laffont, Jean-Jacques; Tirole, Jean (1993): A Theory of Incentives in Production and Regulation. MIT. Cambridge, London, 1993.

Lampert, Thomas; Hoebel, Jens; Kuntz, Benjamin; Müters, Stephan; Kroll, Lars Eric (2018): Messung des sozioökonomischen Status und des subjektiven sozialen Status in KiGGS Welle 2. In: Robert Koch-Institut (Hg.): Journal of Health Monitoring: Robert Koch-Institut, Epidemiologie und Gesundheitsberichterstattung.

Lampert, Thomas; Richter, Matthias; Schneider, Sven; Spallek, Jacob; Dragano, Nico (2016): Soziale Ungleichheit und Gesundheit: Robert Koch-Institut, Epidemiologie und Gesundheitsberichterstattung.

Laschet, Helmut (2020): Überlastete Notfallambulanzen – Was wir von Dänemark lernen können. Reform der Notfallversorgung. Hg. v. Ärztezeitung. Online verfügbar unter https://www.aerztezeitung.de/Politik/Ueberlastete-Notfallambulanzen-Was-wir-von-Daenemark-lernen-koennen-414526.html, zuletzt geprüft am 03.10.2023.

Latal, Andres T.; Hinze, T.; Roeder, Nobert.; Franz, Dominik. (2017): Aufbau des selbstverwalteten Gesundheitswesens in Deutschland. In: *Zeitschrift für Herz-, Thorax- und Gefäßchirurgie* 31 (1), S. 54–59. https://doi.org/10.1007/s00398-016-0101-6.

Loichinger, Elke; Skora, Thomas; Sauerberg, Markus; Grigoriev, Pavel (2024): Regionale Unterschiede und Trends in gesunder Lebenserwartung in Deutschland. In: *Bundesgesundheitsblatt – Gesundheitsforschung – Gesundheitsschutz* 67 (5), S. 546–554. https://doi.org/10.1007/s00103-024-03864-y.

Lüngen, Markus; Potthoff, Peter; Wendland, G.; Klever-Deichert, G.; Lauterbach, Karl (2003): Versicherten in Der Gesetzlichen Krankenversicherung Und Privaten Krankenversicherung. Unterschiede in der Inanspruchnahme von Gesundheitsleistungen und der Morbidität zwischen Versicherten in der Gesetzlichen Krankenversicherung und Privaten Krankenversicherung – Eine Auswertung des Infratest Access Panels (59). In: *Gesundheits- und Sozialpolitik* (3/4), S. 25–30. Online verfügbar unter https://www.jstor.org/stable/26890632, zuletzt geprüft am 31.01.2025.

MacKinnon, Neil J.; Emery, Vanessa; Waller, Jennifer; Ange, Brittany; Ambade, Preshit; Gunja, Munira; Watson, Emma (2023): Mapping Health Disparities in 11 High-Income Nations. In: *JAMA network open* 6 (7), e2322310. https://doi.org/10.1001/jamanetworkopen.2023.22310.

Mangiapane, Sandra; Czihal, Thomas; Stillfried, Dominik von (09.11.2022): Delegation ärztlicher Leistungen in der vertragsärztlichen Versorgung. – Befragung unter den Kassenärztlichen Vereinigungen zum Einsatz besonders qualifizierter nichtärztlicher Praxisassistenten (NäPA). Berlin.

Marckmann, Georg (2016): Gerechtigkeit und Gesundheit. In: Matthias Richter und Klaus Hurrelmann (Hg.): Soziologie von Gesundheit und Krankheit. Wiesbaden: Springer Fachmedien Wiesbaden, S. 139–152.

Marmot, Michael; Friel, Sharon; Bell, Ruth; Houweling, Tanja A. J.; Taylor, Sebastian (2008): Closing the gap in a generation: health equity through action on the social determinants of health. In: *The Lancet* 372 (9650), S. 1661–1669. https://doi.org/10.1016/S0140-6736(08)61690-6.

Mau, Jens (2022): Ersatzvornahme die Zweite. Online verfügbar unter https://www.bibliomedmanager.de/news/ersatzvornahme-die-dritte, zuletzt aktualisiert am 13.10.2022, zuletzt geprüft am 19.11.2023.

Mediqon: Krankenhausreform. Bereiten Sie sich vor – hier erfahren Sie, wie Sie aktuelle Veränderungen im Markt qualitativ und quantitativ erkennen und bewerten. Online verfügbar unter https://mediqon.de/krankenhausreform/, zuletzt geprüft am 30.10.2024.

McCartney, Gerry; Bartley; Popham, Frank.; McMaster, Robert; Cumbers, Andrews (2019): Defining health and health inequalities. In: *Public health* 172, S. 22–30. https://doi.org/10.1016/j.puhe.2019.03.023.

Menzel, Paul T. (2012): Justice, Liberty, and the Choice of Health- System Structure. In: Anita Silvers, M. Pabst Battin und Rosamond Rhodes (Hg.): Medicine and social justice. Essays on the distribution of health care. Second edition. New York, NY: Oxford University Press, S. 35–46.

Mielck, Andreas (2008): Soziale Ungleichheit und Gesundheit in Deutschland. In: *Bundesgesundheitsblatt – Gesundheitsforschung – Gesundheitsschutz* 51 (3), S. 345–352. https://doi.org/10.1007/s00103-008-0465-1.

Miksch, Antje.; Hermann, K.; Joos, S.; Kiolbassa, K.; Loh, A.; Götz, K. (2012): „Work-Life-Balance" im Arztberuf – geschlechtsspezifische Unterschiede in den Erwartungen von Medizinstudierenden. In: *Praev Gesundheitsf* 7 (1), S. 49–55. https://doi.org/10.1007/s11553-011-0314-1.

Milbert, Antonia; Furkert, Matthias (2020): Überversorgte Städte, unterversorgtes Land? Regionale Selektionsprozesse im Bereich der Daseinsvorsorge. Mannheim: SSOAR, GESIS – Leibniz-Institut für Sozialwissenschaften e.V.

Moreno, Almudena; Lostao, Lourdes; Sperlich, Stefanie; Beller, Johannes; Ronda, Elena; Geyer, Siegfried; Regidor, Enrique (2024): Socioeconomic Patterns in the Frequency of Doctor Visits in Germany and Spain in Subjects With and Without Chronic Diseases. In: *International journal of social determinants of health and health services*, 27551938231224708. https://doi.org/10.1177/27551938231224708.

Murken, Axel Hinrich (1995): Vom Armenhospital zum Großklinikum. Die Geschichte des Krankenhauses vom 18. Jahrhundert bis zur Gegenwart. 3., veränd. Aufl. Köln: DuMont (DuMont-Dokumente).

Murken, Axel Hinrich (2007): „Ich war krank und ihr habt mich nicht besucht …“ Von den Unterkunftsstätten für Arme, Pilger und Sieche in leibseelischen Not zu Krankenanstalten für heilbar Kranke in der Mark Brandenburg. In: Kristina Hübener (Hg.): Krankenhäuser in Brandenburg. Vom mittelalterlichen Hospital bis zum Krankenhaus in der Moderne. Berlin: Be.bra Wiss.-Verl. (Einzelveröffentlichung des Brandenburgischen Landeshauptarchivs, 5), S. 11–36.

Niedersächsisches Ministerium für Soziales, Arbeit, Gesundheit und Gleichstellung (20.12.2023): Gute Nachricht für die Niedersächsischen Krankenhäuser – Einigung für das Jahr 2024. Pressestelle. Online verfügbar unter https://www.ms.niedersachsen.de/startseite/uber_uns/presse/presseinformationen/gute-nachricht-fur-die-niedersachsischen-krankenhauser-einigung-fur-das-jahr-2024-228258.html, zuletzt geprüft am 14.08.2024.

Nolting, Klaus-Dieter; Zich, Karsten; Deckenbach, bernd; Gottberg, Antje; Lottmann, Kathrin; Klemperer, David et al. (2011): Faktencheck Regionale Unterschiede 2011. Regionale Unterschiede in der Gesundheitsversorgung. Hg. v. Bertelsmann Stiftung. Online verfügbar unter https://www.bertelsmann-stiftung.de/fileadmin/files/BSt/Publikationen/GrauePublikationen/GP_Faktencheck_Gesundheit_Regionale_Unterschiede.pdf, zuletzt geprüft am 02.07.2024.

Nonnemacher, Ursula (2023). RBB, 08.08.23. Online verfügbar unter https://www.rbb24.de/politik/beitrag/av7/video-aerzteniederlassung-nonnemacher-kassenaerztliche-vereinigungu.html, zuletzt geprüft am 21.11.2023.

Ochmann, Richard; Albrecht, Martin; Schiffhorst, Guido (2020): Geteilter Krankenversicherungsmarkt. Risikoselektion und regionale Verteilung der Ärzte.

Oettel, Jessica; Wolf, Rebecca; Zschille, Michael, Leibner Markus (2017): Personalsituation in Praxen der vertragsärztlichen und -psychotherapeutischen Versorgung. Unter Mitarbeit von Zentralinstitut der Kassenärztlichen Vereinigung (17). Online verfügbar unter https://www.zi.de/fileadmin/Downloads/Service/Publikationen/Zi-Paper_17-2021_Personalsituation.pdf, zuletzt geprüft am 21.11.2023.

Ogus, Anthony I. (1996): Regulation. Legal form and economic theory. Paperback repr. Oxford: Clarendon Press (Clarendon law series) Medical Sociology on the Move: New Directions in Theory. Dordrecht: Springer Netherlands.

Onoi, Tomoko; Schoensteini, Michael; Bucha, James (2014): Geographic Imbalances in Doctor Supply and Policy Responses. OECD Health Working Papers. Online verfügbar unter https://www.oecd-ilibrary.org/social-issues-migration-health/geographic-imbalances-in-doctor-supply-and-policy-responses_5jz5sq5ls1wl-en, zuletzt geprüft am 14.08.2024.

Osterloh, Falk (2021): Krankenhäuser: Überzahlungen und Unsicherheiten. In: Deutsches Ärzteblatt, 118(7): A-351 / B-300. Online verfügbar unter https://www.aerzteblatt.de/archiv/217882/Krankenhaeuser-Ueberzahlungen-und-Unsicherheiten, zuletzt geprüft am 14.08.2024.

Ostrom, Elinor (2009): Nobelprize Lecture. Hg. v. www.nobelprize.org. Online verfügbar unter https://www.nobelprize.org/uploads/2018/06/ostrom_lecture.pdf, zuletzt geprüft am 28.03.2020.

Ostrom, Elinor (2007): Institutional Rational Choice: An Assessement of the Insitutional Analysis and Developement Framework. In: Paul A. Sabatier (Hg.): Theories of the policy process. 2. ed. Boulder, Colo.: Westview Press, S. 21–64.

Otto, Petra (2023): Droht ein Krankenhaussterben? (ZDF-Mittagsmagazin). ZDF, 23.11.2023. Online verfügbar unter https://www.zdf.de/nachrichten/zdf-mittagsmagazin/krankenhausreform-gesundheitsminister-finanzierung-100.html.

Paniagua, Pablo (2022): Elinor Ostrom and public health. In: *Economy and Society* 51 (2), S. 211–234. https://doi.org/10.1080/03085147.2022.2028973.

Peltzman, Sam (1976): Toward a more general Theory of Regulation. In: *National Bureau of Economic Research Working Paper Series* (No. 133). https://doi.org/10.3386/w0133.

Peters, Stephan (2017): Die vorrangige Bedeutung des Grundsatzes der Beitragssatzstabilität bei Vergütungsvereinbarungen nach dem SGB V – eine sozial- und verfassungsrechtliche Betrachtung. Dissertation.

Pfaff, Holger (2010): Wissens Update Versorgungsforschung. Online verfügbar unter http://www.imvr.uni-koeln.de/uploads/Vortr%C3%A4ge/Pfaff_H_2010_Wissens-Update1.pdf, zuletzt geprüft am 17.08.2020.

Pfeiffer, Wolfgang (1993): „Gesund". In: DWDS – Digitales Wörterbuch der deutschen Sprache, hrsg. v. d. Berlin-Brandenburgischen Akademie der Wissenschaften. Online verfügbar unter https://www.dwds.de/d/wb-etymwb, zuletzt geprüft am 24.10.2023.

Pharmazeutische Zeitung (2017): Reform der Selbstverwaltung: Es hagelt Kritik von Experten. Online verfügbar unter https://www.pharmazeutische-zeitung.de/2017-01/reform-der-selbstverwaltung-es-hagelt-kritik-von-experten/, zuletzt aktualisiert am 17.01.2017, zuletzt geprüft am 20.11.2023.

Pilny, Adam (2014): Explaining Differentials in Subsidy Levels Among Hospital Ownership Types in Germany. In: *SSRN Journal*. https://doi.org/10.2139/ssrn.2565702.

Polski, Margaret M.; Ostrom Elinor (2017): An Institutional Framework for Policy Analysis and Design. In: Daniel H. Cole und Michael D. McGinnis (Hg.): A framework for policy analysis. Lanham, Boulder, New York, Toronto, Plymouth UK: Lexington Books (Elinor Ostrom and the Bloomington School of political economy, / edited by Daniel H. Cole and Michael D. McGinnis; Volume 3), S. 13–47.

Prominski, Peter (2019): Neue Niederlassungsmöglichkeiten für Ärzte und Psychotherapeuten. Reform der Bedarfsplanung. Verband der Ersatzkassen (vdek) e.V. Berlin. Online verfügbar unter https://www.vdek.com/magazin/ausgaben/2019-03/titel_reform_bedar…, zuletzt aktualisiert am 18.06.2019, zuletzt geprüft am 02.11.2023.

Prosser, Tony (2010): The Regulatory Enterprise: Oxford University Press.

Prütting, Dorothea (2009): Der Versorgungsauftrag in der Krankenhausrahmenplanung. In: Christian Katzenmeier und Klaus Bergdolt (Hg.): Das Bild des Arztes im 21. Jahrhundert, Bd. 1. Berlin, Heidelberg: Springer Berlin Heidelberg (Kölner Schriften zum Medizinrecht), S. 147–155.

Prütz, Franziska (2010): Die Krankenhauslandschaft nach Trägern und Rechtsformen. In: Friedrich Heubel (Hg.): Die Privatisierung von Krankenhäusern. Ethische Perspektiven. 1. Aufl. Wiesbaden: VS Verl. für Sozialwiss (Gesundheit und Gesellschaft).

Rauchfleisch, Udo (2018): Medizinische Einordnung von Trans*identität. Hg. v. Bundeszentrale für Politische Bildung. Online verfügbar unter https://www.bpb.de/themen/gender-diversitaet/geschlechtliche-vielfalt-trans/245353/medizinische-einordnung-von-trans-identitaet/, zuletzt geprüft am 24.10.2023.

Reiners, Hartmut (2011): Mythen der Gesundheitspolitik. 2. Aufl. s. l.: Verlag Hans Huber. Online verfügbar unter http://elibrary.hogrefe.de/9783456949635/A.

Reiter, Renate (Hg.) (2017): Sozialpolitik aus politikfeldanalytischer Perspektive. Eine Einführung. Wiesbaden: Springer VS (Lehrbuch).

Reiter, Renate; Töller, Annette Elisabeth (2014): Politikfeldanalyse im Studium. Fragestellungen, Theorien, Methoden. Unter Mitarbeit von Björn Egner, Michael Böcher und Kathrin Loer. 1. Auflage. Baden-Baden: Nomos (Studienkurs Politikwissenschaft, 4142).

Richter, Matthias; Hurrelmann, Klaus (Hg.) (2009): Gesundheitliche Ungleichheit: Grundlagen, Probleme, Perspektiven. Wiesbaden: VS Verlag für Sozialwissenschaften.

Richter, Matthias; Hurrelmann, Klaus (Hg.) (2016): Soziologie von Gesundheit und Krankheit. Wiesbaden: Springer Fachmedien Wiesbaden.

Rödl & Partner (2020): Erste Zwischenbeschlüsse der Schiedsstelle Brandenburg zum Pflegebudget nach § 6a KHEntgG für das Jahr 2020. Online verfügbar unter https://www.roedl.de/themen/kompass-gesundheit-soziales/2020/sonderkompass-09/zwischenbeschluesse-schiedsstelle-brandenburg-pflegebudget-2020, zuletzt aktualisiert am 09.10.2020, zuletzt geprüft am 19.11.2023.

Ruck, Jan (2023): Wenig Spielraum und viele Hürden. Die Policy-Optionen von Kommunen zur Stärkung der ambulanten medizinischen Versorgung. Unter Mitarbeit von Universitaet Tuebingen. Online verfügbar unter https://ub01.uni-tuebingen.de/xmlui/handle/10900/144322, zuletzt geprüft am 26.06.2024.

RWI-Leibniz – Institut für Wirtschaftsforschung (2017): Stand und Weiterentwicklung der Investitionsförderung im Krankenhausbereich. Endbericht Gutachten im Auftrag des Bundesministeriums für Gesundheit. 06.12.2017, Essen.

Sachverständigenrat Gesundheit (2023): Resilienz im Gesundheitswesen. Wege zur Bewältigung künftiger Krisen. Hg. v. Sachverständigenrat Gesundheit & Pflege. Bundesministerium für Gesundheit. Bonn. Online verfügbar unter https://www.svr-gesundheit.de/fileadmin/Gutachten/Gutachten_2023/Gesamtgutachten_ePDF_Final.pdf, zuletzt geprüft am 09.07.2024.

Sachverständigenrat Gesundheit (2018): Bedarfsgerechte Steuerung der Gesundheitsversorgung. Gutachten 2018. Sachverständigenrat zur Begutachtung der Entwicklung im Gesundheitswesen; MWV Medizinisch Wissenschaftliche Verlagsges. mbH & Co. KG. Berlin. Online verfügbar unter https://www.svr-gesundheit.de/gutachten/gutachten-2018/, zuletzt geprüft am 21.07.2021.

Sanderson, Marie; Allen, Pauline; Moran, Valerie; McDermott, Imelda; Osipovic, Dorota (2020): Agreeing the allocation of scarce resources in the English NHS: Ostrom, common pool resources and the role of the state. In: *Social science & medicine (1982)* 250, S. 112888. https://doi.org/10.1016/j.socscimed.2020.112888.

Savva, Nicos; Tezcan, Tolga; Yıldız, Özlem (2019): Can Yardstick Competition Reduce Waiting Times? In: *Management Science* 65 (7), S. 3196–3215. https://doi.org/10.1287/mnsc.2018.3089.

Scambler, Graham (2012): Health inequalities. In: *Sociology of health & illness* 34 (1), S. 130–146. https://doi.org/10.1111/j.1467-9566.2011.01387.x.

Scambler, Graham; Scambler, Sasha (2013): Marx, Critical Realism, and Health Inequalities. In: William C. Cockerham (Hg.): Medical Sociology on the Move: New Directions in Theory. Dordrecht: Springer Netherlands, S. 83–103. Online verfügbar unter https://doi.org/10.1007/978-94-007-6193-3_5.

Schäfer, Merle Kirsten (2022): Entwicklung der ambulanten hausärztlichen Versorgung in Bayern seit 1970 – Ergebnisse einer Analyse der Registerdatenbank der Kassenärztlichen Vereinigung Bayerns. Technische Universität München.

Schang, Laura; Schüttig, WIebke; Sundmacher, Leonie (2016): Unterversorgung im ländlichen Raum. Wie beurteilt die Bevölkerung innovative Versorgungsmodelle zur Sicherstellung einer bedarfsgerechten und Wohnort nahen Gesundheitsversorgung? Hg. v. Bertelsmann Stiftung und Barmer GEK (Gesundheitsmonitor). Online verfügbar unter https://www.bertelsmann-stiftung.de/fileadmin/files/BSt/Publikationen/GrauePublikationen/VV_GeMo_NL_2016-3.pdf, zuletzt geprüft am 30.01.2025.

Schneider, Volker; Janning, Frank (2006): Politikfeldanalyse. Akteure, Diskurse und Netzwerke in der öffentlichen Politik. Wiesbaden: VS Verlag für Sozialwissenschaften | GWV Fachverlage GmbH Wiesbaden. Online verfügbar unter http://site.ebrary.com/lib/alltitles/docDetail.action?docID=10197278.

Schubert, Klaus; Bandelow, Nils C. (Hg.) (2014): Lehrbuch der Politikfeldanalyse. 3., aktualisierte und überarbeitete Auflage. München: De Gruyter Oldenbourg (Lehr- und Handbücher der Politikwissenschaft).

Schwarzkopf, Martin (2022): Bundesweit einzigartiges Projekt zu neuen Arbeitsmodellen startet im Klinikum Aschaffenburg. Pflege ohne Hierarchie. Hg. v. Main Echo. Online verfügbar unter https://www.main-echo.de/region/stadt-kreis-aschaffenburg/pflege-ohne-hierarchie-art-7615505, zuletzt aktualisiert am 04.07.2022, zuletzt geprüft am 19.11.2023.

Seibring, Anne (2019): Editorial. Gleichwertige Lebensverhältnisse. Bonn (Aus Politik und Zeitgeschichte, 69. Jahrgang, 46/2019), 11.11.2019. Online verfügbar unter https://www.bpb.de/shop/zeitschriften/apuz/300067/gleichwertige-lebensverhaeltnisse/, zuletzt geprüft am 10.11.2022.

Seufert-Law (2021): Mandanteninformationen: Neues zum Pflegebudget. Online verfügbar unter https://www.seufert-law.de/de/mandanteninformationen/d/uid-0d461c77-31fa-38de-4522-351e86f27b5e.html, zuletzt aktualisiert am 28.06.2021, zuletzt geprüft am 19.11.2023.

Shapiro, Ian; Cheibub, José Antônio; Dahl, Robert A. (2003): The democracy sourcebook. Cambridge, Mass: MIT Press. Online verfügbar unter http://lib.myilibrary.com/detail.asp?id=210023.

Shleifer, Andrei (1985): A Theory of Yardstick Competition. In: *The RAND Journal of Economics* 16 (3), S. 319. https://doi.org/10.2307/2555560.

Silvers, Anita; Battin, M. Pabst; Rhodes, Rosamond (Hg.) (2012): Medicine and social justice. Essays on the distribution of health care. Second edition. New York, NY: Oxford

University Press. Online verfügbar unter http://search.ebscohost.com/login.aspx?direct=true&scope=site&db=nlebk&db=nlabk&AN=64 6816.

Smith, Patricia (2012): Justice, Health, and the Price of Poverty. In: Anita Silvers, M. Pabst Battin und Rosamond Rhodes (Hg.): Medicine and social justice. Essays on the distribution of health care. Second edition. New York, NY: Oxford University Press, S. 255–263.

Spicker, Paul (2006): Policy analysis for practice. Applying social policy. Bristol: Policy. Online verfügbar unter http://www.jstor.org/stable/10.2307/j.ctt1t89gh7.

Statistisches Bundesamt (2020): Grunddaten der Krankenhäuser. Genesis Online Code: 23111. Wiesbaden. Online verfügbar unter https://www-genesis.destatis.de/genesis/online?operation=statistic&levelindex=0&levelid=1696326308045&code=23111&option=table&info=on#abreadcrumb, zuletzt geprüft am 03.10.2023.

Statistisches Bundesamt (2012): Orientierungswert Krankenhäuser. Online verfügbar unter https://www.destatis.de/DE/Themen/Gesellschaft-Umwelt/Gesundheit/Krankenhaeuser/Publikationen/_publikationen-innen-orientierungswert-krankenhaus.html, zuletzt aktualisiert am 9/2012, zuletzt geprüft am 19.11.2023.

Steckdaub-Muller, Irmgard (2015): Generation Y: Auf dem Weg zu einem neuen Arzt- und Patientenverständnis. In: *Public Health Forum* 23 (4), S. 205–206. https://doi.org/10.1515/pubhef-2015-0073.

Stigler, George (1971): The Theory of Economic Regulation. In: *Bell Journal of Economics* 2 (1), S. 3–21. Online verfügbar unter https://doi.org/10.2307/3003160, zuletzt geprüft am 12.04.2024.

Streeck, Wolfgang; Thelen, Kathleen Ann (Hg.) (2005): Beyond continuity. Institutional change in advanced political economies. Conference. Oxford: Oxford Univ. Press.

Sundmacher, Leonie; Ozegowski, Susanne (2016): Regional distribution of physicians: the role of comprehensive private health insurance in Germany. In: *The European journal of health economics: HEPAC: health economics in prevention and care* 17 (4), S. 443–451. https://doi.org/10.1007/s10198-015-0691-z.

Tagesschau (2023): Notdienst-Gebühr bei unnötigen Fällen? Vorstoß des Kinderärztepräsidenten. Hg. v. Tagesschau. Online verfügbar unter https://www.tagesschau.de/inland/gesellschaft/kinderaerzte-notdienst-gebuehr-100.html, zuletzt aktualisiert am 07.08.2023, zuletzt geprüft am 23.11.2023.

Tangerås, Thomas P. (2002): Regulation of Cost and Quality under Yardstick Competition. IUI Working Paper. Stockholm (573). Online verfügbar unter http://hdl.handle.net/10419/94924.

Techniker Krankenkasse (TK) (12.11.2019): Morbi-RSA: Was bleibt nach der Reform zu tun. Kerstin Grießmeier; Martin Langendorf. Online verfügbar unter https://www.tk.de/presse/themen/finanzen/risikostrukturausgleich/angleichung-der-aufsichtspraxis-2053264, zuletzt geprüft am 20.11.2023.

Tenta, Sabina (2023): Mit Folie abgedecktes Krankenbett im Krankenhaus Nordrhein-Westfalen Krankenhausreform: Das Tauziehen zwischen Bund und Ländern geht weiter. Hg. v. Tagesschau. Online verfügbar unter https://www.tagesschau.de/inland/regional/nordrheinwestfalen/wdr-deutscher-krankenhaustag-kliniken-in-finanznoeten-planen-personalabbau-100.html, zuletzt aktualisiert am 13.11.2023, zuletzt geprüft am 19.11.2023.

Tiesmeyer, Karin; Brause, Michaela; Lierse, Meike; Lukas-Nülle, Martina; Hehlmann, Thomas (Hg.) (2008): Der blinde Fleck: Ungleichheiten in der Gesundheitsversorgung. 1. Aufl. s. l.: Verlag Hans Huber. Online verfügbar unter http://elibrary.hogrefe.de/978345 6944937/A.
Tirole, Jean (2016): Economie du bien commun. Paris: puf.
ukbnewsroom (2020): Spezialisierung ist der Schlüssel für die Zukunft. Unter Mitarbeit von Universitätsklinikum Bonn. Online verfügbar unter https://www.ukbnewsroom.de/spezia lisierung-ist-der-schluessel-fuer-die-zukunft/, zuletzt aktualisiert am 20.01.2020, zuletzt geprüft am 19.11.2023.
vebeto: Krankenhausreform. Krankenhausplanung nach Leistungsgruppen und Vorhaltefinanzierung. Online verfügbar unter https://www.vebeto.de/krankenhausreform, zuletzt geprüft am 30.10.2024.

vdek e.V.

Verband der Ersatzkassen (vdek) e.V. (21.01.2022): Neue Krankenhausentgelte für 2022 in Brandenburg. Krankenhausgesellschaft und Verbände der Krankenkassen einigen sich. Potsdam. Berg, Volker. Online verfügbar unter https://www.vdek.com/LVen/BERBRA/Presse/Pressemitteilungen/Brandenburg/2022/neue-krankenhausentgelte-fuer-2022-in-brandenburg-.html, zuletzt geprüft am 28.01.2025.
Verband der Ersatzkassen (vdek) e.V. (2015): Stellungnahme des Verbandes der Ersatzkassen e. V. (vdek) zum Entwurf eines Gesetzes zur Reform der Strukturen der Krankenhausversorgung (Krankenhaus-Strukturgesetz – KHSG) anlässlich der Verbändeanhörung des Bundesministeriums für Gesundheit (BMG) am 18.5.2015. Online verfügbar unter https://www.bundesgesundheitsministerium.de/fileadmin/Dateien/3_Downloads/Gesetze_und_Verordnungen/Stellungnahmen_WP18/KHSG/vdek_Stellungnahme.pdf, zuletzt geprüft am 03.03.2024.
Verband der Ersatzkassen (vdek) e.V. (23.10.2013): Die Ersatzkassen wollen Krankenhäuser auf Qualität bei Aortenklappeneingriffen verpflichten Kathetergestützte Aortenklappenimplantationen (TAVI) nehmen rasant zu. Berlin. Gottfried, Michaela. Online verfügbar unter https://www.vdek.com/presse/pressemitteilungen/2013/tavi_aortenklappenimplan tation/_jcr_content/par/download/file.res/pm_vdek_20131028_Qualit%C3%A4t_Her zchirugie_TAVI_final.pdf, zuletzt geprüft am 06.09.2021.
Verband der Krankenhausdirektoren e.V. (11.11.2024): Pressestatement des VKD zur Pressekonferenz der GDK am 11. November 2024. Berlin. Köcher, Dirk. Online verfügbar unter https://www.vkd-online.de/Publikation/pressemitteilung-11-11-2024-ber lin/, zuletzt geprüft am 30.01.2025.
Vereinte Nationen (1966): UN-Sozialpakt. Internationaler Pakt über wirtschaftliche und soziale Recht. Online verfügbar unter https://www.sozialpakt.info/internationaler-pakt-ueber-wirtschaftliche-soziale-und-kulturelle-rechte-3111, zuletzt geprüft am 24.10.2023.
Virchowbund (2024): Tarifvertrag für MFA und Arzthelferinnen. Online verfügbar unter https://www.virchowbund.de/personal/tarifvertrag-mfa, zuletzt geprüft am 09.07.2024.
Wall, Derek (2017): Elinor Ostrom's rules for radicals. Cooperative alternatives beyond markets and states. London: PlutoPress.

Weidmann, Reiner (1990): Rituale im Krankenhaus. Eine ethnopsychoanalytische Studie zum Leben in einer Institution. Zugl.: Bremen, Univ., Diss.: 1989. Wiesbaden: Dt. Univ.-Verl. (DUV Sozialwissenschaft). Online verfügbar unter https://vdoc.pub/download/rituale-im-krankenhaus-eine-ethnopsychoanalytische-studie-zum-leben-in-einer-institution-t99cqtrukug0, zuletzt geprüft am 19.11.2023.

Weltgesundheitsorganisation (2022): ICD-11 Release. Better Health with Better Information. Online verfügbar unter https://www.who.int/news/item/11-02-2022-icd-11-2022-release, zuletzt geprüft am 24.10.2023.

Weltgesundheitsorganisation (2013): Health in All Policies: Framework for Country Action. Hg. v. Weltgesundheitsorganisation. Weltgesundheitsorganisation. Online verfügbar unter https://www.who.int/healthpromotion/frameworkforcountryaction/en/, zuletzt geprüft am 06.02.2019.

Wendt, Claus (2016): Einflussfaktoren von Gesundheitssystemen. In: Matthias Richter und Klaus Hurrelmann (Hg.): Soziologie von Gesundheit und Krankheit. Wiesbaden: Springer Fachmedien Wiesbaden, S. 211–226.

Wesselmann, Simone; Bruns, Johannes; Graeven, Ullrich (2021): Zentrumsfinanzierung – wo stehen wir und wo sollte es hingehen? In: *Forum* 36 (4), S. 310–313. https://doi.org/10.1007/s12312-021-00958-5.

Wissenschaftlicher Dienst des Deutschen Bundestages (2020): Verteilungsschlüssel bei Bund-Länder-Finanzierungen. Sachstand. WD 4 – 3000 – 118/20. Berlin.

Wissenschaftlicher Dienst des Deutschen Bundestages: Der sog. Fixkostendegressionsabschlag als Steuerungsinstrument im Krankenhausentgeltgesetz. Entwicklung der rechtlichen Regelungen. Online verfügbar unter https://www.bundestag.de/resource/blob/660570/c86c0540700cf6ccb3a57e8cbf9a4a01/WD-9-055-19-pdf-data.pdf, zuletzt geprüft am 19.11.2023.

Wissenschaftlicher Dienst des Deutschen Bundestages (2014): Die Herausnahme von Krankenhäusern aus dem Krankenhausplan eines Landes. Berlin. Online verfügbar unter https://www.bundestag.de/resource/blob/410440/f7d97b857164b19a69bb1b93c5a8336a/WD-9-039-14-pdf-data.pdf.

Woratschka, Rainer (2019): Skandale bei der Kassenärztlichen Bundesvereinigung: Gröhe droht Ärztefunktionären mit Staatsverwaltung. Online verfügbar unter https://www.tagesspiegel.de/politik/grohe-droht-arztefunktionaren-mit-staatsverwaltung-6620134.html, zuletzt aktualisiert am 17.05.2016, zuletzt geprüft am 20.11.2023.

Zok, Klaus (2007): Warten auf den Arzttermin. Ergebnisse einer Repräsentativumfrage unter GKV- und PKV-Versicherten. Hg. v. Wissenschaftliches Institut der AOK (WiDo-Monitor, 1).

Ziegenhagen, D. J.; Glaeske, G.; Höer, A.; Gieseler, K. (2004): Arzneimittelversorgung von PKV-Versicherten im Vergleich zur GKV. In: *Gesundheitsökonomisches Qualitätsmanagement* 9 (2), S. 108–115. https://doi.org/10.1055/s-2004-813135.

FSC
www.fsc.org
MIX
Papier | Fördert gute Waldnutzung
FSC® C083411

Kolibri 360 GmbH
Ferdinand-Jühlke-Straße 7
99095 Erfurt, Deutschland
produktsicherheit@kolibri360.de